村川 一郎

政策決定過程

日本国の形式的政府と実質的政府

信山社

序

堀 江 湛

慶應義塾大学名誉教授 尚美学園大学学長 日本政治学会理事

　村川一郎先生のご遺稿『政策決定過程』が出版の運びとなりました。今でこそ，政策研究は政治学の中心的テーマでありますが，少なくとも，わが国においてこの領域に最初に科学的・実証的分析のメスを入れられたのは先生であります。先生の担われるこの名誉は，学界で永遠に記憶されるでしょう。先生の政策研究に関する関心は，若き日の先生の歩まれたご経歴も与って力があったと思います。

　先生は早稲田大学大学院を修了後，自由民主党本部に勤務され，政務調査会調査員，専門調査員など政策立案の実務に携わられました。またその間，プリンストン大学の国際問題研究所および早稲田大学の政治経済研究所において特別研究員を兼務されるなど，つとに学問の対象としての政治への関心を持ち続けられました。

　先生の政治学の研究領域はそのようなご経歴から身近な問題である政党研究からスタートされました。この研究はやがて1685頁に及ぶ大著『日本政党史辞典 上・中・下』（国書刊行会　1998年）に結実します。さらに現行憲法制定史の研究にも手をつけられ，『憲法改正小委員会秘密議事録』（第一法規　昭和58年），『帝国憲法改正案 ── 枢密院帝国憲法改正審査委員会議事録』（国書刊行会　昭和61年），『日本国憲法制定の経過 ── 連合国総司令部の憲法文書による』（第一法規　平成2年），『日本国憲法制定秘史 ── ＧＨＱ秘密作業『エラマンノート開封』』（第一法規　平成6年）などの業績をつぎつぎに世に問われました。

　やがて先生の関心は日本の政治を動かすメカニズムへと向けられ，その成果は『日本の政策決定過程』（［行政機構シリーズ］教育社，昭和54年），『日本の政策決定過程』（ぎょうせい　昭和60年），『日本国政府の研究』（ぎょうせい　平成3年）などをはじめとする数々のわが国の政策研究の著作として結実しました。

序

　良質な資料と豊富な実務経験の裏付けによって日本の政策決定過程を科学的かつ実証的に明らかにされた先生の一連のご研究は，わが国の政策過程の研究領域を切り開いた先駆的な業績であります。

　先生の業績を抜きに日本の政策決定過程を論じることは不可能といっても過言ではありません。

　平成10年8月27日，これまでの記録にない突然の集中豪雨による氾濫で，那須の別荘で執筆中の先生のお命を水魔が奪ってしまいました。この水害自体，治山，治水の河川政策をめぐるひとつの課題でありますが，先生の死は惜しんでも，なおあまりあるものがあります。

　本書がさらに一歩踏み込んだ政策決定過程の研究のさらなる発展の刺激となるならば，地下に眠る先生に対する何よりの餞になることと思います。

　　　　2000年6月22日

はじめに

　わが国における政策研究は，議院内閣制度に立脚する政党政治が緒に着いたばかりであるから，体系化されていない嫌いがある。そのため，政策研究の基礎である政策決定過程に関する研究は Science of Policy なのか，アップ・トゥ・デートなものなのか，それとも両分野からの系統的な研究が望ましいか否かは，今日なお解決されていないままである。その理由としては，日本の議院内閣制度に立脚する政党政治が余りにも政治家（政党），官僚（官僚機構），利害関係者（利益団体）等の利害が交差する結果として，政策決定過程そのものが霞んでいるためである。のみならず，わが国の議院内閣制度はイギリス議院内閣制度に歴史的根幹を有するとはいえ，議院内閣制度を採用する諸国のそれと比較する場合，一つの特徴的傾向が見られる。

　日本と他国を比較するなら，両者の間には国民性，歴史的伝統，政治風土，社会組織，価値観等の相違が散見される。それでも，わが国の議院内閣制度に立脚する政党政治はその本質上，代議政治であり，そして，代議政治は政党政治であるから，世界的に共通の課題を伴うものが少なくない。その意味から，議院内閣制度を採用する諸国における政策は極めて普遍性を持つのである。例えば，今日，わが国の国家組織，その運営の根幹である議院内閣政治の核心は政党を通じて国民がその政治意思を表明する代議政治である。この下では，多数党は少数党に比較してより多く国民の政治意思を国家の政策として実現する政治的機会を制度的に与えられる。

　その結果，国民の政治上の要求は，少数党でなく多数党によって取り上げられない限り，国家の政策として結実することは少ない。そして，国民及び国家の運命そのものは，多数党の政治精神，政治哲学により決定的に定められるのが現実である。しかし，多数党の政策は少なくとも

はじめに

全国民の過半数を対象とするものであるから、多数党政府は多数党と政治的調整を行い、多数党の政策を全国民を対象とするように均衡させ、国家の政策に変質させることに努める。この場合、多数党政府はその政策を実現させる手段としての「予算編成」及びそれに基づく「法律制定」に絶大な影響を及ぼしている。この意味から、多数党政府の編成する予算及び制定する法律は、政府を組織する政党の政治精神、政治哲学を最もよく代表するものである。

顧みると、著者は日本政治の解明を試みた際、議院内閣制度に立脚する政党政治の核心が予算編成及び法律制定に集約されていると常々考え、二十数年前、わが国の「政策決定過程」を取り上げ、それに初めて政治学的な分析を試みた。そして、その成果を小著「政策決定過程」に取り纏めたのが15年前の昔である。その後、著者はわが国の政策決定過程に関する研究を発表、多くの先輩諸氏からこの分野におけるパイオニアの一人として評価され、それが弾みになってわが国の政策決定過程の体系化に努めてきたのである。今回、著者は日本の政策決定に関する研究に際しては、形式的政府（内閣）のみならず、その背後に控え、形式的政府を動かす実質的政府（政党）にも対象を拡大し、両者を「政府」というカテゴリの中で捉えることにした。

しかし、このような体系的な研究は従来、日本の政党、官僚、圧力団体等の特定分野を研究したものはあっても、殆ど皆無に等しかった。そこで、著者は、わが国の政策決定過程に関する研究を踏まえ、政策の科学的研究を試み、その一環として政策科学の確立を願って「政策学」として取り纏めた。最後に、著者は、恩師・故後藤一郎・早稲田大学教授を始めとして堀江 湛・慶應義塾大学教授、白鳥 令・東海大学教授、プリンストン大学教授・ケント・カルダー諸氏の学恩に対してもお礼を申し述べたい。そして、本書の上梓に際しては、とりわけ、信山社の村岡俞衛氏にいろいろご配慮を戴いた。この拙著が公刊されるに至ったのは、氏の忍耐強いお骨折りのお陰であり、深く感謝の意を表したい。

平成10年5月6日

村川 一郎

村川一郎　政策決定過程——日本国の形式的政府と実質的政府

目　次

序 …………………………………………………… 堀江　湛

はじめに

第1編　形式的政府——憲法上の政府 …………… 1

第1章　政　　府 ……………………………………… 1

第1節　政府の本質 ……………………………………… 1

 1　政府の定義 (1)

 2　政府の本質 (3)

 3　政府と政党 (5)

第2章　政府の機構 ………………………………… 8

 1　大日本帝国憲法と内閣制度 (8)

 2　日本国憲法と内閣制度 (10)

第3章　政府の機能 ………………………………… 13

 1　政府の行政 (13)

 2　政府機能の分化 (15)

 3　政府機能の権威化 (17)

第2編　実質的政府と形式的政府の調整機関
…………………………………………………… 21

第1章　政府与党首脳会議の沿革 ………………… 21

第2章　政府与党首脳会議の運営 ………………… 23

第3章　政府与党首脳会議の地位 …………… 24

第3編　実質的政府 …………………………… 27

I　自由民主党政権時代　27

第1章　役員会 …………………………………… 27

第1節　役員会の沿革 (27)

第2節　役員会の運営 (28)

第3節　役員会の地位 (29)

第2章　幹事長 …………………………………… 31

第1節　保守政党の幹事長 (31)

　1　幹事長の沿革 (31)

　2　幹事長の党内的地位 (33)

　3　幹事長の実権 (34)

　4　総理総裁への道 (37)

第2節　幹事長の役割 (40)

　1　幹事長と派閥 (40)

　2　幹事長と副幹事長 (43)

　3　幹事長官房 (44)

第3章　総務会 …………………………………… 45

第1節　総務会長の沿革 (45)

第2節　総務会の組織 (47)

第3節　総務会の運営 (49)

　1　党運営の審議 (49)

　2　立法審議 (51)

3　総務会の長所 (54)

第4章　政務調査会 …………………………………… 58
　第1節　政務調査会の沿革 (58)
　　　1　第二次世界大戦前 (58)
　　　2　第二次世界大戦後 (61)
　第2節　政務調査会の質と量 (66)
　第3節　政務調査会の責任と役割 (69)
　第4節　自由民主党政務調査会の責任と役割 (71)
　　　1　政務調査会の組織 (71)
　　　　イ　政務調査会長 (71)
　　　　ロ　政務調査会副会長 (72)
　　　　ハ　政務調査会審議会委員 (73)
　　　2　部　会 (74)
　　　　イ　部　会　長 (74)
　　　　ロ　部　会　員 (76)
　　　3　特別調査会・特別委員会等 (79)
　　　　イ　特別調査会・特別委員会 (79)
　　　　ロ　小委員会とプロジェクト・チーム (81)

第5章　国会対策委員会 ……………………………… 82
　第1節　国会対策委員会の沿革 (82)
　第2節　国会対策委員会の組織 (83)
　第3節　国会対策委員会の運営 (85)

目次

II　細川政権・羽田政権　86

第 1 章　連立政権への結集 ………………………… 86
第 2 章　連立政権の運営 …………………………… 90
　　1　政府与党連絡会議（90）
　　2　与党各派代表者会議（91）
　　3　各派幹事会——政務幹事会と政策幹事会（92）

III　村山連立政権　95

第 1 章　党首会議 …………………………………… 95
第 2 章　政府・与党首脳連絡会議 ………………… 97
第 3 章　与党連絡各機関 …………………………… 98
　　1　与党責任者会議（98）
　　2　与党院内総務会（100）
　　3　与党政策調整会議（101）

IV　橋本連立政権　103

第 1 章　党首協議 …………………………………… 103
第 2 章　与党政策調整会議 ………………………… 106

第 4 編　公共政策の決定方法 …………………… 110

第 1 章　政党制度と官僚制度の調和 ……………… 110
第 2 章　政党による政府統制 ……………………… 112
第 3 章　省庁稟議制度の功罪 ……………………… 113

第 5 編　予算編成 ………………………………… 117

目 次

第1章　日本国憲法と予算編成 ……………… 117
　第1節　憲法と予算との関係（117）
　第2節　官房会計課長説明（119）
　第3節　省　　議（121）

第2章　予算編成当局 …………………………… 123
　第1節　主計局と主計官（123）
　第2節　主税局と理財局（124）
　第3節　各省庁の共同作業（125）

第3章　与党との調整 …………………………… 127
　第1節　与党政策決定の分権化（127）
　第2節　翌年度予算概算要求の審査（129）
　第3節　翌年度予算概算重要事項の決定（130）

第4章　予算編成に対する大蔵省の牽制 …… 132
　第1節　大蔵省の予算編成の調整（132）
　第2節　大蔵大臣の予算編成示唆（134）
　第3節　内閣改造及び党首脳交替（135）

第5章　与党の予算要求 ………………………… 136
　第1節　与党予算編成方針（136）
　第2節　与党税制改正答申（137）
　第3節　与党政策幹部間の調整（139）

第6章　政府による予算編成 …………………… 141
　第1節　予算編成方針（141）
　第2節　地方財政審議会と財政制度審議会（142）

第3節　政府税制調査会とその答申 (144)

　第7章　予算要求の復活折衝 ………………………… 145

　　　第1節　大蔵原案閣議決定とその内示 (145)

　　　第2節　与党による復活折衝 (146)

　　　第3節　各省庁事務次官折衝 (147)

　第8章　予算案確定 …………………………………… 149

　　　第1節　閣僚折衝 (149)

　　　第2節　政治折衝 (150)

　　　第3節　概算閣議と追認閣議 (151)

　第9章　国会における予算案審議 ……………………… 153

　　　第1節　政府案の国会上程 (153)

　　　第2節　衆参両院予算委員会審議と本会議審議 (154)

　　　第3節　大蔵省の国会質疑統制 (156)

第6編　法律制定 …………………………………………… 159

　第1章　法律制定過程 …………………………………… 159

　　　第1節　省庁段階の調整 (159)

　　　第2節　省庁主管課の協議と省庁内調整 (160)

　　　第3節　審議会諮問 (164)

　第2章　法令審査 ………………………………………… 166

　　　第1節　内閣法制局 (166)

　　　第2節　大蔵省法令審査 (169)

　　　第3節　衆参両院法制局 (170)

第3章　自由民主党審査 …………………………… 171

第1節　自由民主党政務調査会部会と政務調査会審議会（171）
第2節　総務会（175）
第3節　国会対策委員会（177）

第4章　政府手続き …………………………… 178

第1節　事務次官等会議（178）
第2節　政務次官会議（179）
第3節　閣議（181）

第5章　国会審議 …………………………… 183

第1節　院の構成（183）
第2節　先議院及び後議院審議（185）
1　議案付託と委員会審議（185）
2　予備審査制度と委員会省略制度（188）
3　本会議審議（189）

第3節　法律公布（191）

第7編　国家会計制度 …………………………… 194

第1章　衆参両院決算委員会の現状 …………… 194
第2章　会計検査院の無力化 ………………… 196
第3節　衆参両院決算委員会の強化 ………… 198

あとがき

附録　衆議院憲政記念館所蔵
　　　「村川一郎資料」「村川文庫」目録

第 1 編 形式的政府 ── 憲法上の政府

第1章 政　　府

第 I 節　政府の本質

1　政府の定義

　政治用語「政府」は，何時，誰によって使われたのだろうか。宗史欧陽修伝によるなら，政府は「在　其政府，与　韓掎　同　心輔　政」と記録するから，少なくとも「政治を司る役所」，行政府を指している言葉である。世界史の頁を捲ると，国家の統治機関（行政組織）である政府は，旧い機構の上に新しい機構が構築される姿をとっているから，必ずしも万古不変の組織ではないことが浮上する。しかしそれにつけても，政府（政権）なる言葉は，多かれ少なかれ，他の政治用語に比較する限りにおいて合理的に説明しにくい政治的対象の一つである。例えば，日本国憲法第65条は「行政権は，内閣に属する」と規定する。しかしそれのみでは，内閣が明らかに国の行政組織の一部に過ぎなくなるから，政府及びそれに類する機関に関する説明としては不十分極まりない。

　そのため，内閣法は日本国憲法第65条の精神を具体的に生かすため，その第1条において「内閣は，日本国憲法第73条その他日本国憲法に定める職権を行う」と規定し，「内閣」の統轄下における行政機関の組織の基準を定めている。それにより，内閣法は内閣それ自体を国家行政機関の枠外に置くことにより，内閣の役割及び責任を明記するのである。この意味から，多くの識者は「内閣」，「政府」両者の意味を深く考える

ことなしに「日本政府」,「宮沢内閣」,「アメリカ合衆国政府」,「クリントン政権」等と混同して盛んに使用するのが常である。しかしそれらはいずれも「行政府」を表現する言葉であるから，言い回しの違いのみである。

しかし,「内閣」なる政治用語は，必ずしも日本独自のものではなく，中国にその源を有している。例えば，明の成祖時代，成祖は幹林院の優秀な学者を宮中の文淵閣 —— 内廷四閣の一つ，明時代に南京，清時代に北京に置かれる —— に入れて国家の重要政治を司らせた。そして，彼等は国家枢機に関わる会議を行う場合，常に宮廷の一番奥まった皇帝の「妻女」の居る部屋において行った。その部屋は「内閣」と総称された。その後，内閣の用語は，清朝時代，国家最高機関としての「政府」そのものを指す言葉に変質を遂げた。明治維新後，わが国の識者はイギリス議院内閣制度に関心を示した際，同国の最高政治機関である Cabinet に「内閣」の言葉を当てはめた。

そうであるなら，Cabinet は，いかなる歴史的意義を有するのだろうか。イギリス憲政史を遡るなら，Cabinet はノルマン征服王朝時代，チャールス二世の治世，クリッフォード Clifford，アーリントン Alington，バッキンハム Backingham，アッショレー Ashley，ロウダーデル Lauderadale 等五家のみが国政を牛耳った時代に生まれている。そして，クリッフォード，アーリントン，バッキンハム，アッショレー，ロウダーデル等から構成される五家集会はその頭文字 C・A・B・A・L をとって「Cabal」と呼ばれた。彼等は，宮殿内の国王居間の奥部屋 Cabinet において常に会議を重ねたから，これが転じて国家枢機を司る会議を Cabinet と表現するように置き換えられた[1]。

その後，イギリス首相（第一大臣）は，国民の下院議員選挙の選挙権拡大を通じて下院第一党の指導者から選考される先例が徐々に形成された。この結果，多数党が内閣（政府）を組織して，国民に確約した公約 —— 国家基本政策の大綱及び方針 —— を多数党内閣を通じて国家政策 —— 公共政策 —— に置き換え，国家予算及びそれに基づく立法の形式によって実現する道を開いた。それにより，イギリス内閣指導部とその内閣を組織する多数党指導部は「政治的一体性」を確保する道が生れ，同

一の政治哲学の基礎に基づいて国政を運営する政治的慣習を形成した。しかし，アメリカ合衆国の場合，連邦議会が大統領を選出しない制度であるから，大統領と連邦議会との間に横たわる「政治的一体性」は，かなり困難を極めるのである。

今日，多くの国における政府の機能及び役割はそれこそ古典的な「国防，法秩序の維持，財産権の定義，貨幣制度の整備等の枠組みの設定等」にとどまらず，社会の高度組織化に伴って「医療，雇用，福祉，公共事業，環境，運輸，郵政，地方自治，諸国との相互理解，貿易交渉，国際貢献等」の諸領域に深く及んでいる。政府はこれら諸領域に関する政策決定を最終的に行う場合，民主主義国家に関する限り，議会多数党が政府を組織するから，政府が多数党の政治的統制を受ける政治現象が鮮やかに浮上する。その場合，多数党とその政府の果たす政治的役割から，前者が形式的政府，後者が実質的政府の名称が与えられるとはいえ，両者の役割の重要性が一段と増加の一途をたどったのではなかろうか。

例えば，日本国憲法は「政府」に関して，何一つ定義していないのだろうか。日本国憲法を改めて検証するなら，その前文がとりわけ目につくのである。すなわち，日本国憲法前文は「日本国民は，正当に選挙された国会における代表者を通じて行動し，われらとわれらの子孫のために，諸国民との協和による成果と，わが国全土にわたつて自由のもたらす恵沢を確保し，政府の行為によつて再び戦争の惨禍が起ることのないやうにすることを決意し，ここに主権が国民に存することを宣言し，この憲法を確定する」ことを明らかにしている。しかし，日本国憲法は「政府」に関して具体的な定義を行うことはなく，その前文において「政府」という言葉を用いているのみである。

2　政府の本質

日本政治史における奈良，平安各時代は，天皇を戴く公家（堂上家）が少なくとも国政を担った。鎌倉，室町，江戸各時代を迎えるや，武士が公家に代わってそれぞれ国政運営を担った。とくに，江戸時代の場合には，武士棟梁（将軍）が幕府（政府）を組織，幕閣等の決定した法律，慣習に基づいて国政を運営した。その結果，政府は鎌倉，室町，江戸各

第1編　形式的政府——憲法上の政府

時代に関する限り，幕府であった。例えば，江戸幕府の場合，武士は中央政府（幕府—中央），及び地方政府（藩—地方）に仕官する官僚の立場から，彼等の政治的利害を端的に表現する法律 —— 法度，定等 —— に基づいて国政を運営した。このような時代，武士は特権階級として国政運営に参加し，前時代の権力者である天皇，公家を実質的には除外するか，無視するにいたった。

とくに，鎌倉時代，江戸時代，武家最高権力者である征夷大将軍 —— 将軍 —— は，天皇及び公家両者をもっぱら国家祭司の地位に閉じ込め，自らが中心になって武家政治を断行した。例えば，江戸時代，江戸幕府創設に尽力した徳川譜代の勢力は，幕府の象徴的存在である将軍を立てながら，自分達の勢力温存に努めた。その結果，将軍は形式的存在に変質，老中を中心とする幕閣が実質的存在として浮上，後者が前者を立てながら幕政の基本方針を決定し，それを将軍が承認する政治形式を普遍化した。この意味から，「江戸政府」の実質は，形式的存在である将軍に代わって実質的存在である幕閣が将軍の権威を背景として江戸幕府体制を維持，発展させた歴史に他ならない。

もっとも，幕閣は政治実権を巡って派閥闘争を繰り返した。しかし，それがエネルギーになって政府が更新される皮肉な一面も見られた。この場合，幕閣の派閥闘争は，何か大義名分がなければ，単に動物的闘争に終始するだけであった。これを恐れてか，幕閣は平時を念頭に置きながら，いわゆる「政策争い」の形をとった。例えば，徳川吉宗が紀州徳川家から宗家に入り，八代将軍に就任するや，幕閣を交替させた。新幕閣は前時代の政策に代わるべき新政策「倹約の励行，町人による新田開発の奨励，上米制・足高制・公事方御定書の制定，株仲間の承認，目安箱の設置，医学・洋学の奨励等」を幕閣の閣議に諮り，その承認という幕府権威に基づいて「享保の改革」を断行した[2]。

とりわけ，江戸時代，幕閣は法律を練り，それを盾として天皇，公家，外様大名，農民，職人，町人等に対して有無も言わせないで強制 —— 統制 —— し，それらを犯す者を処罰し，幕府を維持，発展させた。とくに幕閣は自らの息の掛った政府を通じて国民を支配し，国民の不平不満を権力によって抑え，国民受けする政策選択の道を選ぶことがあった。例

えば，幕府は国民に対して飴と鞭とを使い分けて町人文化を容認したが，これが過度になったとき，その政策を変更して取り締まり，象徴的人物を処罰することが再々であった。この結果，幕府は何時の時代の政府と同様にその維持を狙い，自らの法律を通じて国民を善かれ悪しかれ操縦することに努めた歴史が記録されている。

　現代，民主主義国家においては，少なくとも「議会政治は代議政治，代議政治は政党政治，政党政治は責任政治」の政治方程式が一般化している。その結果，民主主義国家における多数党はこの「責任政治」を踏まえ，政府を組織して自らの政策を国家の政策に置き換えることを志向する。その場合，政府は議会多数党に基礎を置くから，政策を巧みに操り，国民の多数確保に励める一面を浮上させる。この場合，多数党，少数党は，一部国民の特殊利益を実現する私党，徒党と異なり，全国民的利益実現を目指す公共性に立脚して活動する。この意味から，政党は，多数党の座を確保することにより，その政策を自らの政府の「国家政策」に置き換えられるのである。

　もっとも，政府の本質に関しては，歴史上様々な考え方が存在する。すでに，マッキーヴァーは「政府の研究は甚だ旧い。支那人，ヒンズー人，ギリシア人，及びその他の国民が，政府の性質についての幾多の教訓やその実際についての幾多の観察を伴った，この問題についての多くの書物を書いている」[3]と述べる。このように，マッキーヴァー自身は，政府を容易に定義できないことを嘆いている。しかしそうであるとしても，政府はその権限の及ぶ社会の秩序を維持し，社会内部に生じる国民各層の利害衝突を積極的に解決し，最終的に社会の崩壊を避けるために政治権力を行使する権力機構であることは紛れもない歴史的事実である。

3　政府と政党

　近年，アメリカ合衆国においては，政治学の制度的研究が興隆を極めた。この影響から，同国の政治学研究者は政治学研究の際に国家 State という言葉を限定して使用する代わりに政府 Government という言葉を活用することが少なくなかった。しかし，国家と政府，もしくは政府

と国家なる二つの用語は，アメリカ合衆国に関する限り，この国の政治体制からそれほど厳密な区別を行う必要がないのかもしれない。むしろ，政治学の制度的研究がアメリカ合衆国において著しく進展したのは，この国がほかならぬ連邦制 —— 連邦と州 —— を歴史的に採用し，連邦の維持，発展を図ってきたという特殊事情がその背後に存在するからではなかろうか。

それはそれとして，世界中の国家 —— 20世紀以降 —— においては，大統領，内閣総理大臣等といえども，戦時，平時を問わず，国民世論結集機関である政党を背景として行動する。わが国の場合，国政運営の基礎である日本国憲法はその条章において「政党設立の自由」及び「国民の選挙権及び被選挙権」の両方を明らかに保証する。これを踏まえ，政治資金規正法第3条は「政治上の主義若しくは施策を推進し，支持し，又はこれに反対すること」，又は「特定の公職の候補者を推薦し，支持し，又はこれに反対することを本来の目的とする団体」が「政党」であると定義する。そうであるなら，政党は立憲政治の運営にとっても「不可欠な『政治的』存在」である。

通常，政党は各種選挙の際，国民に対して国家運営の基本方針を網羅する政見 —— 公約 —— を提示する。この場合，政見は政党の国家運営に関するイデオロギーを如実に反映する基本方針を網羅している。これを国民が自由に判断して投票行動に移すのが常である。そして，国民多数の支持を得た政党は多数党として政府「内閣」を組織する。そして，政府は内閣を組織した多数党の政治的意向を無視することができなくなるから，この政党の統制を事実上受けることになる。この結果，政党は国政運営の基礎を形成する実質的政府 —— 非憲法上の政府 —— の性格を帯び，逆に，実質的政府の決定に基づいて国政運営を図る政府「内閣」は形式的政府 —— 憲法上の政府 —— であるという理論が生まれる。

もともと，政党は「(1) 言論・集会・表現の自由，(2) 国民の自治意識」が慣習的，法的，制度的に存在している民主主義国家においてのみ必ず誕生し，それが次第に一つの政治勢力として発達する宿命を帯びている[4]。そして，政党の発達は複数政党の存在をもたらし，政党（政治家）を選挙する選挙制度を完備させ，複数政党をもって構成される議会

を制度化し，有権者の審判による政党政府の形成を導き，議会の多数決主義に基づく政党政権交替の慣習等を普遍化する。日本のような議院内閣制に基づく政党政治の場合，国民世論の結集体としての政党を欠くなら，その運用が不可能に陥る。その意味から，現代政治は政党を動力として政党を中心に展開されるのである。

　しかし，わが国における政党は，昭和22年以降，国家基本法である日本国憲法の規定する結社，表現等の自由の諸規定に基礎を置くとしても，内閣，国会，裁判所等のような国家機関 ── 憲法上 ── ではなく，政党と内閣との関係はすこぶるダイナミックな力量に基づいて結ばれているに過ぎない。例えば，主に衆議院議員選挙の結果，多数党は「国家主権」が「国会主権」に置き換えられている国会を基礎として内閣 ── 政府 ── を組織する。その内閣は産みの母体である多数党の基本政策を内閣の予算編成及びそれに基づく立法の形式によって調整し，国会の議を経て国家意思 ── 国家政策 ── として実現する国家的機関の性格を一層帯びるのである。

　このように，民主主義国家における政党の地位は，たとえ保守であれ，革新であれ，中道であれ，それぞれ国家基本法である憲法にその存在を法的に確認されると否とにかかわらず，明らかに選挙を通じて政権を獲得して国家を運営する本能を露にする傾向がすこぶる強い。これにより，政党は国家と国民とを結ぶ唯一の政治的架橋として自己を国家として実現することを求める唯一の政治的存在であることを急浮上させる。とくに，これを重視する識者は，政党は民主主義の基礎であるという歴史的な命題から，政党を基礎とする現代国家を少なくとも「政党国家」として定義するほどである。確かに，これはこれなりに正当性を持つかもしれない。

第1編　形式的政府——憲法上の政府

第2章　政府の機構

1　大日本帝国憲法と内閣制度

　明治維新直後，政府は王政復古と同時に政府機構——三職制度——の整備を積極的に進め，中核である「総裁・議定(ぎじょう)・参与」の三職制を制度化した。このうち，総裁は天皇直属の独任制の最高機関の地位を占め，その下に議定が置かれた。但し，議定の職分は幅広く，それぞれ内国事務総督，外国事務総督，海陸軍事務総督，会計事務総督，刑法事務総督，制度寮総督等に及んだ。参与は内国事務掛，外国事務掛，海陸軍事務掛，会計事務掛，刑法事務掛，制度寮掛にそれぞれ分かれて職務を遂行した。そして，政府は三職を補足する形式によって徴士(ちょうし)と貢士(こうし)の両制度を創設，このうち，徴士は選挙任命，更新1回の任期4年であった[5]。この官職はわが国における行政官職公選制の魁(さきがけ)である。

　明治元年，政府は政体書の発布に伴い，三職に代わって太政官制を制度化した。これは国家統一を念頭に置いたものであった。太政官は立法，行政，司法の三権分立主義の思想に根ざすものであった。しかし，この官職は国内内乱勃発を契機として政治権力を集中する形に変質した。太政官は議政官，行政官，神祇官，会計官，軍務官，外国官，刑法官の七官であった。明治2年7月，職員令が発布され，神祇官が格上げされることにより，行政官が太政官になり，その下に左右大臣を始めとして大納言，参議の各官職が置かれた。そして，太政官はその下に民部，大蔵，兵部，刑部，宮内，外務の六省を置き，それぞれの長を卿と称した[6]。

　明治4年7月，政府は太政官制を強化するために左右大臣，大納言を廃止し，参議の上に太政大臣を置き，太政官を正院，左院，右院に分けた。明治6年5月2日，政府は正院の改組を行ったから，正院における参議は「内閣ノ議官ニシテ諸機務議判ノ事ヲ掌ル」[7]と定められ，初めて「内閣」の用語が登場した。この場合，内閣は参議が相集まることにより，国家運営を協議する程度であった。明治8年4月，政府は太政官の左右両院を廃止する代わりに新たに元老院と大審院をそれぞれ設けた。

元老院は立法機関，その構成員・議官は任命制，大審院は最高裁判所であった。明治11年12月，政府は軍令機関・参謀本部を陸軍省から独立させた(8)。

　明治14年10月14日，政府は民間の国会開設要求にてこずり，それを宥めるために，有名な「明治23年を期して国会を開設する旨」の詔書を公布した。それと同時に，政府は太政官に参事院を設け，それに主に憲法制定の布石の役割を果たさせた。明治18年12月22日，政府は太政官制を廃止，内閣総理大臣，外務大臣，内務大臣，大蔵大臣，陸軍大臣，海軍大臣，司法大臣，文部大臣，農商務大臣，逓信大臣等から構成される内閣制度を創設した。これにより，日本の内閣制度は，名実共に，その姿を歴史に現した。そして，内閣は内閣職権に基づき，その運営を行った。そして，最初の内閣総理大臣は，明治天皇が主に公家出身の三条実美の意見を取り入れ，長州藩出身の伊藤博文を選定した。

　明治18年，内閣制度が制度化されたとは言え，宮内大臣は有名な「宮中府中分離の原則」により，内閣構成の一員から除外された。因みに，内閣職権第１条は「内閣総理大臣に各大臣の首班として……大政の方向を指示し，行政各部を統督し，内閣の首長の地位」を与えた。さらに，政府は官紀五章を制定，内閣制度を支える行政近代化を試みた。これ以降，国務大臣は内閣総理大臣と共に制度上の内閣構成員の一人であるから，内閣総理大臣が各国務大臣の指揮監督権をもたないことが制度化された。明治21年２月11日，大日本帝国憲法が制定され，同憲法は「国務各大臣ハ天皇ヲ輔弼シ其ノ責ニ任ス」（第55条第１項）とのみ規定，内閣制度に一言も言及することなく，国務各大臣の対等的直接輔弼を定めた(9)。

　翌年，政府は直ちに内閣職権を廃止，それに代わる内閣官制を制定した。この結果，内閣総理大臣は大日本帝国憲法の規定を受けて「同輩中の首席」になった。そして，内閣制度は内閣発足当時は九省であったが，その後に増設された。明治33年，内閣構成員である陸海軍大臣は，内閣制度を危機に陥れることになる現役武官専任が導入された。しかし，それは政党政治の発達の際，内閣崩壊の元凶になった。第二次世界大戦直後，内閣構成省庁は軍需，運輸逓信，大東亜，厚生各省を加えて12省，閣僚は内閣総理大臣並びに無任所大臣４人を含め，17人であった。とく

に，内務大臣は都道長官，府県知事を掌握，彼等を通じて都道府県を区域とする一般行政事務を総合的に処理した(10)。

さらに，特別地方行政官庁としては税務監督局，鉱山監督局，地方逓信局が置かれた。また，内閣制度が太政官制を継承した歴史的関係から，その事務機構は太政官制事務機構を系統的に継承した。例えば，その代表は明治12年，制度化された内閣書記官長制度である。しかし，内閣は，明治18年に設置されて以来，大日本帝国憲法の下において，帝国議会の信任を積極的に必要とすることもなく，むしろ帝国議会に対して優越する地位を占め続けた。とくに，内閣は帝国議会召集，衆議院の解散，議会会期の延長，議会停会等に決定的な権限を持った。そして，明治23年，内閣総理大臣黒田清隆は帝国議会を軽視して「政府は常に一定の方向を取り超然として政党の外にたち」と述べた。これは，大日本帝国憲法下に占める内閣の地位のみならず，その在り方を端的に表現する言葉である。

2　日本国憲法と内閣制度

日本は，第二次世界大戦の敗北の結果，アメリカ合衆国を主体とする連合国の支配下に置かれた。そして，連合国総司令官D・マッカーサー元帥の示唆により，大日本帝国憲法改正が行われた。その結果，帝国憲法改正案である日本国憲法は「占領下に制定されたという歴史的宿命」にもかかわらず，国民主権の原理，国会の最高性，三権分立の原則，議院内閣制，地方自治の尊重等をその柱とした。政府はこの憲法を踏まえ，内閣法，国家行政組織法，並びに各省庁設置法を制定させた。そして，内閣総理大臣は国民代表機関・国会 —— 主に衆議院 —— において，国会議員の中から選出され，その者が各省大臣を任命し，一般行政事務以外に憲法第73条の規定を行うのである。

すなわち，日本国憲法第73条は「1　法律を誠実に執行し，国務を総理すること。2　外交関係を処理すること。3　条約を締結すること。4　官吏に関する事務を掌理すること。5　予算を作成して国会に提出すること。6　憲法及び法律の規定を実施するために，政令を制定すること。7　大赦，特赦，減刑，刑の執行の免除及び復権を決定するこ

と」と具体的に定める。そして，内閣は内閣総理大臣が閣内統一の権限を有するとはいえ，その自己の専管事項を除き，その他の行政事務は主任大臣としての国務大臣が法律，政令に署名して分担遂行する。要するに，国務大臣は内閣の一体性を基本として，その責任に基づいて与えられた行政を行うのである。

しかし，内閣総理大臣は，憲政の常道として，国会──衆議院──における多数党の指導者が指名される慣習が少なくとも続いている。すなわち，多数党党首は国会において内閣総理大臣に指名されるや，多数党幹部と協議して古参順及び力量を勘案して閣僚を選考する。その後，多数党は自らの政治意思をその内閣に伝達，諸外国と締結する政治，経済，文化等の条約内容を審議決定，予算編成を通じて国家政策の優先順位を絞る。内閣はそれらを踏まえて予算編成を中核として立法のみならず政令，省令等そのものに決定的影響を及ぼしている。そして，内閣自身の専管事項は，その内閣を組織する多数党の専管事項と変わらなくなる。これは議院内閣制に基づく政党政治の現実の姿である[11]。

もとより，わが国の行政組織は，内閣が最高の行政機関として行政組織の頂点に位し，その補助機関として内閣官房，内閣法制局，人事院，国防会議等が置かれる。その根拠としては「内閣に内閣官房を置く。内閣官房は，閣議事項の整理その他の内閣の庶務，閣議に係る重要事項に関する総合調整その他行政各部の施策に関するその統一保持上必要な総合調整及び内閣の重要政策に関する情報の収集調査に関する事務を掌る」，「内閣官房の外，内閣に，別に法律の定めるところにより，必要な機関を置き，内閣の事務を助けしめることができる」（内閣法第12条〔改正前〕）である。また，会計検査院は，国家行政上，独立機関であるとしても，内閣に所属する。

現在（平成10年），日本の内閣は総理府，その外局である総務庁，防衛庁，国土庁，経済企画庁，環境庁，沖縄開発庁，科学技術庁，北海道開発庁，宮内庁，公正取引委員会，国家公安委員会，公害等調整委員会，省として自治省，外務省，大蔵省，文部省，厚生省，労働省，農林水産省，通商産業省，運輸省，郵政省，労働省，建設省等の「1府12省31委員会，庁（うち，国務大臣を長とする委員会1，庁8）」から構成される。

このうち、府及び省は内閣の基幹的な組織、外局たる庁、委員会は府及び省の内部組織であるが、それらの他の部局と分離され、ある程度の独立性を保っている組織体である。しかし、会計検査院は内閣から独立機関として存在、また、人事院は内閣を構成する省庁から独立している。

このうち、大蔵省は国税庁、文部省は文化庁、厚生省は社会保険庁、農林水産省は食糧庁、林野庁、水産庁、通商産業省は資源エネルギー庁、中小企業庁、運輸省は海上保安庁、海難審判庁、気象庁、船員労働委員会、労働省は中央労働委員会、自治省は消防庁、法務省は司法試験管理委員会、公安審査委員会、公安調査委員会、防衛庁は防衛施設庁等を付設している。そして、中央省庁及びその内部組織の種類、位置付けに関しては国家行政組織法がそれらの基準を定め、その内部部局である官房、局、部、課、係等の設置に関しては各省設置法、もしくは組織法（政令）が定める。また、特別な法律により設立行為をもって設立された法人、特殊法人が存在する。

これら法人、特殊法人は昭和40年代の高度経済成長時代に激増したが、その後、行政簡素化に伴い、整理合理化された。因みに、特殊法人数の推移を見れば、昭和30年に33、三十数年後の平成元年に92を数えた。最近、国家行政の簡素化政策の展開により、民営化された特殊法人が多くなっている。その代表格は日本電電公社、日本専売公社、日本国有鉄道等である。国家の予算制度上、旧国鉄・電電・専売の3公社、国民金融、住宅金融、農林漁業金融、中小企業金融、医療金融等の各公庫、日本開発・日本輸出入の2銀行は一括して、政府関係機関として扱われる。そして、立法上の建て前として、各政府関係機関はその収入、支出予算――年間の見積もり――を国の予算と共に国会に提出、その審議、承認を得なければならない。

通常、公共企業体は実定法上の法理論から旧3公社を指す言葉として使用され、それ以外に関しては準公共企業体と総称されることがある。しかし、それに対しては異論が無くもない。その他、政府企業と呼ばれるべき5現業が存在し、国民生活に大きな影響を及ぼしている。それは (イ) 郵政省――郵便、郵便貯金、郵便為替、郵便為替貯金、簡易生命保険・郵便年金、(ロ) 大蔵省――日本銀行券、紙幣、国債、印紙、郵便切

手，郵便はがき等の印刷の事業，造幣事業，アルコール専売事業，(ハ)農林水産省──国有林野事業，である。別に，地方政府は国の政府企業を基本とし，地方公営企業を経営する。とくに，現業のサーヴィス料金の値上げは，国民生活に密着するだけに国の政策運営上においても，重要な分野の一つである。

第3章　政府の機能

1　政府の行政

　日本の政府「内閣」を構成する各省庁は，組織原則として，少なくとも機能主義を採用している。例えば，大蔵省は財政運営，外務省は外交活動，厚生省は国民の健康増進，文部省は教育確保，法務省は国民の人権擁護，建設省は公共事業等である。しかし，省庁の拠って立つ機能主義は，便利なようで不便を来すことが少なくない。それは各省庁が時代を反映して組織化されたのにもかかわらず，時代の推移に追い付くことができなくなり，省庁特有な権限争いを生み，それらによって機能分類を変質できなかった姿で浮上している。これは省庁権限争いに多数党政治家を巻き込み，省益という名の「省庁闘争」に明け暮れる原因になっている。

　昭和40年代，工業化社会が生んだ環境破壊の主力である大気汚染，水質汚濁，土壌汚染，更に薬害等は，日本社会に過失責任，無過失責任の広い問題を浮上させた。そして，厚生省と通商産業省が大気汚染を巡って権限争いを繰り返したのは，主に工場の煤煙規制が通商産業省，煤煙が住民の健康に有害であることを指摘するのが厚生省というような権限の分散，相違からであった。このように「環境」行政は，従来の機能主義に根拠を置いた省庁権限を超えた実例である。しかし，人権擁護，登記行政のような法務省の権限は，この省独特の技術的な面から，他の省庁に委譲し得ない行政分野である。この意味から，省庁は他省庁と権限が交差するとはいえ，特有の行政分野を維持するのである。

第1編　形式的政府——憲法上の政府

　その後，昭和40年中頃，国民の環境行政に対する諸要求が多くなった。それに対して，国民代表の多数党は政権確保を目指すため，また時には，多数党は少数党と共にその実現を政府に求めた。この場合，政府はその背後に控える多数党の政策決断を踏まえ，謳い文句「環境行政の早期確立」のため，環境行政の調整機関として環境庁を設立した。もっとも，多数党内閣を構成する省庁は，時代の推移があまりにも急激な場合，それに対処するのに遅れを取り，関係部局だけでは局面打開を一省庁のみの「政策」形式でこなしきれなくなる。その場合，省庁は部局増設，もしくは新たなる省庁の設置を求め，多数党に働き掛け，政治決断を求めることが少なくない。

　例えば，最近をみると，政治の落とし子の烙印が押されたのは，厚生省，通商産業省，大蔵省等が絡んだ環境庁，また，建設省，自治省，大蔵省等が絡んだ国土庁の設置庁等である。しかし行政組織が肥大化すれば，それに応じて行政運営が複雑化し，省庁内調整のみならず各省庁間調整に時間の浪費がかさみ，国家行政の肥大化の後に行政停滞を生じさせ兼ねない。そのため，政府は必ず行財政改革に直面，いわゆる「冗費」問題に取り組むのである。昭和50年代，鈴木，中曽根両内閣は省庁，公社公団の増設禁止，公務員定年制の導入，公務員定員厳守等を決定した。その後，政府は公社公団の統合，民営化を進め，国家財政の軽量化を進めている。

現代日本行政（省庁）の大枠　　（平成10年現在）

1	総　務　庁	行政改革，行政の改善，国民的重要課題—老齢，交通，地域改善，青少年，北方領土—の総合調整を行う。
2	環　境　庁	公害によって生ずる人の健康，生活環境に係る被害を防止し，自然環境を保護，整備，その他の環境保全を進める。
3	国　土　庁	国土利用，開発，保全の総合的かつ計画的な調整を行い，国土の均衡ある発展と住みよい社会を形成する。
4	防　衛　庁	直接侵略と間接侵略からの国土，国民の生命財産等の防衛，災害救護等を行う。

第3章 政府の機能

5	法務省	…	法秩序の維持と国民の権利の保全により，国民生活の安定を確保し，国家社会の平和と繁栄を図る。
6	外務省	…	外交政策の立案とその実施，諸外国との協力，親善，国際協力，法人の生命，財産の保護を行う。
7	大蔵省	…	国の財政として予算編成，租税，国債，国庫，金融として国内金融，国際金融等の総合的調整を進める。
8	文部省	…	初等中等，高等教育の充実，学術の振興，文化，スポーツの振興及び復興を図る。
9	厚生省	…	国民の健康と福祉の維持のため保険，公的扶助，社会福祉，保健衛生，医療，生活環境の整備，増進を図る。
10	農林水産省	…	食料の安定供給，農林水産業の健全な発展と振興，農山漁家の福祉を図る。
11	通商産業省	…	通商，産業，技術各政策の推進，経済の発展と雇用の安定を確保し，国民生活の充実を図る。
12	運輸省	…	各種交通基盤整備，それに関する指揮監督，安全確保，観光振興等を推進する。
13	郵政省	…	郵便，郵便貯金・郵便為替・郵便振替及び簡易生命保険の三事業と電気通信に関する行政事務とを一体的に遂行する。
14	労働省	…	労働者の雇用の安定と福祉の増進を図り，もって経済の興隆と国民生活の安定に寄与する。
15	建設省	…	生活環境の確保，国民生活の安全確保，国土資源の適正な管理，建設業の振興を図る。
16	自治省	…	地域住民の自治行政の推進，各種選挙の企画及び運営，国と地方公共団体との連絡調整を進める。
17	警察庁	…	個人の権利と自由を保護し，公共の安全と秩序の維持に当たることを使命とする。

2　政府機能の分化

　内閣（中央政府－各省庁）は，国家を統治する最高の行政機関である。現在，内閣は内閣を組織する政府党 ── 国会多数党 ── と政治的調整を行い，各省庁を通じて国家の運命及び国民生活の在り方に深く関連する行政的責務を遂行するから，その責務が多岐にわたる。現在，内閣の責務は国家財政の健全化，社会資本の整備，社会的サーヴィス，産業・科

学技術の振興，国土の整備，秩序の維持，外交，防衛等の幅広い領域に及んでいる。そこで，内閣の責務を理解するため，前節の各省庁の本質的機能を当てはめるなら，国民代表の承認した立法によって権威化され，立法の質により異なる政府機能が一段と理解できるかもしれない。

主要な政府の機能の分化

国家財政の健全化	租税制度の運営，国家予算の編成
社会資本の整備	道路，港湾，橋梁，住宅，公園の建設，保守
社会的サーヴィス・給付の提供	年金，医療，教育，郵便各制度の維持
産業・科学技術の振興	基礎研究，貿易増進，技術の開発
国土の整備	環境保全，治水治山等の確保
秩序の維持	個人権利と自由の保護，公共の安全と秩序維持
外　　交	国家間の友好，国際社会との協力
防　　衛	自衛の維持

　もっとも，議院内閣制に立脚する政党政治の場合，国民は国会に選挙を通じて国民代表（政党）を選出する。国会多数党は内閣（政府）を組織，多数党の政策を内閣施政として実現する。それが政治制度化されている。のみならず，これらに関連する立法は国家基本法としての日本国憲法，それを基礎とする国会法及び内閣，内閣法を踏まえた各省庁施政の根拠となる各省庁設置法，そして，経済，社会，福祉等の各種政策分野に及ぶ立法である。具体的には，政府はその施政政策を実施するために予算及び立法を起草し，多数党の了承を得て国会承認を得ることにより，直ちに実施する。それら立法政策の対象となる法律は政策遂行を目的とする性質によって私法，そして公法の領域に分けられる。

　例えば，政府は国家施政を裏付けるための歳入歳出，それに基づいて福祉，財政，公共事業，教育，科学等の各種立法を独自に立案することはなく，政府党と協議，調整して政策案 —— 例・平成5年度予算案，福祉立法関連立法改正案 —— の形式に取り纏める。政府は多数党にそれらを諮り，その実質的審査了承後に国会に上程する。国会 —— 衆参両院

——はそれらを関係常任委員会，本会議の順に審議決定する。このため，国会は日本国憲法の規定する「国権の最高機関，唯一の立法機関」どころか，政府を組織する多数党党政策の承認機関に変質するおそれがなきにしもあらずである。これが日本型議会政治に立脚する政党政治の現実の姿である[12]。

のみならず，政府（省庁）は施政政策，立法政策を具体化する際，省庁設置法を基礎とした施行基準，安全基準，規制基準等を定め，万全の行政処置——通達，通告，指導等——をとる。これら執行政策は立法政策を具体化する許認可，それを裏付ける行政指導の形式をとって現れる。しかし，政府を構成する省庁は，執行政策の領域において，許認可，行政指導の緩和，強化に関して政治の圧力を受けることが多い。例えば，タクシー業界は政治家を通して運賃値上げを求める場合，有力政治家が動いて運輸省に物価変動を考慮するように働きかけ，許可させることがあった。政治家はその見返りとして関係業界から政治資金を手にすることができたという。

その場合，運輸省が認可するタクシー料金の値上げは，運転者の生活改善，タクシー会社の経営安定を図ることを具体的な理由としてとりあげられた。しかし，主にタクシー業界に利害関係を保有する多数党政治家はこれを自分の仕事と見なし，運輸省当局に取り上げさせ，恰も自分の力でタクシー料金値上げを実現した素振りをする。運輸省幹部は彼等の顔色を伺い，政治家に花を持たせる。その裏で，タクシー業界幹部，運輸官僚はタクシー料金値上げは時間の問題であることを承知していたから，政治家に任せる無難な道を選ぶのである。これは政治家，官僚，業界幹部の間において再々見られる政治的取引き——政治的密約——，悪く言えば，利益配分である。

3 政府機能の権威化

国家（日本）の在り方は，国家基本法である日本国憲法が細かく明記する。政府は，憲法により，国家全体を統制する権限を保有する。通常，政府を構成する省庁は省庁設置法に基づいて，行政——政策——領域を確定する。これにより，省庁は政府を構成する多数党政策担当責任者と

第1編　形式的政府——憲法上の政府

調整を繰り返して政府施政を展開させる。この場合，省庁は多数党の施政方針を見定めることにより，一定の政策を実現するための予算編成及びそれに基づく立法準備に取り掛かる。これら予算及び関連立法は，政府の背後に控える多数党がその政府を通して施政を実現する立法であるから，政策立法という政治的な性格を露にするものである。

　もともと，国家存立の基本的条件を定めた国家基本法は，通常，憲法と総称される。もとより，憲法は国の統治権，基本的機関，国家権力の作用の大原則等を定め，他の法律，命令をもって変更できない国の最高法規である。憲法上の機関である国会，内閣，国務大臣，最高裁判所，会計検査院等は，国家政策決定に深く関連する。そして，国会，内閣，裁判所は憲法を踏まえた国会法，内閣法，裁判所法に基づき，それぞれ組織，運営，責務を明らかにする。これら法律は公法と総称される。その他の関連立法としては公職選挙法，国家行政組織法，国家公務員法，地方自治法，財政法，各種税法，社会福祉法等がある。

　また，政府は国家の治安確保，国防，国民福祉増進，財政安定，貿易振興，国民教育向上，文化振興，国際協力等の政策領域に関しての責務をもち，そのために自ら活動する政治的主体である。そして，政府はこれらを施策を推進する場合，政府を組織する政党と政策協議を重ねながら，予算措置，それに基づく関連法律の見直しの形をとる。通常，これら法律は公法の分野に属するとはいえ，政府施政推進の立場から，政策法の範疇に入る。例えば，政府は多数党の強い政策要望によって暴力団関係犯罪の量刑強化を具体化する方針を確立するなら，政府施政実現を期することを目的として刑事立法改正に着手しなければならない。そして，政府は多数党と調整を繰り返し，その成案に取り纏める。

　もっとも，政治と法，逆に，法と政治は，国家政策決定とその実行を考える場合，特殊な政治的関係で結ばれていることが浮上する。それは往々にして「法は政治の具象化」と見做されることが多いから，法と国家，国家と法の間に大きな矛盾を介在させることも少なくない。例えば，多数党を基礎とする政府は多数党の要請を受け，政府を脅かす暴力団犯罪の悪質化に対して多数党と協議を重ね，予算枠外の方法によって暴力団取締強化方針を確立する。これを踏まえ，政府は量刑強化につながる

第3章 政府の機能

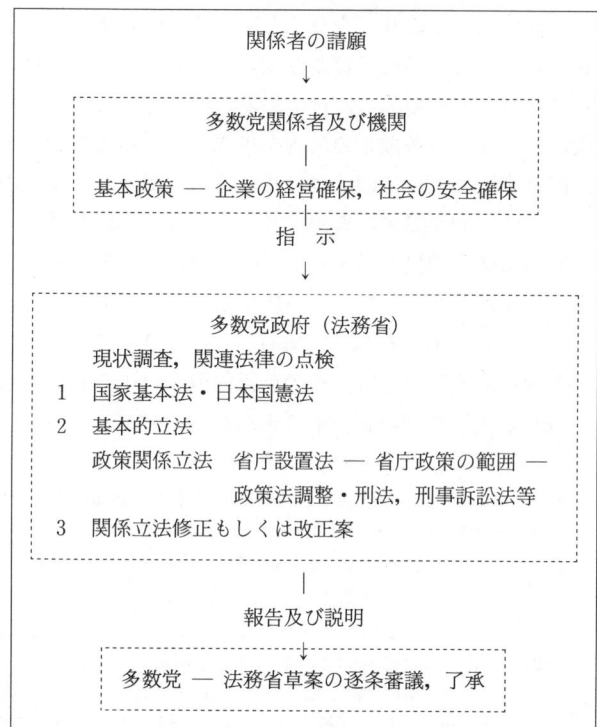

政府機能の立法的根拠
— 例・企業暴力団関係犯の量刑強化 —

刑法改正を拠りどころとして暴力団を取り締まる場合，本年度予算に基づく福祉関係政策を削減しても予算及び要員をそれに回さなければならないなら，福祉政策が停滞し兼ねなくなる。

　また，政府は，国家基本法・憲法の保障する「最低限度の生活保障」の規定により，あまり働く意思のない国民が「病気」であると申告するなら，それを尊重して生活保護を給付しなければならない。この場合，関係当局は本人申請がはたして真実か否かを確めなければならない。しかしそれを厳密に行うなら，申請人と同数の担当者が必要になるだろう。そうなるなら，それが国家財政に多大な負担を強いることになり兼ねな

第1編　形式的政府――憲法上の政府

い。そのため，生活保護申請人の調査は，余り厳格を極めるのではなく，予算及び要員を勘案して程々の程度に抑えられている。これは国家が自ら制定した生活保護法により，少なくとも拘束される実例の一つである。

　この意味から，政府政策は予算及び関連立法によって裏づけられない限り，それこそ有名無実に陥るだけである。例えば，わが国の場合，政府施政は政府を組織した多数党の公約を集約して予算及び関連立法の形式に変え，国会審議によって権威付けられることにより，本来の目的達成に邁進する「政治的保障」が確保される。すなわち，多数党を構成する「唯一の立法機関」の構成員・衆参両院議員は所属政党が国民に公約した政策を実現するためと称し，自ら組織した政府に対して関連予算を編成させ，それを具体化する関連立法の形式に取り纏め，予め審査して国会上程への道を開くのである。その結果，政府は少なくとも自らを組織している政党の政治哲学の影響下に置かれるのである。

（1）　Her Majestys Office, Central Office of Information Pamphelet 33, The British Parliament, Pages Bros Ltd, 1973.
（2）　牧健二著『日本法制史概論』弘文堂，昭和11年，第6章。
（3）　マッキーヴァー著，秋永肇訳『政府論』勁草書房，昭和29年，8頁。
（4）　日本国憲法第19条「思想及び良心の自由」，第21条「集会，結社，表現の自由，通信の秘密」等は政党関係，第15条「公務員の選定及び罷免の権利，公務員の本質，普通選挙の保障，秘密投票の保障」，第44条「議員及び選挙人の資格」等は選挙関係として理解されている。橋本公亘『日本国憲法』有斐閣，昭和60年，佐藤功『日本国憲法』学陽書房，平成2年などを参照する。
（5）　山崎丹照著『内閣制度の研究』高山書房，昭和17年，12～17頁。
（6）　前掲書(5)，12～17頁。
（7）　前掲書(5)，39頁。
（8）　内閣総理大臣官房編『内閣百年史』，昭和60年を参照。
（9）　前掲書(8)。
（10）　前掲書(8)。
（11）　村川一郎著『日本の官僚』丸善，平成7年を参照。
（12）　村川一郎述「大蔵省の研究」中央公論，中央公論社，平成7年5月。

第2編　実質的政府と形式的政府の調整機関

第1章　政府与党首脳会議の沿革

　今日，自由民主党政権，細川・羽田両連立政権，村山・橋本連立政権各時代の政府与党首脳会議は，第二次世界大戦後における保守政党 ── 日本自由党，民主自由党，自由党，日本民主党，自由民主党 ── が少なくとも第二次世界大戦前における保守政党 ── 主に立憲政友会，立憲民政党 ── の政府与党首脳会議を踏まえ，慣行化した非憲法的機関である。政府与党首脳会議は憲法上の名称ではなく，自由民主党政権時代，時として「政府与党連絡会議」と呼ばれることがあった。通常，政府与党首脳会議は，多数党とその政府の意思疎通を踏まえることを念頭に置き，定期的に開催し，主に直近の重要政治課題の取扱いを協議するほか，少なくとも高度の政治的調整を図る機関である[1]。

　なお，旧憲法，新憲法両体制の下においても，英国型議院内閣制に基づく政党政治が展開されたから，多数党及びその政府の国政運営に関する調整は，必要にして不可欠であった。これが政府と政府を組織する多数党の調整機関を制度化した。しかし，旧憲法，新憲法の下における政府与党首脳会議は，国会（議会）の権限の相違により必ずしも類似点が多くない。今日，政府与党首脳会議に参集する多数党政治家そのものは，彼等が他の政治家よりも党歴，閣歴ともに抜きんでており，何が「重要政治課題」であるかを容易に見分けられる大物であるから，彼等は長年にわたって培った政治的勘を働かせ，多数党とその政府の取り纏め役に徹する。

そこで，第二次世界大戦後の政治史を顧みると，日本自由党，民主自由党，自由党をそれぞれ率いた吉田茂は，講和条約締結に至るまで，旧政党の大物が公職追放の憂き目にあったから，比較的にみて党総裁としてワンマン的振る舞いが多かった。当時は占領下，吉田茂の率いた保守政党の重要政策は飢餓防止，憲法改正とそれに基づく諸制度の改革，農林水産振興と食糧確保，中小企業の育成等の領域であった。こうした諸課題の最終決定を取り仕切ったのはほかならぬ総裁総理吉田茂であった。しかしそれが崩れ出したのは，吉田与党 —— 自由党 —— が絶対多数に陰りの見え出した講和条約問題が現実化した以降である。

　例えば，講和条約問題が浮上した際，吉田茂の率いる多数党 —— 自由党 —— の国会，とくに衆議院における勢力の減退がそのまま総裁総理吉田茂の権威失墜に繋がった。このため，自由党は他の保守政党 —— 国民民主党，改進党 —— ，革新政党に対抗する必要性から，党と政府との調整が必要不可欠になった。昭和29年4月12日，吉田茂は自由党の大勢に従わざるを得ず，政府与党首脳会議は「保守新党につき協議，保守合同による新党結成方針を再確認，改進党に正式申し入れ」を決定した。これ以降，政府与党首脳会議は，戦後政治史の中でも重要な役割を果たすことが運命づけられた。

　この後，政府与党首脳会議は，日本型議院内閣制に基づく政党政治の展開に際し，非憲法的存在であるとしても，それこそ時代の節目に際して決定的，そして指導的な役割を果たしている。この見地から，現代日本の政党政治，そしてその核心である政治過程を解きほぐすことを試みるなら，余り顧みられなかった政府与党首脳会議に少なくともメスを入れる必要がある。そうすれば，政府与党首脳会議は，文字通り，多数党がその内閣と国政運営を実質的に協議を重ね，多数党は政府に対して，政府は多数党に対してそれぞれの考え方，抱負，取扱い等を協議，決定する機関の性格が浮かび上がるのではなかろうか。

第2章　政府与党首脳会議の運営

　政府与党首脳会議に出席できる「首脳」，言い換えれば多数党首脳，重要閣僚の範囲がすこぶる問題である。通常，多数党首脳は，自由民主党政権時代においては，幹事長，総務会長，政務調査会長，参議院議員会長，重要閣僚は内閣総理大臣，官房長官，大蔵大臣，それに領袖クラスの閣僚であった。そして，副総裁が置かれている場合は，副総裁が出席し，彼の発言が会議をリードすることが多かった。それは総裁総理が副総裁の力量のお陰で今日の地位を得たことを知っており，それに報いる形で副総裁に就任して貰い，何かと煩(うる)さい党の動きを抑えて貰おうとしたからである。副総裁が置かれていない場合，それに代わる役割を果たしたのは，党運営の要の幹事長であった[2]。

　この場合，政府与党首脳会議の取り扱う課題は，自由民主党及びその政府の重要閣僚が派閥均衡を踏まえた選考であるから，派閥代表の形で参加する首脳を通じて正式の党機関に諮る前に各派閥に伝えられ，大枠の一致点を絞りだす役割を果たしたことが多い。こうして，自由民主党が重大視した政治課題はその内閣にとっても同様であったから，両者は合意点を見出ださなければならなかった。しかし，自由民主党は党支持者に重きを置き，逆に，その内閣はそれを全国民に拡大することを願ったから，両者を調整する政府与党首脳会議が存在しなかったなら，議院内閣制に基づく政党政治は死に至ったかもしれないのである。

　例えば，昭和62年，アメリカ合衆国において日本商社 ── 東京芝浦電機株式会社 ── のココム違反 ── 対共産圏輸出統制委員会 ── が政治問題化した際，それが日米経済摩擦拡大の口実になることを恐れた自由民主党及びその政府はその取扱いを協議した。政務調査会長・伊東正義が党政策責任者としてこれまでの政務調査会関係部会，総務会の意見を開陳し，党がそれを仕切る方針を説明した。この結果，政府与党首脳会議は「党が主導権をもって各省庁間を取り纏める」ことで意見が一致した。これは結局，こうした問題が生じた際，わが国特有の行政権が分散され

第2編　実質的政府と形式的政府の調整機関

ている政治の現実から，それを取り纏める機能が多数党の手に委ねられることを証明した。

　この直後，政務調査会長・伊東正義はアメリカ合衆国の政治事情に精通している椎名素夫をココム関係の特別委員会委員長に指名，この人事に関しては役員会，総務会の了承を得て，いわゆる「椎名委員会」が発足した。この委員会はココム問題が高度の政治性を帯びていると判断，関係省庁の事情聴取を行い，党側の方針を伝え，国内法整備に当たらせた。この結果，関係省庁は自由民主党の意向に沿い，省庁間調整を行って成案に取り纏め，それは自由民主党の政策手続きを経て，党議決定された。これは政府与党首脳会議が権威づけを行うことにより，国家的政策決定に直接携わった実例の一つである。

　なお，例年の予算編成の際，次年度予算の最重要課題を決定する政治折衝は，党側と政府側の首脳が一堂に会して国家政策の優先順位を決定する形を変えた政府与党首脳会議であった。この会議は，幹事長，総務会長，政務調査会長の党三役，内閣総理大臣，大蔵大臣，官房長官の政府側から構成された。しかし，政党政治の原則から，この一連の結果に関しては，改めて総務会に報告され，その了承を取り付けることが必要であった。このように，政府与党首脳会議は，日本型議院内閣制に基づく政党政治の基礎を形成することにより，これを中心に国政が動くのである。

第3章　政府与党首脳会議の地位

　政府与党首脳会議，それは形を変えた多数党最高幹部会議の性格をもっている。それは多数党とその内閣の連帯責任を確認する制度である。当然のことながら，この会議に参加することは，大物政治家か，期待される政治家として少なくとも認知されたも同然である。それだけに，こうしたポストを手にするのが多数党議員の強い願望である。とくに，自由民主党政権時代，内閣総理大臣は別として幹事長，総務会長，政務調

査会長の党三役，大蔵，外務，通産，法務等の各大臣，それに官房長官のポストは政治力，プラス幸運が無ければ，手にし得ない。それだけに，この会議に参集する政治家は大物か，それとも将来を嘱望される政治家のいずれかであることは確かである。

　実際のところ，多数党及びその政府両方の間においてにっちもさっちもいかなくなった国政上の重要課題が発生した時，それに方向付けを示し，解決策を授けるのが政府与党首脳会議の本来的任務である。しかし政府与党首脳会議は，多数党機関でもなければ政府機関でもない中途半端な機関である。政府与党首脳会議は，ある場合において，国家運命を決定する機関であるほか，多数党及びその政府両者が相互の行き過ぎを監視するのみならず，批判，そして調整を行うことが多い。従って，政府与党首脳会議は，政治運営において，それこそ党と内閣の背後に存在して目に見えない形で重要な役割を果たしていることになる。

　この意味から，政府与党首脳会議における審議，決定は，多数党とその政府の行動を束縛，もしくは規制する役割を果たすことが多いから，それぞれ長所もしくは短所を伴いがちである。逆に，多数党及びその政府は政府与党首脳会議の決定により，一定の方向が定められる恐れがあるかもしれない。この場合，この会議に参集した政治家は，いずれも党歴，閣歴ともに豊富このうえないから，こうした経験から大方の賛成を得られる決定を導くことに努める。これが政府与党首脳会議に参集する政治家達の政治的な知恵に他ならなかった。その上で，彼等は長年の政治的経験に基づいて知恵を出し合いながら，丸く治めるのである。

　しかし，政府与党首脳会議は，自由民主党政権時代，多数党・自由民主党及びその内閣の運命に対して深刻な影響を及ぼす政治的課題の解決に関し，党と政府とを結ぶ唯一の機関として存在しながら，第一級の政治的判断を行い，それを党機関でこなすことにより政策化への道を開いた。この意味から，自由民主党は実質的政府との立場から公式的政府である自由民主党内閣の背後に控えるのである。そして，自由民主党政権は自由民主党とともに政府与党首脳会議を頂点とした党運営を行う政治的ローテーションを確立した。この場合，公式内閣「自由民主党政権」は形式的政府，形式的政府を組織する非公式政府「自由民主党」は実質

第2編　実質的政府と形式的政府の調整機関

的政府にそれぞれ読み替えることもまた可能である[3]。

(1) 政府とその組織政党による政府与党首脳会議は政府与党連絡会議とか様々な呼び方がされる。本稿においては，政府与党首脳会議という名称に統一する。
(2) 政府与党首脳会議の事務局は，通常，政府側が内閣官房，政権政党側が幹事長室である。
(3) 平成5年，細川連立政権の場合，政府与党首脳会議の構成メンバーは，政府側から細川内閣総理大臣，羽田副総理大臣兼外務大臣，山花政治改革担当国務大臣，石田総務庁長官，大内厚生大臣，武村官房長官，党側から赤松日本社会党書記長，小沢新生党代表幹事，市川公明党書記長，園田さきがけ・日本新党代表幹事，米沢民社党書記長であった。案件により，自由民主党時代と変わりなく，関係大臣が出席する。そして，政府与党首脳会議は国会開会中，毎週月曜日，閉会中は随時開催する方針を確立，それを実施している。

　事実上，政府与党首脳会議は，連立政権を構築している連立各政党の「党首会議」の性格を併せ持ち，最高執行機関として存在する。今後，いかなる形式の連立政権が生まれようとも，連立政党を柱とする政府与党首脳会議は，その連立政権の運命を決定する唯一の機関であることに変わりない。この機関は，連立政党の党首会議として存在することにより，連立政党の最高調整機関の役割を果たし，連立が破綻するか否かの最終決定機関の責務を有する。これにより，政府与党首脳会議は，形式的政府の背後に控える実質的政府の色彩を一層帯びるのである。

第3編　実質的政府

Ⅰ　自由民主党政権時代

第1章　役員会

第Ⅰ節　役員会の沿革

　昭和30年,自由民主党結党当時の役員会は,幹事長岸信介,総務会長石井光次郎,政務調査会長水田三喜男,全国組織委員長砂田重政,国会対策委員長中村梅吉,代議士会長星島二郎,党紀委員長小林錡であった。この時,保守合同の結果,党三役数の配分により,政界の長老である砂田全国組織委員長が誕生,これがひときわ異彩を放ち,幹事長岸信介が後日彼に報いることを堅く決心した。そして,幹事長は政府与党首脳会議を踏まえ,発足間もない党の柱として役員会を運営した。当時,役員会構成メンバーは幹事長,総務会長,政務調査会長,全国組織委員長,党紀委員長,財務委員長,国会対策委員長であったが,その後,政治経済の拡大に対応した党組織の拡大により広報委員長,国民運動本部長,参議院議員会長と幹事長,国会対策委員長,幹事長官房を構成する総務,経理,調査,国際,人事等の各局長にメンバーが拡大した。
　もっとも,副総裁が置かれている場合,幹事長は副総裁に出席を求め,役員会座長格に据え,その意向を介して運営する。なお,党三役以外の役員会構成メンバーは,当選回数,党及び政府役職,政治的センス等を

忖度され，派閥均衡を加味し，選抜される。このうち，選挙全般を取り仕切る総務局長は幹事長直系，経理局長は幹事長指揮下に在るとはいえ，党運営の平等化を考慮して総裁総理派閥から抜擢された。通常，役員会が開催されると，幹事長が政府与党首脳会議を踏まえて党務報告を行い，国会開会中の場合，衆参両院国会対策委員長が国会の審議状況を報告，再びメンバーの意見交換が行われた。それ以外にも，党に関する重要課題に関し，それを具体的に方向づける役割を果たしたことが多い。

それでは保守合同，自由民主党結成の際，役員会がいかなる理由から置かれたのであろうか。しかし，それは必ずしも複雑な理由がある訳ではないのが真相であった。何故なら，保守政治家は長年の政治生活を送ってきた経験に立ち，どうしても政党運営が有力政治家及びその支持者の勢力に支配されやすい傾向を阻止できないことを肌で感じ取っていたから，可能な限り幹事長に権力が集中するのを排除するため，幹事長権限を分散させる必要性を念頭に置いたからである。この結果，自由民主党は党運営に欠かせない安全装置として役員会を置き，それに党執行部と党執行機関の潤滑油の役割を果たさせることを期待するようになった。

第2節　役員会の運営

役員会構成メンバーは，自由民主党の場合，派閥均衡を踏まえ，少なくとも全派閥代表を網羅するのが基本方針として確立している。そして，派閥が大きければ役員ポストを占める割合も大きく，重要ポストを手にする機会が多い。しかし，その反動として小派閥はその逆である。そうなると，大派閥を背負う幹事長，総務会長，政務調査会長，国会対策委員長等の発言は重みを持ち，他のメンバーを圧倒することが多い。但し，無派閥の役員でも煩（うるさ）型は，それなりに発言し，会議をリードすることがある。例えば，浜田幸一は無派閥，大臣経験のない煩さ型であったから，広報委員長に押し込められ，役員会メンバーとしてその行動と発言に監視措置をとられた。

役員会は，党運営全般に関する問題を取り扱う機関であるから，必要

に応じて党方針を確立するのがその主要な任務である。例えば，役員会は直近の問題を話し合い，問題を整理してそれぞれ政務調査会，総務会，全国組織委員会，広報委員会，国民運動本部等に振り分け，独立して処理させる措置をとる。この意味から，役員会は会社機構にたとえれば，さしずめ会社経営に責任を有する取締役会に該当する。そして，その会議には必ず党事務局幹部 —— 事務局長，次長，審議役，部長 —— が陪席，事務局は役員会の決定を踏まえ，局長を中心に事務的に備え，部長が三役，委員長，局長に対して事務的助言を行い，それぞれ補佐する。さらに，役員会は総裁選出に当たり，それなりに大きな役割を果たした実績が光る。

例えば，田中角栄総裁辞任，三木武夫総裁就任の時，役員会が開催され，中曽根幹事長から三木武夫，福田赳夫，大平正芳，中曽根康弘が副総裁・椎名悦三郎の裁定「総裁・三木武夫」を了承した旨を報告，全員の賛同を得た直後，中曽根幹事長は役員会「総裁・三木武夫」了承を踏まえ，総務会，党大会に代わる両院議員総会 —— 党大会 —— に報告，それぞれ了承を得た。役員会は総裁が任期半ばで辞任する事態が生じた際，それこそ混乱を静める役割を果たす機関である。それ以外にも，役員会はあらゆる党関係問題を取り扱い，それなりに解決策を見出だし，一つの方向を示さなければならない。例えば，全国組織委員会，広報委員会，国民運動本部，党紀委員会，その他の機関が決定した決定事項に了承を与える機関である。この直後，幹事長は役員会の決定を踏まえて総務会に報告し，総務会の了承を得なければならない。

第3節 役員会の地位

昭和33年，河野一郎が総務会長に就任した時，彼は総務会を党運営の中心に置くことを考え，総務会構成を改革する意思を強く固めた。河野総務会長はこれを役員会に諮り，その基本方針を説明し，了承を得た。この結果，役員会は河野総務会長の私案 —— 総務定員41人を31人に減らす —— を了承し，幹事長はそれを具体化することを党紀委員長に命じた。このように，役員会は党機関の在り方そのものに了承を与える機関の役

第3編　実質的政府

割を果たすのである。このため，党機関の在り方に関しては，役員会の了承が無ければ，何ひとつできないようになっている。この直後，幹事長は党執行部の長として総務会に赴き，総務定員の改定案を説明，引き続き党紀委員長がそれに関する党則改正を提示し反対がなく，了承となった。

　これを受け，党紀委員会が総務会了承の総務定員改定案を審議するため開会され，総務会決定を踏まえ，次期党大会を目途にして党則改正に着手した。そして，党紀委員長は党則改正案を直ちに役員会に諮り，その了承を受けた。さらに，総務会が開催され，幹事長より党則改正案が報告され，党紀委員長がこれを説明し，これを総務全員が了承した。こうして河野提議は実現した。このように，役員会は自由民主党が存在するため，党執行部と党執行機関とを結ぶ唯一の機関である。このうち，党執行部は三役，機関の長，党執行機関は総務会に置き換えられる。役員会は，党執行部，党執行機関両者の中間に位置し，一種の潤滑油の役割を果たしているのが実態である。従って，役員会は自由民主党機関の中でも独特な地位を占め，主に政府与党首脳会議と総務会を繋ぐパイプ役であった。しかし，ここで誰かが異議を唱えるなら，その役割も減退し兼ねない。

　例えば，平成4年12月，佐川事件の急転の結果，これに深く関係している噂の絶えない元総理大臣竹下登の国会再喚問に終止符を打ちたい幹事長梶山静六は，竹下免罪符に気配りした。竹下登に自由民主党総務会に出席して釈明発言を許すなら，総務各位から竹下衆議院議員辞任の声が起きかねなかったから，梶山幹事長はこれを恐れ，総務会の代わりに役員会を開催，自らの司会で竹下登に発言の機会を与え，それを了承する方式をとった。このように役員会は，主に党問題解決に先手を打ち，一つの結論を導くことがあるが，それには総務会の事後了解が必要である。

第2章　幹事長

第Ⅰ節　保守政党の幹事長

1　幹事長の沿革

　保守政党における幹事長の歴史は，明治時代の保守政党にまで遡れるほど，すこぶる旧い。例えば，少なくとも板垣退助の興した自由党（明治14年）の流れをひく立憲政友会（明治33年）にたどり着くのである。立憲政友会創立当時の幹部は，総裁伊藤博文の下に創立委員として西園寺公望，渡辺国武，本多政以，金子堅太郎，末松兼澄，林有造，長谷場純孝，尾崎行雄，星亨，大岡育造，渡辺洪基，松田正久等が就任した。伊藤内閣成立後，原敬に幹事長兼務として西園寺，渡辺，末松，大岡，星，松田，尾崎等と同一の待遇が与えられた。西園寺公望は伊藤博文を継承して第二代総裁に就任した際，政治が藩閥に牛耳られるのを嫌い，立憲政友会それ自身が立憲政治の精神を発揮するべきであると思慮し，伊藤博文直系の原敬を幹事長に抜擢することで，将来のホープ原を通じて大岡，松田等の動きを牽制し，総裁としての地位安定，党勢の拡張を期した[1]。

　これにより原敬は複雑な人間関係を基礎とする政党運営の術を会得する機会を持った。後に，原敬は西園寺を継承して第三代総裁に就任，長老である元田肇，中橋徳五郎，山本達雄等との確執にてこずった際，自分の経験を生かして利け者の横田千之助を内閣法制局長官・幹事長に抜擢して調整に当たらせた。この時，横田千之助は政党政治確立を大義名分に掲げて多くの議員を統率するかたわら，原敬とそりが合わない元老山県有朋の説得にそれなりに成功を収めた。これにより，横田千之助は比較的党歴が浅いにもかかわらず，立憲政友会の次代を担う有力な一人として浮上し，やがて領袖の地位を獲得する。横田千之助は原敬が総理在任中に横死を遂げた際に失意の底に沈んだが，高橋是清を担いで彼に原政治の完成を望んだ。横田千之助の画策に反発した長老，とりわけ元

田肇，山本達雄，床次竹次郎，そして若手の鳩山一郎等は立憲政友会を脱党，政友本党に結集した。

　しかし，高橋是清は後事を横田千之助に託したものの，横田が急死する事態が生じた。これに落胆した高橋是清は政界引退を決意，その結果，立憲政友会は台頭する軍部勢力にブレーキをかけられる横田千之助，高橋是清2人のリーダーを失うこととなった。因みに，立憲政友会に関する限り，初代幹事長原敬を除いて，幹事長経験者のうち総理大臣に就任した者は鳩山一郎ただひとりである。立憲政友会の大物幹事長と称せられた元田肇，野田卯太郎，横田千之助，小川平吉，前田米蔵，鳩山一郎等は，むしろ幹事長を踏み台として閣僚の椅子を占め，幹部の地位を手にした政治家である。このように，立憲政友会幹事長ポストをみる限り，それは必ずしも「総理総裁の登竜門」でなく，どちらかといえば「党人の登竜門」に他ならず，それこそ時代の必要によって設けられたポスト，もしくは人のために設けられたポストであるといえよう。

　横田千之助は大正政界の中心的存在の一人であったから，彼の死とともに政党政治が曲がり角にたち，軍部台頭を招き，政党政治の引かれた路線が衰退の道を辿った。この後，立憲政友会は田中義一陸軍大将をその総裁に迎え，党としての対面を保持することに専念するだけであった。横田千之助逝去後，立憲政友会幹事長として目立つのは彼の腹心である前田米蔵，森恪，また前田の競争相手の鳩山一郎等であった。第2次世界大戦後，前田米蔵は戦争責任を問われて公職追放の憂き目に会い，追放解除後に政界復帰を果たしたが，まもなく逝去した。その死後，前田米蔵の政治精神は川島正次郎，船田中両人に継承された。鳩山一郎は横田千之助，前田米蔵，野田卯太郎，岡崎邦輔等と対立を重ね，床次竹二郎，山本達雄，元田肇，中橋徳五郎等とともに分党して政友本党を結成した。数年後，鳩山一郎は立憲政友会に復党して幹事長に就任したもののことごとく前田米蔵と対立，それが立憲政友会分裂の引き金の一つになった。

　第二次世界大戦後，鳩山一郎は日本自由党結成後に公職追放され，吉田茂を後継者に据えた。しかし公職追放解除後に政界復帰を果たし，反吉田勢力の中心になり，吉田内閣を打倒して内閣総理大臣の椅子を手中

に収めた。立憲政友会の歴史をみると，歴代総裁は自らの地位を守るため，全党員に向けて批判グループを抑える手段として党結束を訴えることが慣例であった。そして，総裁は自らの懐刀を幹事長に配し，彼と一体となって党運営に当たる工夫をこらした。総裁が自分の腹心を抜擢して幹事長に就任させても，幹事長ポストは大臣一歩手前の准実力者のポストに過ぎず，概して「党人の登竜門」であると考えられた。この結果，多くの幹事長は党運営の中心的存在になりえなかったとはいえ，このポストを踏み台として大成した政治家も少なくなかった。

2 幹事長の党内的地位

戦前の内閣制度は，帝国憲法，議会法公布に先立って発足した変則的な歴史に貫かれている。内閣総理大臣は衆議院議員である必要はなく，国家非常時の際，元老，重臣らの推挙によって陸海軍首脳が内閣総理大臣の椅子を占めた。内閣総理大臣が議会多数党総裁の場合でも，陸海軍大臣を現役武官から就任させる制度であったため，対外政策及び陸海軍予算を巡って閣内不統一をきたし，頻繁に政権交替を繰り返した。これが政党政治の発展を阻止した理由の一つである。もっとも，立憲政友会は総裁，総務委員をもって幹部会議を定期的に開催し，党運営及び議会対策を協議した。この後，幹事長，政務調査会長両ポストが設けられてからは，領袖から構成される幹部会議に両者を出席させた。この場合，幹事長，政務調査会長に就任した准幹部は将来を嘱望されている若手という自らの立場をよくわきまえ，領袖である総務委員に対しても遠慮することが多かった。

それでも，幹事長に総裁直系の利け者が就任した場合は，政治力を発揮して議会運営，選挙調整，政治資金集金，長老の根回しなどに格段の才を発揮することが再々あった。とくに，総裁片腕の大物が総裁に請われて幹事長に就任した場合は，幹事長が幹部会議を事実上仕切ったから，彼を中心に党運営が行われたことも少なくない。なお，立憲政友会は時として大幹事長主義を採った。だが，立憲民政党の場合，少し趣を異にし，立憲政友会との違いを際立たせる試みを重ねることが多かった。立憲民政党においては，総裁，総務委員をもって構成される幹部会議が比

較的重視され，それに党運営の要の役割を果たさせた。立憲民政党は立憲政友会とは異なり，小幹事長主義を党是とすることにより，総務委員のなかの筆頭総務委員が幹事長を指揮し，党務及び政務を仕切るのが慣習であった。しかし，安達謙蔵，小泉又次郎，俵孫一等の大物が幹事長に就任する例外があった[2]。

すなわち，立憲政友会はどちらかというと親分子分関係重視の党運営が主体であり，立憲民政党は会議中心の党運営がそれぞれ行われた。立憲政友会幹事長は煩瑣な党務を手際よく処理するため，分身である幹事数人を手元に置き，それぞれに党務を分担させる方式を採ることが多かった。この場合，総裁は幹事長人選に苦労するのと同じく，幹事長もまた幹事人選に苦しみ，総裁及び幹事長が人選の目に狂いが生じたなら，党運営に支障をきたした。この結果，総裁及び幹事長は自分達の地位が危うくなり，それが競争相手に付け込む機会を与えた。総裁，幹事長はそうなることをを極度に恐れた。とりわけ，幹事は，下積みをこなし，他日報いられて党内地位を一歩ずつ上る野心をもっていたから，それだけ勇み足が多かった。

3　幹事長の実権

立憲政友会幹事長は，現在の自由民主党幹事長と同様，いかにして党資金を集めるか，少ない閣僚ポスト，党ポストをいかにして不平不満のないように分かち与えるかにより政治家としての品定めがされた。大物幹事長と呼ばれるほどの政治家は人間関係の取り持ちに優れ，困難な事態に直面してもてきぱきとことをすすめる進取の精神に富み，総裁と表裏一体となって，並び大名の総務委員に代わって党運営を牛耳ることが再々あった。その代表格をあげると，戦前は立憲政友会の横田千之助と前田米蔵の両人，戦後は自由民主党の田中角栄であった。もっとも，党首の懐刀の幹事長は自派及び自己の地位擁護を念頭において党勢拡張のために潤沢な政治資金集めで日夜悩まされた。幹事長はこのことに失敗したり，途中で挫けたりすると，役立たず政治家の烙印を押されかねなかった。

そうなってしまったなら，ただの平凡な政治家に後戻りするだけで

あったから，運よくそのポストを射止めても，他の党ポストと異なり，幹事長ポストは生易しくはなかった。昔も今も，幹事長は党資金集めをこなせなければ，総裁に次ぐ幹事長ポストを手中に収めても政治家として低評価の謗りを招き，総理総裁レースから脱落するのである。そして，

自由民主党歴代幹事長 (3)

氏 名	職 歴	最終学歴	主要官職
岸 信介	商工次官	東京大学法学部	総理大臣
三木武夫		明治大学法学部	総理大臣
川島正次郎	東京市役所	専修大学経済学部	副総裁
福田赳夫	大蔵省局長	東京大学法学部	総理大臣
益谷秀次	判事	京都大学法学部	衆議院議長
前尾繁三郎	大蔵省局長	東京大学法学部	衆議院議長
田中角栄	会社経営	工業学校	総理大臣
保利 茂	新聞記者	中央大学経済学部	衆議院議長
橋本登美三郎	新聞記者	早稲田大学政経学部	
二階堂進	会社経営	南カリフォルニア大学	副総裁
中曽根康弘	警視庁監察官	東京大学法学部	総理大臣
内田常雄	大蔵省局長	東京大学経済学部	
大平正芳	大蔵省秘書官	東京商科大学	総理大臣
斎藤邦吉	労働省次官	東京大学法学部	
桜内義雄	会社経営	慶応大学経済学部	
田中六助	新聞記者	早稲田大学政経学部	
金丸 信	会社経営	東京農業大学	副総裁
竹下 登	県会議員	早稲田大学商学部	総理大臣
安倍晋太郎	新聞記者	東京大学法学部	
橋本龍太郎	会社員	慶応大学法学部	総理大臣
小沢一郎		慶応大学経済学部	
小渕恵三		早稲田大学文学部	総理大臣
綿貫民輔	県会議員	慶応大学法学部	
梶山静六	県会議員	日本大学理工学部	
森 喜朗	秘書	早稲田大学商学部	
加藤紘一	外務省領事	東京大学法学部	
森 喜朗	秘書	早稲田大学商学部	

党則と幹事長 (4)

●立憲政友会会則（昭和2年）
第5条　本会ニ幹事長1名幹事若干名ヲ置キ総裁之ヲ選任シ庶務会計ヲ掌ラシム
●立憲民政党党則（昭和2年）
第16条　本部ニ幹事長1人，幹事若干名ヲ置ク
　　　　幹事長ハ党務ヲ処理スル
　　　　幹事長ハ総務会ニ出席シ意見ヲ陳述スルコトヲ得
●日本自由党（昭和20年）
第5条　幹事長ハ総裁之ヲ指名シ，代議士会ノ承認ヲ経ルモノトス　幹事長ハ総務会ノ決議ニ基ヅキ党務ヲ執行スル
●改進党（昭和26年）
第28条　幹事長は総裁を補佐し，党務を掌る。総裁事故ある場合はこれを代理する。幹事長は党務委員を兼ねることができる。
●日本民主党（昭和29年）
第8条　幹事長は総裁の旨を受けて党務を執行する。
第9条　幹事長は党大会に於いてこれを公選する。
●自由民主党（昭和30年）
第7条　本党に幹事長1名を置く。
第8条　幹事長は，総裁を補助し，党務を執行する。
第9条　幹事長は，総務会が推薦した者の中から総裁が指名する。

政党は党指導権 ── 総裁ポストの獲得，役職配分 ── を巡る総裁派，非総裁派の対立抗争が絶えることがなく，それに伴う政党組織の変質の結果，総裁直結の幹事長ポストの魅力が増すにつれ，各派は総裁ポストの獲得と同時に幹事長ポスト争奪に的を絞り，様々に画策した。実際，幹事長は封建的人間関係の複雑きわまる政治現場において政治的識見を磨き，手腕力量を身に付け，選挙情報に通じ，大物政治家に変身した者が少なくない。

このように，保守政党はその幹事長ポストに関しては，それこそ抽象的な規定を党則に列記したにとどめ，むしろ幹事長に就任した人物の力量による運用で対処した。例えば，立憲政友会幹事長は，人により幹事長が大きく見えたり，小さく見えたりした。それは立憲政友会幹事長が

総裁，総務委員の下位のポストであったから，彼等から意見を求められた際に限り，自らの考え方を述べた。しかし例外はつきもの，総裁直系の力量のある者，もしくは総務委員経験者が幹事長に就任した場合である。彼等はその力量が党内外で既に認められていたから，幹事長の職権を活用し，党運営に当たっても大きな発言力を駆使した。これにより，ある者はその統率力が認められ，将来のホープとして期待された。逆に，将来を密かに期する政治家は，幹事長を経験しない限り，その政治力が問われる機会が無くなった。

4 総理総裁への道

　昭和30年11月15日，日本民主，自由両保守政党は過去の行き掛かりを捨てて保守合同を決断，自由民主党を結成した。日本社会党は自由民主党結成に先立って左右両派が改めて再結集した。保守合同は，日本社会党を中心とする革新勢力の著しい伸長に対抗する形をとり，いわゆる自由民主，日本社会両党対立をもたらした。この頃，ソヴィエト社会主義共和国連邦はアメリカ合衆国と肩を並べる大国として全世界に君臨し，文字通り社会主義勢力のシンボル的存在であった。これは社会主義社会の建設を党是とした日本社会党に対しても大きな影響を及ぼした。この結果，日本社会党はアメリカ合衆国中心の党是を掲げる自由民主党と鋭く対立した。

　例えば，国会は常に予算及び関連立法を巡って自社対立を繰り返したから，昭和30年から40年にかけ，実力者が幹事長に就任し，かなり大局的視点から，自由民主党の運営に心掛けた。実力者幹事長としては岸信介，三木武夫，川島正次郎，福田赳夫，益谷秀次，前尾繁三郎，田中角栄等である。彼等は派閥の長，もしくは長に次ぐ実力者であった。このうち岸，田中，三木，福田は総理総裁の座を射止め，また川島は副総裁，前尾は衆議院議長としてそれぞれ政治家冥利を全うした。この時代，歴代幹事長は日本を自由主義陣営の一員として守り立てるべく，それに消極的な姿勢を貫く日本社会党に向けて大いに対決政策 ── 対決立法 ──を具体化した。

　このうち，自由民主党は国家基本政策である教育関係，防衛力増強，

安全保障問題，産業合理化等を積極的に取り上げたから，日本社会党は「抵抗政党」に終始し，自由民主党に代わって政権を奪取する余裕を放棄した。歴代幹事長はこれらを成立させるために統率力を発揮したから，彼等なりのカリマス性が加わり，一般議員がその足元に及ばない実力者として認められ，総理総裁を伺う人物と考えられるようになった。とりわけ，田中角栄は幹事長に就任する前，党三役ポストの一つである政務調査会長の時，幹事長が真の実力者でない場合，党権力が幹事長，総務会長，政務調査会長の三役に分散し，それが党運営に支障を来すことを経験，二度とこの失敗を繰り返すまいと決心した。

　田中角栄は，とくに幹事長の権限の裏表 ―― 権限の範囲 ―― をわきまえ，幹事長が党運営に失敗した際に各実力者が不穏な動きに出ることを危惧，三役が共同協議して党重要方針を定める「三役共同責任」を提唱して実行に移した。これにより，田中角栄は他派閥出身役員のみならず，彼等を通して彼等の派閥の長にも責任の一端のあることを知らしめ，牽制した。しかし，総理総裁に在る者でも，自分を押し挙げてくれた第一の側近に対して，警戒心を怠らない。何故なら，総理総裁は第一の側近こそが，機会さえあれば自分の椅子を密かに狙う最大の危険分子に変わることを知っているからである。各派閥の長にとっての獅子身中の虫は，実のところ他派閥の長ではなく，自分の地位を脅かす第一の側近である。

　総裁派閥の場合，大臣，党ポストに冷や飯を食った議員は，引退も時間の問題である総理総裁に対して極めて冷たい。その代わり，彼等は自分達の将来のみを考え，将来を託し得る実力者に政治的色目を使うのが常である。このため，派閥の長の交替は，彼に次ぐ実力者が多ければ多いほど，スムースに行われた試しが無い。例えば，佐藤栄作と田中角栄との関係が派閥の長の交替劇として，それこそ最適の例かもしれない。この両人の関係を見ると，かなり旧いものであることが浮上する。田中角栄が民主党から自由党へ鞍替えした時，田中が関わっていた長岡鉄道 ―― 越後交通の前身 ―― の再建問題で旧鉄道省出身の佐藤の助力を得たことが少なくとも機縁になり，佐藤・田中両者は次第に接近を重ねたばかりか，自由民主党結党以降，彼等は吉田茂直系を以て任じるようになった。

のみならず，田中角栄は佐藤栄作を守り立て，持ち前の行動力を直ちに発揮し，先輩保利茂を差し置いて何時しか佐藤派の大幹部の地位を占めた。田中角栄が党及び政府の要職を経験して佐藤派の幹事長候補の筆頭になった結果，田中に期待する者とそうでない者とに佐藤派が分裂する徴候を現した。田中角栄は佐藤栄作が総理総裁の座に着くや，総裁直系の実力者であることを買われて念願の自由民主党幹事長に就任した。田中角栄は将来を期して佐藤栄作の恩義を一時たりとも忘れず，それこそ佐藤栄作に対して「滅私奉公」の精神で臨んだ。この間，田中角栄は幹事長権限をフルに活用し，大臣ポスト，党要職の配分，官僚に対する締め付け，政治資金調達及び配分，選挙調整等の各分野に関して持ち前の特異の才能を発揮した。

　加えて，田中角栄が幸運の持ち主であったのは，佐藤内閣が誕生したとき，佐藤派領袖の一人保利茂が落選中だったから，佐藤栄作がどうしても田中角栄に頼らざるを得なかったからである。田中角栄の例を持ち出すまでもなく，政治家が大成するには，彼自らの実力がなければならないが，それにプラスして運がなければならないのである。しかし，佐藤栄作は彼の官僚経験から「下剋上」こそが政界の常であることを心得ており，いくら田中角栄が自分のために滅私奉公してくれても，佐藤派が次第に田中色を強めていることに危機感を抱いた。早速，佐藤栄作は田中角栄を党中枢から退けようとしたが，佐藤派の大半を抑え，しかも力をつけて次代のホープである彼を切る機会を失った。

　そこで，佐藤栄作は彼なりの政治哲学から後継者に岸派を継承した官僚出身の福田赳夫に的を絞った。だが，佐藤栄作は佐藤派が一部実力者を除いて田中角栄色に塗り潰されている現状に直面したから，福田赳夫支持を口にすることができずに引退した。このように，自由民主党においては，多少の例外が在るとしても，総理総裁を目指す者はそのステップとして幹事長就任を第一の目的と考える。これまでの幹事長のパターンを見ると「(イ)将来の総理総裁候補として自他共に認められている者，(ロ)将来の副総裁候補止まりの者，(ハ)派閥事情からの調整役に過ぎない者」にそれぞれ区分可能である。例えば，(イ)は岸信介，三木武夫，前尾繁三郎，田中角栄，福田赳夫，中曽根康弘，大平正芳，竹下登，安倍晋

太郎, (ロ)は川島正次郎, 保利茂, (ハ)は内田常雄, 斎藤邦吉等である。彼等は, 相当の党歴を有するから, 他の議員に比較してもやはりそれ相応の人物である。

第2節　幹事長の役割

1　幹事長と派閥

　鳩山総裁時代から佐藤総裁時代へかけ, 党内派閥は第二次世界大戦後の保守政党の系譜を少なからず継承する傾向が強かった。(イ)日本自由党―民主自由党―自由党, (ロ)日本進歩党―民主党, 日本協同党―協同民主党（国民党―社会革新党）―国民民主党―改進党（自由党分党), 日本民主党の流れの各派閥が存在した。(イ)は緒方竹虎―池田勇人―佐藤栄作が緒方派, 池田派, 佐藤派, そして(ロ)は鳩山派―石橋派―河野派, 岸派―福田派・川島派に分けられる。各派閥は総理総裁を目指し, それこそ潰し合いの派閥生き残りを賭けたばかりか, 時たま離反者を出しながらも, 党分裂の愚策を避けて一致結束した。こうした各派閥 ── 主に衆議院議員が主体 ── がそれぞれの力量に応じて派閥連合を形成して自由民主党そのものを支えたばかりか, 各議員それぞれが選挙区, 政治資金, 党役職・政府官職を巡って切磋琢磨を繰り返した。政府官職及び党役員ポストは派閥の力量に応じて分配され, それが当たり前になった。

　自由民主党45年の運営は, 保守合同の歴史的事実から, 日本民主党系及び自由党系の流れを引く派閥が交互に総理総裁を輩出し, この党の運営の要は, 有力派閥を背景とする幹事長が仕切り, 適当に政治権力を配分した歴史で満ちている。このため, 幹事長は党運営に際して多くの権力をもったから, 総裁候補を擁する派閥, もしくは将来, 総裁派閥を夢見る派閥にとっても喉から手がでるほど欲しいポストである。各派閥が幹事長ポストを目指して凌ぎを削り, これが自由民主党の権力闘争の一つとして現れた。幹事長はそのポストを活用して派閥の強化を図ったり, また総裁派閥の代表として幹事長ポストを活用して将来に備えたりした。彼等は幹事長職に執念を燃やし, その職に長くとどまって勢力を拡大することを願い, 自派はもちろん, 他派にもシンパを求めることが多かっ

例えば，その一は総裁派閥が幹事長ポストを占有した鳩山，石橋，岸，池田，佐藤，田中各総裁時代，その二は非総裁派閥が幹事長ポストを占有した三木，福田，大平，鈴木，中曽根，竹下，宇野，海部，宮沢各総裁時代である。しかし，池田勇人総裁時代，池田総裁は自由民主党近代化に応えて非総裁派閥の三木武夫を幹事長に指名した以外に大平正芳が全党員選挙に基づいて総裁選出後，自派の斎藤邦吉を幹事長に指名したことの例外がある。その後，幹事長は，総理総裁選出に協力してくれた派閥に幹事長ポストを譲り，党運営に波風を立てないことを選び，派閥均衡，総主流派体制，最強派閥指導のいずれかにより選ばれる。
　しかも，派閥の長は総裁選挙の際，いずれの候補に付くかにより，自らの派閥の消長の運命が決定することを知っている。主流派 ── 総裁派 ── に付いた派閥は総裁派から党及び内閣各ポストの配分に与かるが，非主流派 ── 非総裁 ── に付いた派閥は党及び内閣ポストの配分の際に冷や飯を食べさせられる。閥の長はかなり無理をしても「勝馬」に乗ることを試みるが，しかしそれに失敗したりするなら，派閥内の不満が高まり，新旧交代勢力を台頭させることが多い。派閥の長は総裁派閥の後押しで幹事長ポストを手にしたならば，幹事長ポストを通じて自派閥及び自分の勢力を拡大するために活用することを試みる。もっとも，派閥自体，総裁派閥がうっかりこけた非常時を除き，せっかく手にした幹事長ポストをうかつに他派閥に渡さないことに全力をあげる。
　そうなると，幹事長人事は他の党人事に比較して露骨に派閥の力量，派閥の事情が現れるから，幹事長に就任した者は誰でもその後ろに出身派閥の力を感じとっている。どんなに個人的に優秀な幹事長といえども，自分一人の力のみで幹事長職を手にしたとは考えないから，人間社会の常として，派閥のなかから必ず一人が抜擢されるなら，彼に対抗する者に反感を募らせることを承知して，それなりに自制する。この結果，派閥は，絶えず領袖達の激しい対立が存在するから，一度派閥の長が引退するや，むしろそれが派閥分裂の導火線になることが多い。例えば佐藤派が存在した時，頭角を現した田中角栄幹事長の若さと強引な党及び派閥運営にかなりの反発をうみ，保利茂，松野頼三等が離反したことは有

名である。

　自由民主党史を顧みると，鳩山総裁から佐藤総裁にかけた時代は，派閥の規模も衆議院議員中心であり，最大が池田，佐藤両派の40人から岸，河野，大野，三木各派の30人，川島，藤山両派の20人程度であった。その代わり，参議院議員は余り派閥色が濃くなく，派閥の長との個人的関係によって，それぞれの派閥に繋っていたのにすぎなかった。当時，自由民主党参議院議員は自由党系，緑風会系の長老議員が多かった。このうち，自由党系の池田，佐藤両派に色分けされていたから，あえて派閥色を鮮明にする必要も無かった。これを反映し，岸信介，三木武夫，川島正次郎，福田赳夫，益谷秀次，前尾繁三郎等があいついで幹事長に就任した。三木，福田，前尾等は幹事長就任当初，将来のホープと見做された政治家達である。このうち，前尾は池田派を継承したが，その力量不足から派内のクーデターにより，大平正芳がその座にとって代わった。

　しかし，幹事長は総裁派閥か，総裁派閥に協力関係にあった派閥の長が就任し，各派の力量を踏まえ，党及び内閣両人事に適当な配慮に基づいて，比較的公平なポスト配分を行うことに努めるのが建て前であった。しかも昭和40年代，幹事長は「自社対立」の時代を踏まえ，各派閥が無理をして他派閥の選挙地盤に食い込む必要のなかったことを念頭に置き，党全体が日本社会党に当たる体制づくりに大きなエネルギーを割くことに努めた。佐藤，前尾両派の競争相手である河野派は，河野一郎が総理総裁を狙うとして警戒され，幹事長ポストを締め出された例外がある。もっとも，池田派を継承した前尾繁三郎，松村・三木派を継承した三木武夫は役不足と見られた。前尾派は大平正芳，佐藤派は田中角栄がそれぞれ力をつけ，佐藤栄作及び前尾繁三郎両人にとってもそれこそ獅子身中の虫であった。佐藤総裁はその勇退に際して彼自身の弱体化の結果，田中角栄及び福田赳夫両人に「君子の争い」を期待した。

　この時，国民の官僚政治家に飽きた空気を察した佐藤派，各派の大半が党人政治家田中角栄を推挙した。田中，福田両者は激突を繰り返した結果，田中角栄が幹事長時代，このために密かに「種を播いて育てた」シンパが小派閥を田中支持に纏めるため縦横無尽に活躍，田中角栄総裁を実現した。もとより，派閥の長は慕ってくる者に対してはそれこそと

ことん面倒を見るが、そうでない者に対しては結構冷たい。派閥はあくまでも利害集団であるから、親分子分の関係といっても、所詮は「家族」ではない。はたから一枚岩のように見える派閥といえども、その実、案外脆くて崩れやすい。ある政治家はそれを知りながらも自己保身を考えて「処世術」として強い派閥に近付くのが常である。多くの幹事長は、派閥力学を勘案し、党運営を行う。これに成功した幹事長は将来に向けて大きな財産を得たことになり、一皮剝けて実力者の道を歩むのである。

2 幹事長と副幹事長

　幹事長は、若干の例を除き、政治家としてそろそろ仕上げの時期に入った人物ではない。幹事長は、あくまでもこれからの人物である。何時の代においても将来性のある幹事長は幹事長ポストをフルに活用し、政治を読む目を養い、戦力の才を培い、ベテラン政治家を情に搦めて使いこなし、しかも国民にアピールする術を持つ器量人であることが多い。要するに、こうした幹事長は頼まれても頼まれなくとも、色々な配慮を巡らす。例えば、幹事長は配下の議員の、また議員の家族の冠婚葬祭に目を配り、可能な限り議員の求めるポスト、必要な金銭に援助の手を差し延べる。とくに、幹事長は人の琴線に触れることに神経を使うから、幹事長を慕う議員も多くなるのも当然である。そして、幹事長と議員の間には「ある政治状況」が存在することになり、それが「親分子分の関係」に等しい政治関係を成立させる。

　この場合、幹事長は総理総裁の権力を目指し、幹事長に従った議員は幹事長の引きにすがって党要職、閣僚の権力を目指す。但し、議員の中には取り敢えず党要職、閣僚を経験し、仮に幹事長が総理総裁にでも上り詰めれば、彼にとっても総理総裁は遠い彼方の存在ではなく、あくまでも「そこに在る」ものに代わる。当然、幹事長は幹事長権限を行使することにより、幹事長の権力を意識し、次第に総理総裁というポストを求める権力欲を持つことになる。総理総裁を夢みる政治家達は、党歴、閣歴両方をある程度まで経験して政治力を身につけると、自分の競争相手が識別できるようになり、彼等に対しても敵愾心をたぎらせる。彼はあらゆる合法的手段を行使することにより、競争相手をどうにかして蹴

落とすことにそれこそ腐心する。

　この間，彼は選挙区の関係，金銭的援助，親戚関係，同窓，好き嫌いの感情，自分の将来性に期待する等で自分の回りに集まる政治家を組織化 ── 派閥，勉強会 ── することを試みる。従って，国民の選良である国会議員，そして彼等の結集体である政党を見る限り，同じ国会議員の中でも力関係の差から，将来のレールが敷かれていることが浮上する。派閥の中堅幹部がそれこそ派閥内の権力闘争の結果，幹事長に選ばれた時に再々問題が起こる。この場合，彼は出身派閥の幹部クラスに気を使い，どうしても一本立ちができず，党運営に積極性を欠くことが多いからである。こうした幹事長は派閥中堅幹部であるから，何事につけても派閥の長に相談し，問題処理に当たらなければならない。そうなると，修羅場に強い者を総務会長，政務調査会長，国会対策委員長等に据えて幹事長を補佐させるのである。

　当然，総裁は幹事長を飛び越して彼等に政局運営を相談し，彼等の助言を頼りにすることが多い。この結果，派閥中堅幹部出身の幹事長は他の役員を押さえられず，やり手の副幹事長もおらず，弱い幹事長の典型となる。幹事長に相応しい政治家の場合，党内及び派閥の事情により，そのポストが彼の門前を素通りすることも少なくない。その代わり，党内及び派閥の調和のために選ばれる幹事長をみると，領袖一歩手前の中堅幹部が多いから，積極的活動よりも消極的活動に比較的陥りやすく，それだけに凄さ，強みに欠けるあまり，何となく物足らなく感じさせる。しかし，いかなる場合でも，例外がつきものである。派閥の中堅幹部から幹事長に抜擢された橋本龍太郎は力強さ，小沢一郎，梶山静六は凄さを持ち合わせ，それなりに幹事長ポストをまっとうし，中堅幹部のままに終わらなかった。橋本，小沢，梶山3人の葛藤は派閥分裂を通じて自由民主党分裂をもたらし，政局を一変させた。

3　幹事長官房

　幹事長は幹事長官房として経理，総務，人事，調査，国際等の官房局長を置き，彼等を通して党務を自由に仕切る。経理局長は幹事長と異なる派閥 ── 総裁派閥 ── から選ばれ，党資金を一手に扱うが，幹事長の

承認なしに使用ができない。総務局長は幹事長の腹心，もしくは幹事長派閥の代表が就任，主に国政段階の全選挙に関わり，公認問題で幹事長に助言し，基礎的課題を仕切る。幹事長は腹心の副幹事長，総務局長，経理局長さえしっかりしていれば，何事もスムーズにことが運ばれるから，両者の人事は極めて重視される。どちらかと言えば，総務局長，経理局長は派閥のなかでもしっかり者，悪く言えば，利け者である。総務局長，経理局長人事はすこぶる重視される。例えば，総務局長は藤枝泉介，久野忠治，奥野誠亮，小沢辰男，塩崎潤等，経理局長は椎名悦三郎，前尾繁三郎，宮沢喜一，西村英一，有田喜一，亀岡高夫，鳩山威一郎，村山達雄，伊東正義等がそれぞれ就任した。

　いずれも総裁，幹事長にとっても派閥を超えて信頼できる人間であって，大半が口の重い，秘密を守れる官僚政治家であった。例えば，田中角栄が幹事長時代，一番信頼している西村英一を経理局長に就任させ，党資金の切り盛りを一切任せた。田中幹事長は西村経理局長に会う度に「あんたに任せておけば大丈夫」と言うのが口癖であった。幹事長と経理局長，総務局長はそれこそ相思相愛の関係，相互に裏切らないことを信じ切った間柄である。幹事長官房を構成する総務局長，経理局長，その他の局長は幹事長を守り立てる重要な脇役であり，暇さえあれば，幹事長室に赴き，幹事長を始めとして副幹事長と懇談して情報を交換する。各局長は政治家としての幅ができ，与えられた仕事をこなし，出来る人間の評判を勝ち取れる。

第 3 章　総　務　会

第 I 節　総務会長の沿革

　第二次世界大戦後，鳩山一郎中心に結成された日本自由党は，立憲政友会の「総裁・総務委員制」を基本としたから，筆頭総務委員に就任した星島二郎が党運営の責任者になるべきであった。しかし星島二郎は，

立憲政友会時代の慣例を踏まえ，昔流の総務委員の立場をわきまえる方針を堅持，それに基づいて幹事長を差し置いて「高所から意見を申し述べる」ことに徹し，自らを党の御意見番であることで満足した。これに不満を抱いた鳩山一郎は河野一郎を幹事長に就任させることにより，幹事長を総裁直結ポストに浮上させ，総裁-幹事長の一体性の確保に努めた。この結果，日本自由党幹事長は，立憲政友会時代において事務総長的役割を任せられた垣根をとっぱらい，一躍，党の要の立場に浮上した。

幹事長河野一郎は，並び大名の総務委員を差し置き，あれこれと党務をそれこそ一人で仕切り，筆頭総務委員・星島二郎，政務調査会長・安藤正純両者を力量で圧倒した。これにより，日本自由党は党務を仕切るポストとして筆頭総務委員を不適格と見做したから，幹事長が党運営の実質的責任者として浮上した。しかし，日本自由党総裁鳩山一郎は，内閣総理大臣就任直前に公職追放された。鳩山一郎は，吉田茂を後継総裁候補に指名し，日本自由党常務委員に就任，常務委員吉田茂が総務委員に加えられ，全総務委員の互選によって日本自由党総務委員会会長に選出した。この結果，日本自由党は党運営最高機関・総務委員会の事実上の柱である筆頭総務委員の代わりに総務委員会会長職を新設した。

そして，議会第一党総裁に準じる日本自由党総務委員会会長吉田茂が内閣総理大臣に指名された。この直後，日本自由党は党大会（臨時）を開催，総裁鳩山一郎の辞任，総裁吉田茂を決定した。昭和22年，大日本帝国憲法の下，最後の衆議院議員選挙が施行された結果，日本社会党が僅少差で日本自由党に勝り，帝国議会第一党の座を占めた。日本社会党は紆余曲折を経て日本民主党，国民協同党と連立内閣を組織，さらにこの内閣崩壊後，日本民主党は日本社会党，国民協同党と連立内閣を組織，いわば内閣盥回しが行われた。日本自由党は野に下り，総裁，幹事長，総務委員会会長，政務調査会長の3ポストを明確化させ，党運営の権限を分散させた。

このように，日本自由党をみると，党運営の権限が幹事長，総務委員会会長，そして政務調査会長3ポストに分散された結果，おもわぬ副産物が生じた。それは党内に次期総裁を巡る派閥闘争を激化させたばかりか，その揚げ句の果てに始末の悪い権力闘争を生み，党運営に著しい支

障を来たしたことである。日本自由党が民主自由党，そして自由党に発展した際，少なくとも民主自由党の広川弘禅，自由党の三木武吉両総務委員会会長が総裁直系の幹事長と鋭く対立を重ね，一時期，総裁派閥の権力を殺ぐことを試みた。広川，三木両総務会長は総務委員会会長権限を少なくとも合法的に行使し，幹事長権限を牽制して総裁に対して一矢を報いる策に打って出た。三木武吉は立憲民政党以来の古兵，若くして憲政党幹事長を経験し，政界の表裏を知り尽くした一人であったから，官僚から政界に踊り出た政治家と異なり，百戦錬磨の政党人であった。

　三木武吉は戦前政党の総務委員会運営方法を熟知していたから，あえて総務委員会会長ポストに座り，幹事長ポストに未練のない態度を取り続け，巻き返し策を密かに練った。先ず，三木武吉は総務会長として吉田茂直系を自認する幹事長佐藤栄作の権限にブレーキを掛ける作戦を組み立て，総務会長を手中に収め，総裁が地区選出総務委員人事に手を触れられないこと承知していたから，総裁指名総務委員の慣行を活用，反吉田色の強い衆議院議員を抜擢，総務委員会運営の指導権を握り，幹事長に対してこれまで慣例であった幹事長指名人事，国会提出法案，党務報告等の報告を求め，それらを正式に総務委員会了承事項に変えた。これにより，総務委員会は幹事長に対して党務報告，政務調査会長に政策報告をそれぞれ課した。それが自由民主党へ継承された。

第 2 節　総務会の組織

　現在，自由民主党総務会は，自由党時代の故事を踏まえ，地区選出総務，総裁指名総務の二本建てから構成される。自由党時代をみると，昭和26年頃，幹事長増田甲子七，総務会長広川弘禅，政務調査会長吉武恵市より構成される執行部の際，地区選出総務15名，総裁選出総務10名であった。総務会長広川弘禅はそれこそ息の罹った議員を総務に指名，自己勢力の拡大，吉田勢力の切り崩しに備えた。地区選出総務に関する限り，立憲政友会時代の慣例を踏まえて北海道，東北，関東，東海，近畿，中国，四国，九州の8地区である。そして，前議員が党員を代表する形で参加した。因みに，この時の総務構成は以下の通りである[5]。

総務会長　広川弘禅
総裁指名総務
　　　　星島二郎　鈴木仙八　池田正之輔　土倉宗明
　　　　本多市郎
　　　　青木孝義（衆議院）
　　　　大野木秀次郎　重宗雄三　中川以良（参議院）
地区選出総務
　　　　玉置信一（北海道）　小笠原八十美　小沢佐重喜（東北）　広川弘禅　北沢直吉　小平久雄（関東）　塚田十一郎　石原円吉　平野三郎（東海）　押谷富三　吉田吉太郎（近畿）　逢沢寛（中国）　高橋英吉（四国）　平井義一　岩川与助（九州）
院外選出総務
　　　　海原清平（前・元国会議員クループ）

　なお，自由民主党結成当初，第二次世界大戦後に公職追放された有力旧政治家も多く復活した。また，戦後新たに選出された議員が増えるのに従って，彼等の中から相当の党歴及び閣歴両方を兼ね備える者も多く，党運営の在り方にも影響力を行使した。この結果，総務そのものの定員は，衆議院以外にも参議院の所属議員を踏まえなければならないから，国会議員の定数増に応じ，拡大した。党内からしかるべき人物を党運営の要になる総務に就任を求める声がおこったが，戦前政治家，戦後政治家両者の間には，時代認識のずれから肌合いが合わなかったり，将来の政治生活を考慮して対立が重ねられ，それが党指導権を巡ってそれなりに目に見えない軋轢を生んだ。

　ところが，自由民主党の場合，昭和30年代後半から40年代前半にかけ，政治家の世代交代が行われる事態が生じた。その結果，戦前派議員の大半が死亡もしくは引退，その代わり戦後派議員が大挙進出したこの時期，総務会は大きく様変わりを果たし，三役，閣僚経験者に交じり，戦後派議員のなかから大臣一歩手前の議員が多く選出された。この結果，総務会は「大物評定衆」から単なる「評定衆」に変質したから，立憲政友会

総務委員会時代の「国家的問題」を積極的に討議する伝統を喪失させた。しかし，自由民主党総務会をこのように変質させたそもそもの理由としては，日本経済発展を裏付ける社会経済の著しい変質があったこと，それだけ予算，それに伴う立法が繁雑化したからである。

後に，総務会長に中曽根康弘が就任した際，内務省出身の自負に立ち，大蔵官僚に対して優越感を常日頃抱いていたから，予算編成時期，国会議員が大挙して大蔵省に赴き，一介の主計官クラスに予算増額を依頼したりする傾向に憤慨し，それを止めさせようとした。結局，これは権力を握る政党に官僚機構が麻痺し，官僚が政治家に隙をみせるため，言うところの政治と行政の癒着，持ちつ持たれつの関係のあることを明らかにするものであり，これにより，官僚は自主性を失い，政治家は本来の仕事を踏み外し，両者が歩調を合わせた政策が与野党を巻き込み，国民不在をもたらした。この意味から，中曽根発言は，これまでも多くの心ある政治家の心に宿っていたことを口にしたから，それなりに大きな意義があった。

もっとも，総務会長に佐藤孝行が就任した際，彼は三木武吉，河野一郎両人に仕えて政治の本質に触れ，それから政界入りした党人政治家で，それこそ政党の本質をわきまえていたから，総務会の権威を高めることを考えた。佐藤総務会長は総務会を党運営の要にするため総務選出基準の見直しを行い，衆参両院議員の当選回数，閣歴を尊重し，これに基づいて総務選出を行った。これにより，佐藤総務会長は党運営最高機関である総務会を少なくとも党機関の中心に据え，幹事長，政務調査会長の発言力を殺ぎ，総務会中心の党運営に最善の努力を傾けた。佐藤総務会長がこうした試みをできたのは，綿貫民輔幹事長，森喜朗政務調査会長よりも先輩議員で，幾多の修羅場を潜り抜けてきた迫力があったからである。

第 3 節 総務会の運営

1 党運営の審議

総務会は，党則にある通り，一切の党務を総括する党最高機関である。

自由民主党の権力闘争は，しばしば総務会を中心に演じられ，それこそ政治の流れを変えることもあった。総務会は党意思を最終的に決定するばかりか，政権政党として，政治の流れに道筋をつける役割を課せられているから，総務会長がこうした権限を熟知する者であれば，それを軸とし，自分の背後に在る派閥の利益を上手に加味できる。これは権力集団である政党の在り方を端的に現しているのではなかろうか。とくに，派閥の領袖，もしくは派閥の大立者が総務会長に就任するなら，幹事長といえども総務会長に気兼ねするから，彼の手になる総務会運営に気をつかうことが多い。

　そこで，力量のある幹事長は幹事長が党運営に関する全責任を持つ原則から，大物総務会長を柱とする総務会運営を見越し，総務に息の罹(かか)った者を送り込み，自らの手で総務会運営を画策しようとした。例えば，池田勇人総裁時代の終り，佐藤派は総務会に息の罹った議員を送り込み，佐藤総裁実現に向けて遠大な構想に着手した。しかしこれを察知した池田勇人，及び彼の取り巻きは中間派閥の荒船清十郎を副会長に送り込み，佐藤派の動きを牽制しようとした。ところが，荒船清十郎は中間派のやり手であり，池田勇人総裁の落ち目を察し，佐藤派に近付いた。この結果，総務会運営はことごとく佐藤派中心に動き，同じく池田後を狙う河野一郎，及びその支持者を圧倒する勢いであった。

　この時，佐藤派の田中角栄，池田派の大平正芳両人はお互いに馬が合い，生涯にわたる友情の絆を結んだ。のみならず，池田勇人，田中角栄両人は姻戚関係から，池田派の代理人である大平，佐藤派の准代理人に止まる田中両人はそれこそ池田後に相談を重ねた。とくに，池田派は大平の先輩として前尾繁三郎がいたから，大平はものの順序として前尾を守り立て，自分は一歩退き，前尾後に照準を絞った。この時，大平正芳は「行動力のない前尾では派閥がまとまらない」と計算，一歩退いた。もっとも，総裁といえども，総務会が権力闘争の場になっている場合，自分の思い通りに党運営ができなくなる。例えば，三木武夫総裁は弱小派閥出身であったから，絶えずその指導権を巡って他派閥の圧力の影響を感じ，思い通りの党運営ができなかった。

　しかし，三木総裁は福田赳夫と反りがあわなくなっている総務会長松

野頼三を幹事長に抜擢することを試みたが，田中，福田両派は松野幹事長絶対阻止を掲げ，総務会においてこの人事を承認しないことを申し合わせた。これが功を奏して松野幹事長が実現せず，三木総裁が苦境に陥った。これは結局，田中角栄が松野総務会長はやり手であるから，幹事長になるなら，三木と手を組んで田中，福田両派を潰す画策をすることを恐れたからである。さらに，中曽根総裁時代，中曽根後を狙う宮沢喜一総務会長は，中曽根総裁の意図する衆参両院同日選挙絶対阻止を熟慮した結果，総務会長権限に基づいて臨時総務会を開催，中曽根総裁の意図を挫こうとした。しかし，金丸幹事長は中曽根総裁の考えに同調していたから，総務会長が幹事長の了解なしに臨時総務会を開催することに反対し，開催した臨時総務会に出席しなかった。逆に，反宮沢総務は定数是正法案が参議院審議の最中であることを考えるなら，臨時総務会自体が不見識と披露したから，宮沢総務会長の政治力に疑問符が付けられた。いずれも力の論理の支配する現実社会であることを思い知らせた事件であった。

　もっとも，自由民主党結党当初，総務定員は20名，御意見番的人物が就任し，それこそ党代表の立場であることを理解していた者が多い。その後，総務定員は40人に拡大されたばかりか，地区選出総務は地区の順番制が慣習化した。この結果，総務は衆議院議員が当選3〜4回，参議院議員が2回を基準とするようになったのは，世代交代の煽りを受け，世代間の断層が見られたからである。この間，総務会は党運営問題を論じるよりも政策論議にその目を向け，国家基本問題に関する限り，自らが党最終決定を行うことが多くなったのである。例えば日米安全保障条約改定，日中国交回復等が浮上するが，それこそ官僚の手だしの及ばない領域である。

2　立法審議

　通常，総務会は，総務会長が司会，最初，幹事長に対して党情報告をすることを求め，それを受けて一通りの質疑を行う慣習になっている。総務会は，国会開催中に関する限り国会対策委員長に国会報告を行わせる。この後，総務会長は政務調査会長に対して立法報告を求め，党的立

場で審議，決定する。総務会における立法審議は，時代とともに変質を遂げている。例えば，初代石井総務会長から九代藤山総務会長に至るまでは，政務調査会長が政策報告 —— 政務調査会審議会了承立法 —— を行い，それに対して各総務が政治的質疑をした。この時期の総務会の運営をみると，総務会は政務調査会審議会の政策運営を踏まえ，自ら政策意見を付加することを控えることが多かった。通常，政務調査会審議会は，国会開会中，毎週火曜日，木曜日，金曜日の3回開催され，このうち火，金両日が一般的政策問題，そして木曜日が立法審査をそれぞれ行うのが慣習であった。

しかし，政務調査会審議会は火，木，金の毎回午前10時に開催する場合には，役員会が火曜日午前10時開催のため，政務調査会長は副会長に政務調査会審議会運営を任せ，自らは役員会に出席した。そうなると，政務調査会副会長が火曜日開催の総務会に出席して政策報告を行うようになった。この時期，総務会に政策報告を行った政務調査会副会長の多くは，大臣経験者であった。逆に，総務会は政務調査会に対して「政策審議」を聴いてやる，そういう意識が強かった。昭和38年1月24日，総務会は「㈠法案については総務会の1日前までに政務調査会審議会を通過し，且つ資料の提出がなされたものでなければ原則として取り上げない。㈡発言は総務優先でなければならない」ことを申し合わせた。確かに，これは関係団体の利害を代表する有力議員が総務会に出てきて「総務外発言」をすることに牽制球を放ち，こうした問題法案の処理を自分たちの手でやるという権限を明確にさせた。そうなると，総務会は自由民主党の重要政策の取扱いに関し，それこそ最大の権力を握る機関であることがわかる。このため，こうした総務会の機能を熟知した議員は，政治力を駆使し，総務ポストを手放さなかった。例えば，玉置和男，彼は早川崇の秘書，自由民主党全国委員会職員であったが，生長の家の政治組織化に成功，それを背景として全国区参議院議員となり，こうした長い政治経験から政治の壷を心得，総務として各省庁に睨みを効かせた。これにより，こうした議員は各省庁から「煩さ型」とみなされ，関係省庁も彼に睨まれて法案に難癖をつけられることを恐れ，何かと彼に政治的便宜を与えた。この結果，関係省庁提出法案の背後に在る利益団体は，

こうした議員と接触を重ね，ある種の政治的同盟を結び，両者が使い，使われる関係を保つのである。

　また，議員は与野党対決法案の激突の際，野党議員を通じて利害関係者に話しを付けるのである。とりわけ，根本龍太郎政務調査会長が就任した昭和50年代は，国民の期待もあり，政策が多種多様さを帯び，それに応じて政策活動が活発化した時代である。そこで，政務調査会審議会は繁雑した政策審議をこなす必要性から火曜日，木曜日両日の週2回開催することが慣習化した。そして，総務会における政務調査会の行う政策報告は，政策審議に専門化した部会，その運営責任者の部会長が政策要点説明を行い，必要に応じて関係省庁官僚が補足説明をするようになった。ただし，山中貞則政務調査会長時代，会長は長年にわたる政策専門家としての自負から，部会長に任せず自ら政策報告を行った。しかし，彼の後任者以降は昔通りに復した。

　ところが，国会上程法律案が野党の反対，抵抗にあってスムースな審議ができない場合，総務会が国会対策，政務調査会両首脳の意見をも聴取し，強行突破，妥協，撤回等を決定する政治意思を取り纏めることが多い。例えば昭和49年6月3日，総務会は極めて政治色の濃い靖国神社法案の国会上程に関して「次期通常国会冒頭に提出，参議院先議，靖国神社法に関する特別委員会…仮称…設置」を決定した。これは総務会が自由民主党の有力支持団体である日本遺族会，神社関係者の支持を繋ぎ止める策であった。このように，総務会は政務調査会審議を終えた法律案に関して，問題のあるものに関し，高度の政治的決断を行うのである。

総務会審議の実例 [6]

　昭和49年12月9日　　月曜日　　臨時総務会

　（三木総裁）本党総裁をという推挙を受けた時，私は嵐の中に船出する気持ちであると申したが，今その感を一層深こうしている。私は国民の期待に応えるため一身を投げうってやる。けれども何分にも不慣れであり，浅学であるので皆さんの力強い協力が無ければならない。各位の協力を得て誤りなき政治を行う所存で在る。

（鈴木総務会長）只今は総務会を開会する前に総裁の挨拶が
　　あったが，これより総務会を開会致します。……

3　総務会の長所

　総務会は，党最高の執行機関であるから，時として党権力がそこに集約されることが多い。事実，国会上程法律案はもとより党関係事項は，総務会の了承を得なければ，党議決定の形を取らない。この意味から，総務会は党運営に関する絶対の権限をもち，幹事長といえども無視することができない。ある議員は幹事長就任が駄目なら政務調査会長ポストよりも総務会長ポストを選択し，それなりに総務会長権限を行使する。総務会長は総務互選を原則として選出されるから，総務に気を使う。ある総務のごときは総務会決定が総務全会一致主義を原則としていることを踏まえ，総務ポストを活用し，省庁，その背後に在る業界に対して睨みを利かすのである。

　このため，重要法律案を抱える省庁，その背後に在る業界にとっては，政務調査会部会，審議会両審議よりも総務会審議に神経を尖らすことが比較的多い。何故なら，すべての立法は総務会が最終承認しなければ，省庁，業界の長年の努力も水泡に帰し，関係者の命取りになるからである。ただ，総務会は丁度「最高裁判所と下級裁判所」の関係と同じく，政務調査会に案件を差し戻し，改めて調整を求める。それにより，党歴並びに閣歴を有する総務の発言は，総務会においても重みを持ち，必ず同調する仲間がおり，総務会長といえども彼等の顔を立て，一気に総務会決定にもっていかない。その後，総務会長，政務調査会長，時に幹事長が反対総務説得を試み，何等かの妥協案を示し，反対行動を慎ませるのである。

　当然のことながら，やり手の総務はそのポストに魅力を感じ，総裁指名を逆手にとって居すわりをつづけ，省庁，その背後に在る業界に睨みを効かせる。省庁関係者は，彼に挨拶 ── 事前の法案説明 ── しなければ，総務会においていちゃもんをつけられることを恐れ，法律に反しない程度で何かと世話をする。その世話とは，関係団体を通じての選挙応援，政治資金調達 ── パーテイ券販売，政治資金団体の世話 ── 等であ

る。省庁の背後に在る業界は，政務調査会関係者と異なる依頼を総務にかけ，権力の集中している総務会において自分達の要求を更に獲得することを目指す。ある場合，省庁は業界幹部，総務と組んで総務会の場でこれを成就するのである。

とりわけ，総務のなかの大物総務は，省庁，その背後に在る業界に対しても直接・間接に「物が言える」から，省庁の嫌う，避ける国家的問題の取扱いに関し，政策事務担当者が彼に訴えて大きな政策を完遂したことがある。例えば，郵政省は記念切手に西暦のみを記していたから，力の在る総務を通じて元号と併記させる措置を講じた。最初，郵政省がかなり抵抗したが，元号，天皇制に大きく関わることを自覚した総務が総務会において取り上げ，郵政省に是正させた。これに対して，郵政省は省議を開催し，党の要請を踏まえ，すべての記念切手に元号，西暦併記を決定，実施に移した。こうした国家的決断を必要とする政策決定は，政務調査会において積み重ねられるが，総務会の仕事である。

田中角栄総裁時代，総務会は田中内閣が日中国交回復を実現，国民党政府と国交断絶したことに不満をもつ総務を多く抱えた。彼等は異口同音に「田中政府の行為は，第二次世界大戦後，蔣介石総統が中国在住の日本人にとった人道的行為を裏切る」と認識して猛烈に抵抗した。その結果，日本と中華民国との航空機乗り入れに関し，昭和47年2月9日，次の「党議決定」を勝ち取った。しかし，この裏には，中華民国に対する運輸省，それに日本航空株式会社の航空権益保護が中華民国擁護派の政治的利害とうまく重なったことも見落とし得ないのである。やはり，これは政治が理想ではなく，現実であることを証明した好例である。

党議決定

　　日中航空協定に関する日台航空路線の処理についての外務・運輸両省の基本はこれを了承する。政府がその具体的処理に当たっては，事前に副総裁，党三役と協議の上，慎重に対処されたい。

　一　日中共同声明を基礎として日中航空協定を締結する
　二　同時に日台航空路線は民間取決めを結んでこれを維持する

三 この二つの命題を両立達成せしめる

もっとも，総務会は，政策決定を政務調査会に任せても，党の消長に関する政策課題に関して独自の方針を貫くことが多い。これを直視する者は「総務会は，重要政策決定に関する生殺与奪の権限をもち，政務調査会と異なる睨みを利かす機関である」と見做す。例えば，昭和45年，環境衛生関係議員は衆議院議員選挙を控え，環境衛生団体から圧力のあった環境衛生関係金融機関設置を総務会に求めた。これに苦慮した党幹部はその設置の最終判断に迷い，翌年度予算案了承と引き換えに総務会決定を受け入れた。その代わり，党幹部は財政投融資の体系を崩すとした財政当局に配慮し，新しく設置される環境衛生金融公庫の窓口を国民金融公庫に代替えさせた。

もとより，総務会の長所は，政策決定に関する限り，政務調査会と異なって比較的幅広い見地から，審査を加える権限をもっている点である。例えば，総務会は政務調査会が財政当局に配慮した政策案が党全体の意向を十分に汲んでいないなら，国民的利益増進を配慮するように政務調査会に申し入れた。しかしこれが度をこすなら，総務会が各種利益団体の代弁者に成り下がり，政策を捩曲げる恐れがなきにしもあらずであった。すなわち，総務が利害関係者の巻き返しを考慮して財政当局，省庁等との調整を終えた政務調査会の政策案を覆した。そうしたことが総務会において何故できるのかといえば，政務調査会審査段階で問題の在る政策案は，その決着を総務会に委ねるからである。

さらに，国家的問題は，政務調査会を素通りして総務会審議に諮られ，一定の方向が決定されることがある。例えば，平成3年7月，天皇訪中を巡る党と政府の調整は，総務会が鍵を握った。この時，保守的総務が政府がこの問題で先行しているのに憤り，総務会了承なしに天皇訪中の閣議決定に歯止めをかけ，政府を牽制した。この場合，党幹部は政府と調整を繰り返し，とりあえず正式の党機関である総務会の場を借りて保守系総務が反対発言，もしくは慎重意見を開陳できる機会をつくり，党取纏めを期待した。この結果，総務会は天皇訪中問題を審議，賛否両論が展開，それを踏まえ，政府に対しても慎重な取扱いを求めることで一件落着した。

この直後，党は最高顧問会議を開催，総務会の推移を踏まえ，天皇訪問問題を話し合った。この結果，最高顧問会議は総務会同様に政府に対してもこの問題に対して慎重な対処を求めたが，ある程度の理解を示した。この結果，佐藤孝行総務会長は自派の中曽根康弘の意見を汲んでこれまでの天皇訪中に対する消極的態度を変節し，幹事長と同格という信念から党内調整を仕切る役割を強め，天皇訪中の党的合意に取り掛かり，それに成功を収めた。このように国家的政策決定は，政務調査会を飛び越えて総務会の審議に委ねられ，そこで最終方針が決定されるのが常である。

　また，総務会は，党政策決定の在り方に対しても，政務調査会と異なる対処方をする。例えば，ある立法に利害関係のある議員は，自分の信念，もしくは資金及び選挙両面において利害関係のある利益団体の要請を踏まえて，自分が総務でない場合，仲間の総務，同じく利害関係のある総務と計って総務会の場を借りて政務調査会決定を覆す動きをすることがある。この場合，総務会長は少なくとも総務会審議を軌道に乗せることを狙うが，しかしそれには裏がある。何故なら，党がある重要法案の取捨選択を迫られた時，関係者，関係議員の顔をたてる必要性から，政務調査会審議を一応済ませ，総務会決定で一件落着させる手法をとり，この場を取り繕うからである。多くの場合，総務会はこういった法案の取扱いに関しては，絶対に「駄目」という結論にもっていかない。

　その後，総務会長は幹事長，政務調査会長等と予め協議し，関係者の意見も聴取し，それこそ舞台裏で一定の方向を決め，ある時期がくるまでそしらぬ振りを装うのである。ベテラン議員はこのことを承知しているから，わざとちゃちゃをいれたり，若手議員を煽り，舞台造りに励み，冷却時間を作る。そして，総務会を開催して一気にもっていき，党決定としてしまう。このように，多くの立法は，政務調査会部会，審議会，そして総務会の審議了承という政治儀式を経るが，その裏にこれを演出する黒子が控えていることを忘れることが多い。とくに，黒子は舞台造りから演出まで取り仕切り，大向こうを唸らせることに生きがいを感じる。

　自由民主党政権の時代，政策問題ごとに舞台造りから演出まで仕切る

黒子がおり，政治家も利益団体関係者も彼に任せておけば安心していられるという路線が作られていた。当然，日本社会党，公明党，民社党等にも大なり小なり政策問題ごとに黒子がおり，自由民主党の黒子と連絡が取れている。彼等は政策問題ごとに裏で舞台演出を進め，阿吽の呼吸で，国会運営を仕切った。こうしたことは，重要政策が政務調査会から総務会へかけての審議過程において密かに進められ，総務会審議までに方向づけられてしまうことが少なくなかった。このように，国会運営は与野党とも非公式に調整する政治家がいないなら，決してスムースに動かないのが宿命である。

第4章　政務調査会

第 I 節　政務調査会の沿革

1　第二次世界大戦前

　明治維新直後，板垣退助は権力闘争に破れて政治方針を変更，武力の代わりに言論の時代の到来を察し，政治活動を開始した。この時，彼は立憲政治の実現を期し，自ら中心に組織した政党に自由党の党名を選択した。後に，彼は，国家主権が天皇に帰属し，今日の国会に当たる帝国議会が天皇に翼賛する機能しか無かったのにもかかわらず，立憲政治が実現した暁に，自由党を立憲自由党に党名を変更した。立憲自由，立憲改進両党関係者は，その命である政策を協議し，藩閥政府の政策を攻撃した。こうした自由党，立憲自由党の政策協議機関が自由民主党政務調査会の遠祖である。明治25年7月20日，立憲自由党は政権獲得を目指して，藩閥政府に対抗する政府野党としての看板を掲げ，おもに当時の日本が直面した財政，外交等の政策強化を策した。

　この時，立憲自由党は院内機関である政務調査局を設置し，主幹1，理事2，委員10をこれに当て，定期的に政策を協議した。この当時における国家の政策は，殖産興業を柱とする国家近代化を反映して租税，軍

備,教育,外交等に限られ,藩閥政府及びその官僚の手に成る政策に賛成,反対のいずれかを決定することに終始した。それは帝国議会が国権の最高機関,唯一の立法機関ではなく,天皇の翼賛議会だからであった。明治33年8月15日,立憲政友会は自由党,立憲自由党,憲政党の発展,改組の上に結成された。しかし,同会はその党則に政策機関を明記しなかった代わりに現実に対応する道を選択した。翌年,同会は「行政,財政,経済,外交,教育を調査するために各調査局を置き,各局に委員長一名,理事二名,委員若干名を置く。各調査局に主査五名以下を置き専ら原案起草に従事させ,各調査局の成案は総務委員会に提出し,但し,委員以外の代議士は各調査局に参加し,調査に従事し意見を陳述」する院内機関を発足させた。

　大正5年10月10日,憲政会は議会における政党の勢力増大,普通選挙実現を求める国民の動向を踏まえて「政務調査会」を会則に明記し,総裁指名の委員より構成され,正副会長,理事の役員,議会常任委員会に即した部の設置を明確化した[7]。大正13年,政友本党は「政務調査会」の設置を明記し,昭和2年,立憲政友会は政務調査会を運営する役員－政務調査会会長を置き,政策責任に当たらせた。同年,憲政会を継承した立憲民政党は政務調査機関の役割を具体的に明記した。この見地から,最も近代的政策機関を設置してその運営に当たった。最も近代的な政策機関を設置してその運営にあたった憲政会の政務調査機関の運営を取り上げる。憲政会は「政務調査会は総裁の指名したる委員を以て組織し其任期一ケ年とす。政務調査会長一人,副会長二人,理事若干名を置き委員中に就き総裁之を指名す」と会則に明記し,結成直後の10月24日,幹事長と理事が協議し,改めて政務調査会の運営方針を決定した。

憲政会政務調査会運営事項[8]

一　役員会(理事各主査)を毎週一回月曜日午後一時より開会する

二　部属は十部に分類する

三　旧同志会において特別委員会に付託している案件については更に委員を選定することその委員の指名は会長に一任する

四　各部会において審査中の案件および決議事項は其部の主査

に引き継ぐこととする
　　五　理事分担を定むるその選定は会長に一任する
　　六　重大問題については次回より理事会を開きて研究する
　　七　来議会に提出せんとする議案についてはあらかじめ調査会
　　　に付議すべき旨の通知を党員一同に発送する
　　八　部は第一　内閣・鉄道，第二　外務，第三　内務，第四　大
　　　蔵，第五　陸海軍，第六　司法，第七　文部，第八　農商務，第
　　　九　逓信，第十　拓殖

　大正13年，立憲政友会の分裂の結果，離党者は立憲政友会の本流を継承する意識にたって政友本党を結成して「政務調査会，常務委員会を置き，其委員長，委員は総務委員に於いて之を選任し其任期一箇年とす。政務調査会に於いて党の政策を，常務委員会に於いて党務を調査研究して総務委員に建議し，又は総務委員の諮詢に応ずる」と規定した[9]。昭和2年，憲政会を継承する立憲民政党はその結成に際して党近代化に努める方針を確立，政策機関に関心を寄せた。例えば，同党の党則は「政務調査会ハ総裁ノ指名シタル委員ヲ以テ組織ス　政務調査会ニ会長一人，副会長二人及理事若干人ヲ置キ委員ノ中ニ就キ総裁之ヲ指名ス　政務調査会ハ適宜凝之ヲ部ニ分チ各部ニ部長一人ヲ置キ会長之ヲ指名ス　部長事故アルトキハ部長ハ理事ヲシテ代理セシムルコトヲ得　政務調査会長ハ総務会ニ出席シ意見ヲ陳述スルコトヲ得」[10]と規定した。

　とくに，立憲民政党党則は政策決定の在り方を重視し，その所属衆議院議員を衆議院常任委員会ごとに割り振り，その所属に従って彼等を党政務調査会部会に配属，部会を通して衆議院常任委員会に対応する省の政策 —— 予算及び施策 —— の審査を行った。また，国家的重要問題が勃発した際，立憲政友会，立憲民政党はそれに対応する特別委員会を臨時に設置，審議を通じて一定の方針を確立した。そして，立憲政友会，立憲民政党はそれぞれの政策機関の関連部長が総務委員会に政策報告を必ず行い，議会が天皇の翼賛議会という制度的制約があったとしても，予算，それに基づく立法に関して発言し，少なからず軌道修正を行うことがあった。それは後の自由民主党政策決定手続きに影響を与えた。

2　第二次世界大戦後

　第二次世界大戦直後，保守政界は復活，連合国の占領が開始されるや，昭和20年から21年にかけ，主に旧立憲民政党関係者は日本進歩党，旧立憲政友会関係者は日本自由党にそれぞれ結集した。彼等は帝国憲法，その下の帝国議会に議席を占めた者であったから，旧政党の党則を参考として日本進歩党，日本自由党の各党則を準備した。その後，帝国憲法改正として日本国憲法制定の結果，国会は国権の最高機関，唯一の立法機関の地位を占めた。日本進歩党，日本自由党は戦前の各党則を踏まえ，それぞれ政務調査会を規定し，新しい国会制度に対応させる努力を重ねた。しかも，政権政党である日本自由党，その後身の民主自由党，自由党は，国会に，帝国憲法時代の議会の立法審議 ── 本会議中心主義 ── の代わりにアメリカ合衆国議会の立法審議 ── 常任委員会中心主義 ── が導入されたとしても，従来の政務調査会運営を変質させる必要がなかった。

　しかし，日本国憲法下の国会の立法審議は，政権政党が戦前の政党政務調査会の立法審議を継承，発展させるのに好都合であった。例えば，自由党は戦前の立憲政友会政務調査会機構をそっくり継承し，最初に党部会，衆議院常任委員会，省庁の立法審査を固定化する役割を果たした。とくに，自由党は民主自由党時代に野に下り，片山，芦田両連立内閣の完全野党になった。この時，民主自由党は片山，芦田両連立内閣が社会主義，保守主義の混合であることに注視し，官僚出身者をその政務調査会に登用，彼等を通じて国家財政の在り方に研究を重ね，政策能力の向上に努めた。例えば，政務調査会長・根本龍太郎は満州国官僚時代の先輩・高倉正（満州国参事官）を登用，また，大蔵省出身の内閣官房次長・橋本龍伍も一時，総選挙前に席を暖めた。彼等は当時の政策の中心である財政政策に従事した。うち，高倉正は保守合同後の自由民主党政策運営の中心として活躍する。

　その後，自由党は政権を奪取した。直ちに，自由党政務調査会は，国会の常任委員会配属議員をもって政務調査会部会を構成，部会を通じて衆議院常任委員会の背後に在る省庁の立法を審査する体制を整えた。しかし当時，国家の政策は敗戦から講和にかけた復興の時代であったから，

せいぜい，自給自足体制の確立のために税制の整備，農林漁業の振興，中小企業の補助助成に基づく振興，それに住宅建設等に限定された。しかし，こうした分野における政策論議は，与野党が激しく対立する衆議院予算委員会，常任委員会の場に移され，政策の是非よりも倒閣の駆け引きに利用されることが少なくなかった。それは国会審議が与野党駆け引きの場に変質するに至った。

日本自由党党則　昭和21年[11]

第6条　政務調査会長，副会長及代議士会長，副会長ハ代議士会ニ於テ選挙ス

政務調査会長及代議士会長ハ総務委員ト見做ス

第10条　党ハ本部ニ政務調査会ヲ置キ各般政務調査ニ当ラシム

自由党党則　昭和24年

第14条　政務調査会は，政策の調査立案に当る

第15条　政務調査会は，政務調査会長が之れを掌理する

会長事故ある時は，副会長が代行する

第16条　政務調査会に部会を設け，各部に部長一名，副部長若干名を置く

部長，副部長又は理事は，政務調査会長の推薦により，総務会の承認を経て決定する

当時，与野党を通じた諸政策のうち，与野党議員がもっとも関心を抱いた領域は予算，それに基づく立法の必要のない分野であった。それは与党・自由党政務調査会が殆ど関与しない政策である国家復興の名目の各種補助金の取扱いであった。しかしこれは選挙権拡大に伴う政党組織の拡大，中選挙制度による保守議員の競合に経費がかさみ，大物政治家が金銭を必要とし，或いは，私利私欲による昭和電工事件，造船汚職，その他の金融融資事件等を生んだ。その舞台の演出者になったのは政権政党・自由党の実力者，衆議院常任委員会とそれに関連する省庁幹部，融資対象の民間企業幹部であった。しかし，保守野党である自由党，その発展組織である国民民主党は，政権政党・自由党に対抗する必要性から，官僚の手を借りずに自由党政策を検討，独自の福祉政策活動を展開

した。

国民民主党党則[12]

　第24条　本党に政務調査会を置き，政策の調査，研究，立案及び議案の審査に当る。
　　　　　政務調査会会長は政務調査会を掌理する。
　　　　　政務調査会副会長は会長を補佐し，会長事故ある時はこれを代理する。
　　　　　政務調査会理事は理事会を組織し会務を審議する。
　　　　　会長は理事のうちから常任理事若干名を選任し会務を常置する。
　第25条　政務調査会に顧問，参与及び専門員各若干名を置くことができる。
　　　　　顧問，参与及び専門員は政務調査会長の推薦により総裁が委嘱する。
　第26条　政務調査会会長は総裁の承認を得て必要な部又は委員会を設ける事ができる。

　昭和27年，国民民主党関係者は，自由党との保守合同を選ばず，公職追放解除者の旧立憲民政党関係者，高級官僚と協議し，自由党に対抗できる改進党を結成した。改進党は旧立憲民政党，日本進歩党，民主党，国民民主党の衣替えの形で脱皮した。とくに，改進党は保守野党の立場を堅持し，政権政党・自由党に対抗する必要から，政策に重点を置いた。このため，改進党結成に際して関係者は第二次世界大戦前の諸政党，とりわけ立憲民政党，戦後の日本進歩党，民主党，国民民主党の各党則を踏まえ，政務調査会に関して具体的に明記した。その後，戦前政界の大物・鳩山一郎の再登場は，日本自由党結成者としての自負，公職追放の際に党を預けた吉田茂と葛藤を繰り返した。この結果，鳩山一郎は吉田茂に対抗し得る人物として輝き，有力者が改進党関係者と協議を重ね，日本民主党を結成した。

日本民主党党則[13]

　第42条　政策の調査研究及び立案のため政務調査会を置く。
　第43条　政務調査会は所属国会議員，前元国会議員，参与委

員，都道府県連合支部長の中から総裁の指名推薦した政策委員をもってこれを構成する。
第44条　政務調査会に会長一名，副会長若干名を置く。
第45条　政務調査会長は党大会に於いてこれを決定する。
第46条　政務調査会は政策の研究及び立案のため各部門別に部会を設け，各部会に部長及び副部長を置く。特に必要ある時は特別調査委員会を設けることができる。
第47条　政務調査会の決定した政綱政策に関する事項はそれぞれ党の合議機関に報告し，その決定を経なければならない。
第48条　政務調査会の運営に関する細目は政務調査会の運営細則によってこれを定める。

　昭和30年11月15日，日本民主党，自由党の各首脳は，日本社会党の左右結集を踏まえ，米ソ冷戦構造の激化を踏まえて新党・自由民主党の下に結集して保守合同した。この時，日本民主，自由両党は保守合同をする場合，新しく誕生する保守新党の政策の在り方に関して検討を重ねた。さらに，日本民主，自由両党関係者は，両党の歴史的特質を保守新党組織に盛り込むことに関して意見一致したから，日本民主党，自由党の各党則を折衷した形式に基づいて自由民主党党則を準備した。このうち，自由民主党党則案の起草及び調整の差異に揉めたのは総裁選出に関してであり，政務調査会項目はスムースに審議，了承された。

自由民主党党則[14]

第30条　政策の調査研究及び立案のため政務調査会を置く。
　　　　党が政策として採用する議案は，政務調査会の議を経なければならない。
第31条　政務調査会は，党所属の国会議員及び総裁が特に委嘱した学識経験者をもって構成する。
第32条　政務調査会に政務調査会長一名及び政務調査会副会長若干名を置く。
　　　　政務調査会長は，政務調査会の運営に当り，かつ，こ

　　　　　れを管掌する。
　　　　　政務調査会副会長は，政務調査会長を補佐する。
　第33条　政務調査会に，政策を審議決定するため，政務調査会審議会を置く。
　　　　　審議会は，政務調査会長，副会長及び十五名以内の審議委員をもって構成する。
　　　　　政務調査会長は，審議会を招集し，議長としてその運営に当る。
　第34条　政務調査会長は，総務会が推薦した者の中から，総裁が指名する。
　　　　　政務調査会に，政策の調査研究及び立案のために次の部を設け，各部に部長一名，理事二名を置く。
　　　　　　　内閣部　地方行政部　国防部　法務部　外交部
　　　　　　　財政部　文教部　社会部　労働部　農林部　水産部
　　　　　　　商工部　交通部　通信部　建設部
　　　　　部長，副部長及び理事は，総務会が推薦した者の中から，政務調査会長が決定する。
　　　　　党所属の国会議員は，何れかの部に属するものとする。
　第36条　必要が在るときは，政務調査会の審議会の議を経て，政務調査会長の管掌のもとに，特別調査委員会を設けることができる。
　　　　　政務調査会及び特別委員会に於いて決定した政策に関する事項は，速やかに総務会に報告し，その決定を経なければならない。

　自由民主党結成当時，この党の政務調査会部会の政策活動の中心機関は「部」と称し，部が部会に名称変更したのは，国力に余裕が生まれ，政策が福祉国家建設を基礎に置き，国民生活向上，貿易振興，海外協力等が政治の中心になりだした昭和30年である。そして，昭和30年12月14日，自由民主党は「党所属衆参両院常任委員会委員は関連の党政務調査会各

部に所属する」ことを総務会決定とした。これにより，自由民主党内閣，すなわち各省庁官僚が自由民主党の政綱，綱領等を忠実に理解して政策素案を起草したか，そして自由民主党がその内閣の官僚に対して政策提議を行い，それを官僚が忠実に政策素案に起草したかを「与党審査」の形式で慣行づけた。これにより，日本の政策決定は，外交問題の処理を除き，概ね予算，それに基づく立法の繰返しを制度化した。

第 2 節　政務調査会の質と量

　日本国憲法及び国会法，その他の立法等に法的根拠を置くことなしに国政に大きな影響力を及ぼしている政治勢力は，他ならぬ議会制度と共に発達してきた政党である。とくに，多数党は少数党に較べてその内閣の背後に存在し，内閣を通じて国政に決定的影響を及ぼす政治的存在である。これを見落とし，これまでも議院内閣制に立脚する政党政治の政策決定の本質を見誤り，末梢的現象のみを捉えることにより，便宜的には「官高政低」，もしくは「政高官低」としてかたづける嫌いがなきにしも在らずであった。これは議院内閣制特有の政策決定が生み出す政策の質量，その背後に在る政治家，官僚の役割の本質を軽視する形で現れた。現在，わが国における立法過程を見るなら，誰しもが日本国憲法に法的根拠を置かない政党が決定的な役割を果たしていることに気付くのである。

　この場合，国会における政党は，内閣を組織する政党が与党，逆に，そうでない政党が野党とそれぞれ便宜的に呼ばれる。この二つの言葉は国家権力の帰趨に関係するから，国家権力の比重においても月並みの表現からすれば雲泥の差がある。例えば，与党は政権政党の立場から，その内閣上程立法の事前審査 ── 与党審査 ── を行い，内閣方針の在り方を決定する。このような政策決定は，政党が公党という立場から，少なくとも党機関決定を経る形で制度化される。もっとも，自由民主党が与党時代，一つの政策が党からその内閣（省庁）官僚に示唆したものであれ，逆に，官僚が与党の意向を忖度したものであれ，それに公的性格をもたせるため機関決定 ── 政務調査会部会，同審議会，総務会 ── を党

則に明記した。従って，自由民主党政務調査会の質と量は，計らずも「自由民主党政策決定過程」の中に露に現れた。

　当然，政党，国家官僚組織の両者を見る限り，日本国憲法及びそれに関連する立法の規定，もしくは示唆の相違から，国家の政策決定に当たっての責任，役割，そして分担が著しく異なった。これが見誤られ，「政高官低」，「官高政低」なる言い回しがされたのかもしれない。例えば，政党が省庁と同じ程度の法律専門家を備え，内閣法制局程度の法律審査を行うなら，省庁の法律専門官が必要なくなるかもしれないが，それこそ一党独裁そのものである。逆に，日本の産業形態を主な柱として発達してきた省庁は，政党が存在しなければ，省庁政策を取り纏め，調整し，それを政治の場において具体化することができない。この意味から，議院内閣制に立脚する政党政治の場合，それを支える政党と国家行政の実務者である官僚機構のそれぞれの役割が異なり，それがまた議会政治を動かす機関として不可欠な存在である。

　この結果，官僚組織である省庁は，国家を支える財政，治安，軍事，司法等を維持し，処理する制度としての存在から，国家の任務を福祉，公共事業，国際協力等の政策分野に拡大した。政権政党が独自の国家政策を具体化する場合，官僚は政党の下位に立つことを好まず，国家政策が複雑化する機会を捉らえ，行政及び立法の専門家を目指し，政党の干渉を退けることを目論んだ。しかし，政党は政党政治の進展の経験を踏まえ，官僚制度の政策決定のノウハウを消化し，官僚の意図を切りくずした。それでは日本の場合，何故に政党が官僚機構を制度的に駆使し得るようになったのであろうか。その答は，必ずしも困難ではない。すなわち，政治家が休みのない選挙活動を通じることにより，選挙民の動向を肌身で感じ，個人もしくは自らの党を通じてそれをこなし，官僚機構に具体策を命じることが制度的に可能になったからである。

　第二次世界大戦後，国会が国権の最高機関に変わり，それを基礎とする議院内閣制が制度化されたから，内閣を組織する政党が自らの政策をその内閣を通じて実現させることは明らかである。もっとも，官僚機構は，国家の存在する限り，一定の基準に基づく人材確保を図り，組織を維持する立場から，階級差を設け，上位下達による統制を崩さない。こ

れに較べ、政党は政治家に相応しいか否かの判定を少なくとも国民に下駄を預け、国民の審判を経た者が国政壇上に登場する。従って、国政を担う政治的選良とその下で行政を司る行政的選良の本質的相違が浮上するのも当然である。そうなると、官僚はいずれの国家においても、有力大学（学部）が伝統的に主流を占める傾向が至って強く、それが官僚制度の息の根を止め兼ねない。

そのため、幾ら優秀な有資格官僚と言えども、自らの出世を望まない者はいないから、大臣、政務次官に近付いたり、また、早くから将来性ある政治家に近付き、何かと便宜を提供し、将来の出世の糸口探しに躍起になる者が少なくない。しかしこれを決して責められないのは、議院内閣制に立脚する政党政治の場合、有資格官僚の栄達の鍵が政党、それも有資格官僚と頻繁に接触する機会の多い政治家が握る機会が多いからである。さらに、省庁間の権限争いは、官僚同士の間で解決できず、政治家も官僚同士で解決することを好まないから、政治決着に委ねられることが多い。これは有資格官僚の政治家化現象以外の何ものでもない。

しかも、政治家は官僚と同様に学校教育の影響を受け、有力大学卒業生が多くなる。何故なら、有力大学は政治家になりやすい環境を歴史的に持ち、官僚、弁護士、実業家、新聞記者等を輩出しているから、政治家予備軍が豊富だからである。これから判断するなら、政治家並びに官僚の質量を見る限り大差がなく、せいぜい官僚として訓練を受けたか、或いは、政治家として訓練をそれぞれ受けたかの違いに過ぎない。これを弁えている政治家、官僚両者は相互の持ち分を侵さず、議院内閣制に立脚する政党政治における政策決定に励む形がやけに目立つのである。もっとも、第二次世界大戦後、鳩山一郎の後継者として日本自由党総裁を継承した吉田茂は、公職追放後に残された政党政治家が新しい国会制度に対応するのに不十分であると考え、政策に精通する官僚を政界に導いた。彼等は主に民主自由党、自由党にかけて与党政府の立場を踏まえ、与党政務調査会において官僚時代に培った政策決定のノウハウを活用した。

当時、日本は復興途中、政策と言えばそれこそ国力蓄積としての貿易の搦め手である造船、中小企業及び農水産業の育成、減税と補助金等の

分野であった。官僚出身政治家は，数少ない政策材料を使い，政策決定に勤しんだ。この結果，講和条約前後の日本で，国内最大の政治課題は，工業化社会へ向かう途上のため，犠牲を強いられた農村に施された農業補助であった。自由党は選挙対策を込め，例年の米価決定に際して指導権を発揮し，それを農林省に任せず，自ら決定する方針を貫いた。これは例年の予算に組み込めばそれでよしとしたから，党とその内閣の大蔵官僚との政策的争いの形をとり，それにより農村に堅い支持地盤を築いた。それに対して，日本社会党は有力支持母体の官公庁労働組合の動向にその力が殺がれることが多く，着々と自由党地盤に変質しつつあった自作農中心の農村に手が回らなかった。

この後，自由党は長期政権を活かし，その勢力の及ぶ省庁を通じて有資格官僚を政界に導き，彼等を通じて各種業界に睨みを利かした。これに対し，日本社会党は保守への反逆の作戦を練り，保守が自由主義のアメリカ合衆国なら，自分達は社会主義のソヴィエト連邦と言う看板を掲げ，保守のやることに対して何でもかんでも反対の姿勢をとった。これにより，保守はますます現実に即した政策，この反対に革新は非現実を基礎とする政策を訴え始めた。これが日本政治に与えた影響が少なくなく，米ソ冷戦の時代，対立の時代を続けた。それでも，自由民主党は政権政党の立場をフルに活用し，次第に政策決定に慣れ，例年の予算編成を通じ，各省庁の政策領域にそれぞれの議員が選挙地盤，個人的関心，出身省庁の弁護という理由から，専門家の道を歩み，後に続く議員が絶えることがなかった。これが自由民主党政務調査会の質量を推し量る歴史的沿革である。

第3節　政務調査会の責任と役割

現在，自由民主党政務調査会はこの党の「政策の立案」のために置かれ，与党時代，全ての政策の調整を行う機関というのが通説である。しかしそれはそうであると言えるし，そうでないとも言えるのが真実である。その理由としては，議院内閣制に基づく政党政治の場合，政策の概念がはっきりせず，何を基準として政策と判断するか，そして政策と称

する場合，それが党の意向を踏まえた省庁案を政策と言うのか，もしそうでなければ，少なくとも党議決定した省庁案を政策と言うのか，一応の基準がないからである。通常，政策は政党の基本方針，政府の基本方針を意味する言葉である。

もっとも，政党は憲法上「国家行政組織」でないから，国民に公約した政策を決定すると称しても，国家運営に関する基本方針の性格を超えることがなく，比較的抽象的な文言に終始する。逆に，政府は政党（与党）の公約を踏まえ，それらを予算化し，必要に応じて立法化する。この場合，政党の公約は「国民年金の支給額を増額する」，「所得税減税を行う」，「住宅取得控除を拡大する」等の文言に尽きる。これに反し，政府は厚生年金が厚生省，所得税減税が大蔵省の縦割り行政から，それぞれ予算技術，立法技術を駆使し，一つの形に取り纏める。これが政府の政策である。

このため，自由民主党政務調査会は国家運営の基本方針を決定する機構として部会，審議会を有した。これに関しては，同党党則が「自由民主党の採用する議案の調査と研究，および立案等に従事する政策機関である」と明記する。これにより，政務調査会長1人，副会長5名（うち，1名は参議院自由民主党政策審議会長），審議会委員（うち，4名は参議院自由民主党），実際の議案の調査と研究に当たる部会，特別調査会・特別委員会，審議会，そして事務局が設けられている。但し，政務調査会長以外の役員数は，党則に明記されておらず，これまでの慣習によるのである。

本来，自由民主党政務調査会部会は衆参両院常任委員会に，衆参両院常任委員会は内閣の行政機関（省庁）にそれぞれ対応する。内閣の行政機関は国権の最高機関・唯一の立法機関の国会に基礎を置くから，国会の政治的意向に左右されるように制度化されている。この場合，国会の政治的意向は，主に衆議院の多数党のことである。この多数党が自らの内閣（行政機関）に対して国民に公約した国政運営の基本方針を示唆し，これを各省庁官僚が予算技術，立法技術を駆使して一つの具体的方策に纏める。この意味から，政党の国家運営の基本方針，並びに行政機関の具体的方策は，便宜上「政策」と呼べるものである。

ともかく，国家政策は政党の政治的意向を受けて省庁官僚が取り纏めたり，官僚がその信念に燃えて国民のための具体案を作成してそれを政党に働き掛けたり，さもなければ政党及び官僚が国民の不満に応えて新しい施策に纏めたり，国民の部分を代表する利益団体が政党に働き掛けて施策化を求めたり，それこそいろいろな形で現れる。しかし，こうした複雑極まる政策決定現象の背後には，それぞれ大小の目に見えない「部分」が介在し，むしろそれをあからさまにしないことに徹底していたのが現状である。

しかし，ある官僚OBは「官僚は黒子だが，黒子といえどもトンボ返りぐらいはする。政策決定の責任はあくまでも政治家がとるが，その過程で官僚の参画が決定的な役割を演ずることもある」と述べたが，これは日本の政策決定を総括する言葉である。例えば，国会における政党は議席数の差異から，多数党，少数党に分かれる数の論理により，多数党に内閣を組織させ，国家運営を委ねる。多数党は自党内閣の背後に存在して国家運営の基礎となる予算編成権を握り，政策の優先順位を決定する。この結果，国家権力は国会を基礎とする政府の手に握られている形をとるが，実は，その内閣を組織する政党の手に握られていることが明らかである。

結局，政党は民主主義国家に関する限り，議院内閣制であれ大統領制であれ，国家と国民とを結ぶ政治的架橋に他ならないから，自らを国家そのものとして表現し得る政治的権利をもつ唯一の存在である。そして，政党の党員である政治家は政策的に訓練され，国家政策の基本方針を決定し，これを官僚が立法化することが日本型議院内閣制の骨子である。この意味から，政策に関する最終決定者は国民代表機関・国会であるが，厳密に言うなら，国会における多数党である。

第4節　自由民主党政務調査会の責任と役割

1　政務調査会の組織

イ　政務調査会長

政務調査会長は幹事長，総務会長両人事と共に党三役の一翼を担う役

職で、また党の政策決定の最高責任者であり、この人事は総務会の承認を受けて総裁が最終決定する。このうち、幹事長は党全体の運営の最高責任者、その下で総務会長、政務調査会長が置かれ、党務及び政策の責任者の地位を占める。歴代政務調査会長は政策通と呼ばれる政治家がその地位に着き、それぞれの格、思想、信念に従って自由民主党内閣の国政運営に決定的影響を及ぼした。そして、これを踏み台にしながら、総裁総理の椅子をものにした政務調査会長が少なくない。但し、政策万能の誉れ高い政務調査会長は、官僚、財界、地方議員、新聞記者、代議士秘書等の政治家としての出発がどうであれ、その後の政治家としての努力の結果、党内有数の政策通の名誉を勝ち取り、ずば抜けた政治家であることに間違いない。しかし、歴代政務調査会長は最初の職業が災いして、財政、公共事業、農林、国家基本等のいずれかに強いことに定評がある。

　例えば、水田三喜男、田中角栄、山中貞則、福田赳夫、賀屋興宣、大平正芳等は財政に強く、いずれも大蔵大臣に就任し、その上、田中、福田、大平各3人は総裁総理の印授を帯びた。多くの場合、政務調査会長人事は、幹事長人事から影響を受け、総裁が幹事長、総務会長両人事を加味し、決定する。そして、政務調査会長は総裁実現に協力した派閥の力量に応じて振り分けられる。政務調査会長は、自由民主党政権時代、国家政策決定の実質——国家基本方針の取り纏め、予算編成及び重要政策優先順位の決定——を握ったから、政策分野の目に見えない最高決定者として振る舞える党役職であった。政務調査会長は各省庁の重要課題の推移に関して予め了承を与えたから、各省庁幹部はこれを「御墨付き」として省庁間調整を繰り返したり、或いは、関係業界の説得に乗り出した。自由民主党政務調査会長は財政、予算、人事を掌握するイギリス大蔵大臣の権限に匹敵する権限を保有し、自由民主党内閣の運命を決定する政策決定を行うことが多かった。

　　　ロ　政務調査会副会長
　政務調査会副会長人事は、手続き上、総務会の承認を得て政務調査会長が決定する。しかし、これまでの政務調査会副会長は、政務調査会長

か各派閥の推挙を踏まえ，人選を行う。但し，副会長は参議院自由民主党政策審議会長を含む5名のうちの1人を会長代理に指名，自派閥もしくはそれに準じる派閥の政策通から抜擢する。通常，副会長は参議院自由民主党を除いて各派閥の政策通であるから，これまでの部会長，政務次官，審議会委員，もしくは大臣等の経験を踏まえ，政務調査会長を補佐して政務調査会の実質的な運営に当たる。政務調査会長代理は，会長の命を受けて政務調査会人事[15]，庶務の責任者になり，審議会の運営に当たる。とりわけ，会長代理は会長不在の折り，会長に代わって総務会に出席，立法の修正及び附帯，請願等の決済に当たる。

しかし，松野頼三が会長に就任した際，副会長制度を残しながら，政務調査会長経験者を網羅する顧問制度を創設，重要政策に意見を求めたことがある。これは党内大物である松野頼三が経験豊かな政党人のなかでも政策通であったから，官僚の意見を聴取する代わりに政策経験豊かな政策通に働いて貰うのが趣旨であった。参議院自由民主党出身の政務調査会副会長は，参議院自由民主党政策審議会会長であるから，衆議院自由民主党を中心に動く政策決定に目を配り，必要に応じて申し入れをする。それは参議院側が衆参両院が異なる選挙制度を背景として選出されることを強調し，それに基づいて参議院議員の後ろに控える各種団体の意向を無視しないように申し入れるからである。逆に，衆議院側は参議院出身副会長を置くことにより，彼を通じて参議院側が衆議院側を無視して独自に動くことを牽制し，あくまでも自由民主党の政策は「全会一致主義」であることを徹底させる。

ハ　政務調査会審議会委員

政務調査会審議会は，部会，特別委員会，特別調査会において審議した政策事項を審議するために設けられている機関である。この審議会委員は22名，うち4名は参議院自由民主党参議院議員から選出される。この人事は政務調査会長が各派閥推挙の中から選出し，最終的に総務会の承認を受ける。通常，審議会委員は部会長，政務次官，大臣等の経験者が多く，やはり各派閥の政策通である。彼等は豊かな政策経験を買われ，派閥代表の形を取り，部会，特別委員会等の政策審議に対し，上部機関

としての審議に徹する。これにより，政策は部会，審議会の順にこなされ，より一層具体化の道を辿る。例えば，いかなる政策といえども，官僚組織が業界別に編成されているから，各省庁間に跨がるケースが少なくない。部会がこれに対して調整不可能なのは，部会が関連省庁を通じて関連業界の利益を代表する傾向が至って強いからである。

そこで多くの場合，審議会委員は関連業界の意向を踏まえて各省庁の顔を立てる妥協策を講じることにより，すべてが「丸く治まる」ことに努めるのが常である。この意味から，審議会は最初の政策調整機関であるから，部会以上に省庁幹部が重視する傾向が在る（これは余り表に出ないことであるが）。政務調査会審議会は，部会から政策事項 ── 主に立法 ── の報告を受けた時，それが関係数省庁に跨がり，審議会においても調整を求められることが少なくない。この場合，審議会は関係省庁に対して再調整を求め，それが思わしくない場合，独自の判断を示すことがある。但し，山中貞則のように政策通で政務調査会審議会委員を長く務め，各省庁の行政全般に通じ，押しも押されぬ政策の第一人者になった政治家もいる。また，大臣を何回も経験した政治家のなかには，審議会委員を務めて政策活動に政治家としての生き方を求める者も少なくない。

2 部　会
イ　部会長

自由民主党は予算及びそれに関連する立法を部会が受け持ち，長期的な施策を特別調査会・特別委員会が対応する。このうち，部会は衆参両院常任委員会に対応する内閣，地方行政，外交，法務，財政，建設，社会，労働，商工，農林，水産，文教，科学技術，環境等で，正副部会長は当選3回 ── 参議院は2回 ── ，政務次官経験者，副部会長は少なくとも当選2回，政務調査会会長，副会長会議において人選，最終的に総務会の承認を受けるが，派閥基準が優先する。部会長は一，二を除いて衆議院側が独占，辛うじて副部会長は衆参両院が3対1の割合である。もっとも，各派閥に割り当てられた部会長人事に関しては，大派閥の場合，競争者が多く，派閥調整もままならない。派閥の政策責任者は希望

する部会長に就任できなかった者に因果を含め，辞退させる。しかしこれが尾を引いて，派閥内の軋みに繋がって思わぬ事態が生じることが少なくない。

　部会長は関係部会の立法成立の第一の党関門の責任者で，その大半は初当選から同一部会に所属，副部会長，関連省庁政務次官等を歴任，それこそ省庁の裏の裏まで知り尽くしている。これを踏まえるなら，省庁にとっても部会長は手強い存在である。今日，部会長選出基準は，当選3回，政務次官経験，就任する省庁の政策通と見なされる者である。数少ない参議院自由民主党割り当て部会長は，当選2回，選挙母体を通じて関係深い者が就任する。しかしその場合でも，派閥の力量により派閥割り当てが慣習的に守られ，その力量差に基づき有力部会長が決まる。そして，部会長は部会運営を手際良く行うなら，それこそ部会員の不満を和らげ，少なくとも公平に部会運営をしたという実績を関係者に与え，最後に「出来る政治家」の印象を与える。副部会長は，将来の党政策を担う者を養うという結党以来の伝統から，比較的年齢の若い，1，2回当選議員が選任される。部会の規模にもよるが，副部会長の衆参両院の割合は，3対2，もしくは3対1である。但し，副部会長が部会長就任に欠かせない一里塚と考えられるようになっているから，1，2回議員の間でも希望通りの副部会長ポストを巡る熾烈な争いが生まれる。

　この辺から，政治家は騙し騙される，虎の威を借りる，先輩議員に取り入り旨く使うといった政治家術を自然に身に着け，一歩一歩，政治の階梯を登るのである。

　例えば，橋本龍太郎は社会部会 ── 厚生省 ── 所属，社会部会副部会長，厚生政務次官，社会部会部会長，政務調査会審議員，政務調査会副会長，厚生大臣の道を歩んだ。後，各省庁大臣に就任した者の略歴を振り返えるなら，それなりに頷ける点もなきにしも在らずである。例えば，西岡武夫は文教部会長，文部政務次官，文部大臣と歴任した。このような実例は枚挙に暇がない。こうした政務調査会の階梯は，年々総選挙ごとに更新され，絶えず新しい血を導入し，党政策決定の流れを絶やさないのである。これが自由民主党の政策的な強みに他ならない。

□ 部 会 員

　党所属衆参両院議員は，衆参両院党国会対策委員会の意向により，両院常任委員会のいずれかに配属される。そして，党所属衆参両院議員は所属常任委員会に直結する部会所属になり，それを通じて党及び国会両方に関係する。例えば，衆議院内閣委員会委員は党内閣部会委員，部会関連の行財政調査会，恩給問題調査会等に所属するケースが多い。これは内閣部会が総務庁，総理府を担当，とりわけ行財政及び恩給が総務庁の所管で，いずれも選挙の「票」になるという単純な理由からである。これは党議員が部会，調査会のいずれかを選ぶ際の好例の一つである。但し，党所属議員が一部会だけに所属することに限定されるなら，自らの選挙区事情，好み，政治資金収集の都合等の要請に応えられなくなる恐れがある。これは政治家，政党にとって由々しき問題であるから，問題が大きくならない措置が取られる。そこが自由民主党の柔軟性で，複数部会所属を認め，議員のあらゆる背景に対応させる。そして，部会員は複数部会に所属し，縦割り行政の象徴である異なる省庁の予算編成，立法に接し，それなりに政策決定のノウハウを習得する。これが政治家としての訓練の一つで，これを突破することが政治的階梯を登る勲章を手にしたことになる。

　とくに，新しい部会員は部会活動が物珍しいだけでなく，先輩議員の落とし所がわかるようになり，依頼を受けた団体の説得，関連する省庁への圧力，それに力のある先輩議員の力量に縋る方法を会得する。しかし，団体，関連省庁はのべつ幕なしに部会員に根回しを依頼するのではなく，部会員の当選回数，力量，彼の派閥の関係具合，衆議院選挙区の同党議員との関係等を配慮し，依頼の程度を決定する。逆に，部会は当選回数に関係がなく，ある政策に深く関係する団体と長い関係があるなら，率先して関係議員，省庁に根回しを行うことが多い。自由民主党政権時代，部会員は与党を後ろ盾とし，与党正式機関としてではなく，関係部会部会員の立場から関係省庁局長に自らの希望を申し入れた。これを見ると，官僚は政治に弱いもので，自ら説得不可能と判断するや，部会幹部，部会長老等に説明し，関係議員説得を依頼した。これを受けて，政治家同士の話し合いに移り，何等かの妥協がなり，部会長から関係議

員に妥協案が示される。これにより、関係者全員がコトを丸く収め、関係者の意図通りに運ぶ。この結果、政治家、利害関係団体幹部、高級官僚はすべてその地位を安定させることができた。

　　　　　昭和30年12月14日　　衆議院公報
　　常任委員各位は、その部属に応じ政務調査会各部に御入部のものとして御了承を願います。
　　尚、議員各位にして各部に入部御希望の方は、当該部長又は事務局に御申し込み願います。
　　　　　　　　　　　　政務調査会長　　水田三喜男
　　議員各位
　左の通り決定致しました。

　自由民主党は、昭和30年12月14日、全党所属議員に対して部会希望を募り、部会構成を考慮したが、保守合同直後ゆえに、それぞれの常任委員会所属をもって関連部会所属に代える措置を下した。これ以降、部会員が国会関連常任委員会委員になるのではなく、常任委員会委員が関連部会員に就任する慣習が確立した。このため、限られた有力常任委員会委員を巡り、新人議員の間でも争いが起きることが少なくない。そして、新人議員は最初の国会常任委員会所属で、関連部会が政治家としての最後までの職場になるから、どのような常任委員会に配属されるか、どうしても政治家の最大関心事の一つである。また、省庁幹部にとっては、与党の政治的意向を踏まえて予算及び関連立法（案）を作成しても与党事前審査の段階で根回し不足、理解不足、思い違い等の理由に基づいて難癖をつけられるなら、省庁にとっても一大事であった。

　このため、上は局長から下は課長補佐に至るまで、これぞと思う議員に取り入り、少なくとも友好関係の樹立に努めた。これは官僚が「役人」である以上、どうしても出世争いが予想以上に熾烈を極めるから、政治家を取り込むことも必要だからであった。事実、官僚の最高峰である事務次官ポストは、政治的ポスト以外の何ものでもない。なお、各省庁が部会審議直前に部会員に対して行う立法の根回しは、これまた重要

であった。その場合，根回しは，政治家の格により，官僚の格が決定した。有力部会員は，根回しにくる官僚が課長級なら，露骨に不快感を見せた。これを承知している官僚は局長，もしくは官房長，総務課長が赴き，事前説明，了承を取り付けた。この意味から，官僚の部会員に対する根回しは，事前説明ではなく，政治的了解を意味した。この際，反対議員に対しては，官僚が説得だけに止まらず，言い分を取り入れることで妥協が試みられた。

　もっとも，省庁の立法に際しては，省庁はあらゆる情報網を駆使し，個人の信念か，彼を支持する団体の意向かがわかっているから，部会幹部と協議して彼の顔を立てる方針を貫いた。これは部会員，部会幹部，官僚の間で「阿吽の呼吸」で行われたが，部会員を通じて関係団体に情報がもたらされ，団体幹部が協議してこれに反対が貫かれるなら，部会の背後にある省庁，そして政府が苦境に陥った。この場合，部会関係者，政務調査会正副会長等が政治調整を行うこととなり，かなりの時間がかかった。これは社会の質量双方の拡大の結果，政策の質量が著しく変化したからである。例えば，医療制度一つを例にとるなら，関係省庁及び関係団体が複数に及ぶのが実態である。医師・看護婦教育は文部省，医師・看護婦の資格試験，医療は厚生省，医師税制は国税庁，看護婦の労働時間は労働省……等である。

　また，関係団体は医師，歯科医師，薬剤師の団体，各種保険団体，製薬会社，そして何よりも国家予算に関連する政府である。このため，医療制度一つの政策は，それこそ各省庁，それぞれの後ろに在る利害団体の調整が欠かせなくなる。通常，主管省庁は調整できず，政治の場である与党政府の背後に控える与党機関の政治的調整に委ねられる。しかしこれに関しては，大蔵官僚出身の福田赳夫が昭和33年6月に政務調査会長に就任した際，農村近代化の一環として農業基本法制定に尽力した政策決定がその後の党政策決定に大きな影響を与えた。彼は農業問題解決の場合，農林省設置法の規定によって農林省独自というワクをはずし，労働省，厚生省からも関連予算要求の道を開き，日本経済全体の中で解決する慣習を作った。これは後に自由民主党政務調査会にこの党のみならず，この党の組織した内閣の運命を左右する国家的政策を決定する権

限を与える道を構築した。

　昭和34年6月，政務調査会長を歴任した船田中は「同じ選挙区から同じ政党の複数の者がでるというときには，反対党と戦うのではなく，わが党のなかで喧嘩する。だから結局陰にこもって争いが険悪になってくる，派閥がそれで生じてくる。そしてまた，しょっちゅう選挙区のために関心を奪われてしまう。したがって，直接選挙区に関係のないような問題については，とかく関心がもたれない。……政調の仕事，圧力団体に屈服するとかなんとかいうような非難もあるけれども，……」と語った。この様に，船田中は，大規模社会の展開が政策の質量を拡大したとし，それを中選挙区制度がこなせないと考えた。従って，日本型議院内閣制に基づく政党政治の最大欠陥は，政党政治を演出する選挙制度にあり，それが表現する多数党の政策決定に少なからずの影響を及ぼすことである。これはわが国が国家財政に余裕が生まれ，先進諸国並の福祉国家を目指した昭和34年頃から顕著になったから，この時，自由民主党政策責任者の地位にあった船田中がいみじくも語ったことは日本型議院内閣制に基づく政党政治の欠陥を明らかにしたのではなかろうか。これは旧くて新しい問題であるが，政治家と選挙民，それに社会の慣習が絡みあい，解決できそうで解決できないでいる。

3　特別調査会・特別委員会等
イ　特別調査会・特別委員会

　特別調査会・特別委員会は，党則にある通り「政策に関する特別事項を調査・審議して政策の立案に従事する」機関である。両者は部会のように常置機関ではないから，その目的を達成し終えると自然消滅する。通常，特別調査会・特別委員会は，一省庁に限らず省庁を横断して問題解決に当たるから，各省庁別に設置されている部会の縦割り機能を是正することが多く，党結成当初から常置的機関の特別調査会・特別委員会が少なくない。例えば，憲法調査会，外交調査会，国土開発特別委員会，科学技術特別委員会 ── その後，科学技術部会に発展 ── 等である。

　特別調査会会長・特別委員会委員長は，党結成当初，それぞれの設置数が少なく，だいたい大臣経験者の就任が多かった。そして，特別調査

会・特別委員会は自らの好み（憲法調査会，外交調査会），選挙区関係による（農業基本問題調査会，沖縄振興委員会），選挙利害による（税制調査会，恩給・共済問題調査会）等を加味して加入したケースが少なくない。

その後，衆参両院議員はただ漠然と特別調査会・特別委員会に加入するのではなく，自身の利害を踏まえて選別するように変化したから，この党の政策決定の際に特別な地位を有するまでに成長した。例えば，対外協力特別委員会はわが国の平和国家厳守のため，わが国の対外協力推進の立場から，各省庁設置法に基づく権限を調整して技術協力の質量を審議決定するばかりか，それに基づいて対外協力の効率化と拡充を図る政策機関である。しかし昭和50年頃から，目先の利く議員はこの委員会の権限に注目し，所属することにより，主に政治力を働かせて予算増額に力を発揮，それによって関係者に恩を売り，その業界筋に顔を売る者も少なくなかった。それが「賄賂」か否かを決定する政治的基準は，社会的常識による他に方法がない。

昭和40年4月27日，破局に陥った積年の医療問題の抜本的改革に向けて検討を開始する医療基本問題調査会は設置された。その初代会長は，対外的にも日本医師会会長・武見太郎と対等に渡り合える賀屋興宣で，その後，灘尾弘吉，鈴木善幸，西村英一，江崎真澄等に継承され，長期的に検討，研究を重ねた。同調査会は関係団体の意見聴取，政府との協議，学識経験者との意見交換，内部調整を続けた。鈴木会長時代，同会に起草小委員会を設置，医療行政全体の抜本改正案「医療基本政策大綱」を決定したのが昭和44年4月10日，それを22日に審議会，5月17日に総務会が決定した。自由民主党政府は「医療基本政策大綱」を6月4日，党より受理した。それは直ちに関係省庁に送付され，特に厚生省はそれに基づいて「医療保険の改正案 ── 健康保険法及び船員保険法等の一部を改正する法律案 ── 」を作成した。それは政府（厚生省）から自由民主党政務調査会部会，審議会，そして総務会の順に審議決定，さらに国会対策委員会の手で衆議院に上程された。しかし国会においては，労働組合の強い反発を意識した日本社会党が絶対反対の国会戦術に徹したが，8月2日に成立した。この結果，日本社会党は委員長が責任を取って辞任するハプニングが起きた。

Ⅰ　自由民主党政権時代　第4章　政務調査会

　なお，時代の推移から，国家財政規模の拡大を背景とし，政策質量が著しく変質を遂げる。この結果，部会の小委員会に止まり，部会審議の予備役に甘んじていた小委員会が独立，それが解消，発展して特別委員会，特別調査会に昇格を遂げることがある。例えば，昭和49年7月30日，科学技術部会海洋開発小委員会は海洋対策特別委員会へ，委員会名称変更の例としては，昭和58年1月25日，臨時成田空港特別委員会は成田空港特別委員会に，更に，昭和46年1月14日，婦人の地位向上を踏まえ，青年対策特別委員会から婦人対策特別委員会が分離した。平成10年，衆議院議員選挙が小選挙区比例代表並立制に変質したから，政策調査会部会，特別調査会加入の数的制限が撤廃された。

　　ロ　小委員会とプロジェクト・チーム
　部会，特別委員会，特別調査会等においては，問題により少し時間を掛けて問題究明にあたり，全員の賛成を得て，これを無事に党議決定に持っていく方法がしばしば取られる。この場合，問題究明の対象になるのは，関係議員の背後に控える関係団体が異なる立場に立脚する複数であることが比較的多い。このため，関係議員同士の調整，議員と関係団体の詰め合わせに時間が必要であり，それを可能にする機関が小委員会，もしくはプロジェクト・チームである。小委員会，プロジェクト・チームは，専門的なタスク・フォースである。両者のメンバーは，関心のある議員，選挙及び資金両面において，関係者の顔を立てる境遇に置かれた者の集まりの性格を露にする。そのため，小委員会，プロジェクト・チームの構成メンバーは，関係省庁，関係団体の注目の的に代わる。それこそ関係法律の逐条審議，それによって影響を受けるとされる関係団の取扱い，いわば政令，省令の分野まで審議するから，政策のある部分，立法政策に与党が関与することを意味する。
　例えば，国内政治最大の課題であった「医療制度改革」を取り上げる。医療基本問題調査会は医療制度改革を目指し，委員同士の意見交換，その後，関係団体である医師，歯科医師，薬剤師，私立病院，公立病院，製薬団体，労働組合，保険者団体，政府財政当局，文部当局，地方公共団体等から意見聴取，その成果を基礎として改革案に着手することに

なった。そのため，起草小委員会を組織するが，政党という立場から，中立，財政当局，厚生当局，医師・歯科医師・薬剤師，製薬団体，保険者団体等の政治意思を代表する議員をもって構成した。その後，半年余りに亘って起草小委員会は，調整を続け，ようやく医療制度抜本改正案を起草した。小委員会，プロジェクトチームの役割，むしろその意外性の一端を垣間見たにすぎない。この場合，起草小委員会メンバーは，党内調整，省庁調整，関係団体調整，逆に，省庁はその立場から関係団体との話し合い，特に有力議員の根回しに大車輪であった。

第5章　国会対策委員会

第Ⅰ節　国会対策委員会の沿革

帝国憲法改正の結果，日本国憲法が制定されるや，国権の最高機関・国会が誕生，旧議会，新議会の立法審議が変質を遂げ，旧議会立法審議に沿って確立した政党院内機関がその機能を果たし得ず，新たに新議会立法審議に相応しい党派協議の場が求められた。国会対策委員会は，現「国会制度」がその機能を次第に発揮し始めた昭和24,5年頃，主に国会審議をスムースに行う必要性から，旧議会の院内総務の指揮下に活躍した幹事の職分を見習った政党院内機関として登場した。昭和24年3月16日，自由党の攻勢の前に民主党が野党派，連立派にそれぞれ分裂，前者は椎熊三郎が国会対策委員長，後者は10月25日，長野長広が国会対策委員長に就任した。

それに対し，自由党は昭和25年7月14日，国会対策委員長に山口喜久一郎を指名した。彼等は「同じ釜の飯を食べる」保守の仲間意識，気安さから，裏取り引きを盛んに行い，国会運営のお膳立てに奔走した。それは国会の立法審議の時間が国会会期制から限られているという理由から，必要悪として生まれたのである。その後，民主党は国民協同党と合同して国民民主党に衣替えし，同じ保守の自由党に激しい攻撃を加えた。

この時,国民民主党国会対策委員長は椎熊三郎,自由党国会対策委員長は倉石忠雄,両人は第二次世界大戦前に政党本部に出入り,生粋の党人政治家,同じ釜の飯を食べた仲間同士,裏方に徹し,国会運営に丁々発止で望んだ。これがそもそも国会運営の仕事始めであり,どうしても国会審議をスムースにするお膳立ての仕事が国会対策委員長に振り分けられた。

その代わり,幹事長は党全体の責任者に就任,政策は政務調査会長,党運営は総務会長,国会対策は国会対策委員長に職務権限が分かれ,議員はそれぞれ得意とする分野を選択するようになった。保守合同以前,わが国はようやく経済復興,自立経済の道を歩み始め,福祉国家を目指して政策の多様化が見られ,それを巡って与野党が衝突した。この結果,与野党は限られた衆参本会議,常任委員会両審議時間を踏まえ,重要案件をスムースに処理する必要性から,お膳立て役の各党国会対策委員長の役割が増大した。

本来,国会運営は衆参両院議院運営委員会の責務である。しかし,各党がまったく事前協議なしに衆参両院議員運営委員会に臨むなら,各党の思惑が入り乱れ,収拾が着かなくなる。そこで,各党は日本共産党を煙たい存在として協議を重ね,国会運営を方向づける国会対策委員会が目に見えない形で取り仕切る。しかし,国会対策委員会の協議に乗せる前の各党国会対策幹部の話し合いが白日の下に照らされるなら,各党の取り引き,駆け引き,腹の探り合いの場が消えてしまうかもしれない。その結果,国会の衆参両院議院運営委員会は刺々しい雰囲気に包まれ,それが高じて国会運営がスムースさを欠き,何一つ満足ある効果を挙げられない恐れさえ生ずる。これを防いできたのが,各党国会運営の裏方師の国会対策委員会である。

第2節 国会対策委員会の組織

現在,与党である自由民主党国会対策委員会は,委員長の下に13人の副委員長,うち10人は衆議院側,3人は参議院側から,そして初回当選者を委員として構成される。この正副委員長の下に当選一回議員が連な

り，常任委員会担当副委員長の指揮下に配属される。このような自由民主党国会対策委員会構成は大小の差こそあれ，他政党も似たり寄ったりである。そして，副委員長の衆議院側は派閥均衡が生かされるが，参議院側は参議院自由民主党国会対策委員長，副委員長が自動的に選任される。各党国会対策委員会は，年齢は別として初回当選者を網羅，彼等に国会運営を取得させる場として重視している。通常，与党・自由民主党国会対策委員会は国会開会時期，月土日曜日を除く火水木金曜日の午前8時会議を開催する。

その日，上程法律案，本会議及び常任委員会の審議に関して担当副委員長の説明，裁決，委員から野党との接触した感触の報告等がある。これにより，議員は国会運営の術を肌身で感じ取り，政治家として欠かせない国会の仕事に精通するのである。このため，与野党国会対策関係者は，所属する党派が異なるとしても，それこそ「気の置けない友達」に変わり，盆暮れの挨拶を欠かさず，冠婚葬祭に気を配り，海外出張に餞別を弾み，友人として一杯飲むことがある。それが悪いことと決め付けにくく，人の道として当然というような雰囲気が政界にも無くはない。多くの政治家はこれらが欠けるなら，政界といえども住みにくいと考える。

所詮，これは日本人の特性が政治に現れたに過ぎないのである。さて，各党国会対策委員会は，あたかも軍隊組織にたとえるなら，まさしく軍隊の前線本部である。そして，前線本部長は国会対策委員長，副本部長である副委員長がそれぞれの部隊長として部隊である常任委員会を担当，新人議員が前線見張り兵，こうした鉄則の支配が確立している。とくに，国会対策委員会幹部は，新人議員の監督監視を行いなから，それぞれの働きに応じ，好きな常任委員会委員に配属したり，国会休会中の海外視察にも優先権を与える。ある議員は「頭を使うよりも体をつかうことが

国会対策委員会の組織

国会対策委員長 ← 副委員長　常任委員会担当
　　　　　　　　　副委員長　常任委員会担当 → 委員
　　　　　　　　　副委員長　常任委員会担当

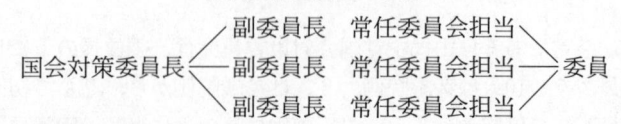

好きなのが国対族」と自嘲気味に言い放ったことがある。

第 3 節　国会対策委員会の運営

今日，各政党は衆参両院の相違にも関わらず，議員各自は政策，国会対策，選挙運動のいずれかを得意とし，大体が国対族，政調族のどちらかに重きを置く政治活動を続ける。前者の場合，国会対策委員会委員，議院運営委員会委員，政務次官，議院運営委員会理事，国会対策委員会副委員長，予算委員会理事，官房副長官，大臣，そして国会対策委員長，もしくは政務調査会長，幹事長に就任した政治家が多い。最近，自由民主党の場合，このようなコースをほぼ辿った者は竹下登，金丸信である。とくに，衆議院議員選挙の度に自由民主党と対立する日本社会党，公明党，民社党等の力量が変質するから，どうしても，国会運営のベテランが与野党に育ち，国会混乱を見越して裏で調整を行い，舞台造りを仕上げ，桧舞台を仕切る以外に方法が無いのかもしれない。

結局，国会に関する限り「人があって組織があるのではなく組織があって人がある」ことに他ならない。各党国会対策委員会幹部は海千山千の兵（つわもの），相手の呼吸で全てが理解できる経験豊かな政治家である。このポストを獲得するため，彼等とても多くの時間，試練，人並み以上の苦労を重ねてきたのである。しかし，各政党とも国会対策成功の鍵は，それぞれの党の事情が大きく左右するのが常である。自由民主党は幹事長と国会対策委員長，日本社会党は中央執行委員長と国会対策委員長の呼吸がぴったり一致しなければ，それこそ意思疎通を欠き，国会運営に支障を来（きた）し兼ねなかった。このため，幹事長と国会対策委員長，或いは，委員長と国会対策委員長の間にはそれこそ「阿吽の呼吸」が無ければならない。何故なら，与野党伯仲が激化して国会運営が逼迫した場合，両者は相談する暇が無く，一身で決断しなければならないことが多いからである。

なお，各党国会対策委員会幹部が非公式に重要懸案の取扱いを協議してそれでも解決しない場合には，各政党国会対策関係者がお膳立てを施し，幹事長・書記長会談，さらに党首会談に挙げて解決の道をとるかは，

最終的に各党国会対策委員長の裁量に委ねられた。それは各党がお互いの面子に賭けて重要問題を生かすか殺すかを争っているから，顔をたてなければならず，これもしたたかな政治の現実，各党国会対策幹部が幹事長，委員長の意を受けて決断するから，一般議員はこの期間中に限って蚊帳の外に置かれた。もっとも，こうした国会対策は主に与党に莫大な経費が掛かるのは，ホテルの食堂，国会内の議員食堂が利用されることが殆ど無く，一流料亭等で国会開催期間，毎日夜を徹して話し合いが続けられるためという新聞報道が国民の目に触れたことがある。

しかしこれが真実であるか否かは，当事者以外に分からないもので，日本政治に特有な日本的と言えば，それまでのことであるが。それは結局，舞台裏の根回しであった。しかし，これほど便利な言葉は他にそうザラにあるものでもない。なお，細川連立政権の成立の結果，政権が自由民主党単独から日本社会党，新生党，公明党，日本新党，民社党，新党さきがけ，社民連等の七党へ移動した。これに伴い，日本社会党，民社党はとりあえず国会対策委員長ポストを温存した。しかし，新生党は国会対策委員長に代わる政務常任幹事を，公明党は院内総務のポストをそれぞれ設置した。それは新生党，公明党がこれまでの世間に評判の悪い「国対政治」を排除する建て前から，先手を打ったのであるが，従来の自由民主党，日本社会党，公明党，民社党等の国会対策委員長の別称である。

II　細川政権・羽田政権

第1章　連立政権への結集

平成5年7月18日，衆議院議員選挙における各党獲得議席数は自由民主党232名，日本社会党70名にそれぞれとどまった。これを踏まえ，自由民主党は比較第一党である実績を踏まえ，いわゆる「憲政の常道」に従って，国政運営を担うことを期待した。しかし，自由民主党から分党し

II 細川政権・羽田政権　第1章　連立政権への結集

た新生党は自由民主党旧田中派の確執，同派分裂の結果から誕生した経緯から，その主張を米ソ冷戦の終結，戦後政治体制の見直し，政党政治確立等を掲げて自由民主党政権樹立阻止を画策した。最終的に，新生党は公明党，日本社会党を巻き込むために日本新党党首細川護熙を首班とする連立内閣を企画，共産党を除く「非自民」に取り纏めることに成功した。この結果，自由民主党は実に38年ぶりに政権の座から滑り降りた。

　もともと，政党と称する以上は常に国民に対して一定の主義と組織的政策とを掲げなければならない。そうすれば，各政党政派は互いに感情や怨念に基づいて相争うことはないであろう。そのため，政党が一定の主義と組織的政策を欠くなら，最終的に，国家国民は全く政争の犠牲になるだけである。しかし，それは，細川連立政権発足と同時に現実になった。とくに，多くの国民は，細川連立政権に加わった各政党が政治腐敗絶滅のために選挙制度改革，政治改革を唱えても，政党自らがこれまでの政治信条をかなぐり捨てることにより，自民打倒の名目だけで野合したのに過ぎないと見做した。その意味から，細川連立政権の成立過程は，それに参加した政党が国民受けを狙ったとしても，やることなすこと議会政治のルールに少なくとも抵触した面が極めて強いのが一際目立つのであった。

　のみならず，連立政権に加わった各政党は，こんなことではなかったのにと反省の声が充満，とくに日本社会党にはあまりにも酷すぎた。当初，社会民主連合代表江田五月を始めとした連立政党の面々は，自分たちのことを棚上げし，あれほど自由民主党と熾烈に争った事など遠い昔のように話すだけであった。しかし，彼等は「ヨーロッパ諸国では連立が当たり前」という主張を繰り返し，それにより，国民を煙に巻いたとしか言えなかった。すなわち，彼等は，ヨーロッパ諸国の保守，革新両党が長い時間をかけて試行錯誤を繰り返しながら，少しずつ国家基本政策の合意点を見極め，国民に不安を与えない政党政治を作りあげた歴史を無視することになった。案の定，連立政権に加わった各党は，連立政権が発足して僅か数か月も経たないのに，疑心暗鬼に陥った。

　とくに，日本社会党支持者の中には，日本社会党中央執行委員長山花貞夫が衆議院総選挙敗北の責任の名目で辞任した事態を踏まえ，日本社

会党がその信念に従って連立政権に入ったのではないから，党の主体性——政柄——が次第に消え失せ，党を消滅させ兼ねない不安に悩まされる者が少なくなかった。もっとも，わが国の議会政治確立に努めた大隈重信はわが国の政党政治の夜明けを迎えた大正6年に政党の在り方に関して「政党は時の勢ひである。政治家は容易にこの勢ひを制し，この勢ひに逆らふことは出来ない。巧みに之を制して行けば，政党は国家に大なる利益を与ふるものであるが，万一これに逆らはうとすると，予期せぬ反抗が起って来て，謂ゆる洪水氾濫の惨劇を生ずる」と警告をすでに発した。しかし，連立各政党は国家運営の基本姿勢に手を触れないまま，政治信念によるのでなく，細川連立政権に結集するままの状態が続いた。

細川連立政権樹立は，日本社会党幹部が自らの主義主張にお構い無く，長年の対立関係にあった保守の一部と手を結んだことから成立した。これは，誰一人として考えなかったのではなかろうか。この時，日本社会党を始めとする各政党は，相変わらず一党で自由民主党に勝る議席を持たないから，政権をとった後で政策調整すればこと足りると国民を軽視し，政権作りに奔走した。そして，日本社会，公明，新生，日本新党，新党さきがけ，社民連各党が連立構想に走ったが，その主導権は第二党・日本社会党に在らずというおかしな事態に陥った。結局，新生党は日本社会党主体の政権樹立など相手にせず，第二党・社会党党首を差し置いて，保守の新生党もしくは日本新党の党首のいずれかを首班候補に擁立した。

しかし，これに大慌てを繰り返したのは，他ならぬ日本社会党であった。同党は，時間が切迫していたから，連立政権参加の是非を党大会に諮ることなく決定した。しかし，識者は日本社会党の「君子豹変」，「昨日の敵は今日の友」の姿に驚愕した。その結果，日本社会党は前国会であれだけ大騒ぎした張本人の新生党関係者と組み，連立政権参加を決定したから，日本社会党の一部はこれに強く反発した。しかし，新生党，日本社会党，公明党，日本新党，新党さきがけ，民社党，参議院改革連合等の七党合意による細川政権構想は，それぞれの主義主張よりも，感情の対立によって行動する最悪の状態を露呈した。これはわが国の民主主義の在り方に関しても禍根を残したから，国民は政治に対してしらけ，

政治はこの程度であると思い詰めてしまったのではないだろうか。

　本来,国民は「政党は主義主張を争う」からこそ存在価値があると考えるようになっていたから,細川連立政権の出現に対して戸惑いを感じた。それなのに,各政党は国家基本政策である憲法,財政,税制,国際協力,社会福祉等に隔たりがあるのに,それを棚上げし,連立政権維持に走った。これを直視した国民は,正直なところ,当惑を繰り返した。だが,連立政党は細川連立内閣成立後に各党政策の調整を繰り返せばこと足りると考え,それに明け暮れた。これに対して,国民はこれが公党の行う姿であるのか,と呆れるばかりであった。それでは国民の声を政治に反映させることにはならなかった。この結果,連立に走る七党は憲政の常道を尊重するどころか,それぞれの政柄 —— 基本的な考え方 —— を失って大同団結するだけであった。

　しかし,細川連立政権は数か月も経たないうちに綻びが目立ち始めた。細川連立政権は日本社会党中央執行委員長交替から,疑心暗鬼,そのあげく,党利党略の兆しが目立つだけであった。これでは誰のための連立政権か,何を目指す連立政権なのか,ますます連立各政党の存在理由が稀薄になるばかりであった。そして,政党の守るべき第一はその政党の歴史,時代認識,国家目標等を映す主義,及び主張に他ならないのに,党利党略に走り続けた。顧みるなら,終戦直後,わが国は「思想を異にする連立政権」を２度程経験したが,それも遠い歴史になっていた。例えば,昭和22年,自由民主党の遠祖「日本自由党」は,僅かの差で第一党になった日本社会党を尊重し,その政権樹立を認めた。

　その直後,日本社会党は日本自由党と連立を画策したが,両党の国家基本方針が余りにも掛け離れていたから,実らなかった。しかし日本社会党は他の保守政党・民主党,中道政党・国民協同党と連立内閣を組み,有名な内閣盥回しを行った。結局,連立内閣は思想を異にする政党の野合政権に変質して崩壊した。この時,日本自由党は思想を異にする政党と野合することなく,吉田茂に率いられ,野合政権に対しても毅然たる態度 —— 昭和23年,民主自由党野党宣言 —— をとった。これは政党の生き方として国民の賛同を得て,次の衆議院総選挙の際に国民の信頼を回復した。そして,国民は迷うこと無く保守政権に国政運営の責任を与え

たが，逆に，日本社会党は国民の信頼を失った。

第2章　連立政権の運営

1　政府与党連絡会議

　政府与党連絡会議は，政府与党首脳会議のメンバーである細川内閣総理大臣，羽田内閣副総理大臣，山花国務大臣，石田国務大臣，大内厚生大臣，武村内閣官房長官，赤松書記長（日本社会党），小沢代表幹事（新生党），市川書記長（公明党），園田代表幹事（日本新党―新党さきがけ），米沢書記長（民社党）のほかに藤井大蔵大臣，熊谷通産大臣，江田国務大臣，及び参議院改革連合2人，衆議院各会派2人，テーマによって関係大臣を出席させて構成された。このうち，衆議院各会派2人は，細川連立内閣を根底から支える各会派の政策幹事，政務幹事であった。この意味から，細川連立政権時代における政府与党連絡会議は政府と連立与党を結ぶ連絡機関であった。
　しかし，細川連立政権に加わっている連立各会派は連立政権ゆえに二重，三重の調整機関を置くことができなかったから，スムースに連立各会派間の意思疎通が計れない弱みを減少する手段が必要であった。そこで，連立会派は自由民主党政権時代に設置されていた政府与党連絡会議を設置せねばならなかった。しかし，それは屋上屋を重ねる嫌いが無きにしも非ずであった。結局，政府与党連絡会議は，自由民主党時代と同様に政府機関でもなければ連立与党機関でもない中途半端な性格を持っていた。逆に，そういう性格を課せられた政府与党連絡会議は，連立政党の思惑から著しく政治的意思疎通を欠く恐れが強過ぎたから，連立政府とそれを支える連立各党との高度の調整機関の役割を果たすことが期待される皮肉な面があった。
　それでも，政府与党連絡会議は，自由民主党時代に関する限り，政府と与党の調整機関そのものであった。しかし，細川連立政権の場合，政府与党連絡会議は連立政権の運営の中身よりも運営の在り方を協議決定

する必要性から生まれたものであった。例えば，政府与党連絡会議は最初の会議を開催した際，連立各会派の関係者が予め調整した案件「連立政権の予算編成の在り方，与党代表者会議の位置付け，閣僚の海外出張の連立各会派への報告，与党代表者会議の下に置かれる政務幹事会，政策幹事会の性格等」を協議，最終決定した。これから考えるなら，細川連立政権時代における政府与党連絡会議は，連立与党間の運営等を取り仕切る性格を帯びたのである。

2 与党各派代表者会議

平成5年8月11日，連立各派は最高協議機関として与党各派代表者会議を設置することを決定した。これにより，連立会派「与党会派代表者会議」は衆参両院に議席を有する各会派書記長，代表幹事レベルで構成した。当初，日本社会党・赤松広隆，新生党・小沢一郎，公明党・市川雄一，日本新党 ― 新党さきがけ・園田博之，民社党・米沢隆等であった。しかし，各会派の書記長，代表幹事が代われば，新任者が参加する。平成5年9月，日本社会党委員長交替によって久保亘書記長が誕生したから，赤松広隆前書記長から久保書記長に交替した。平成5年8月11日午後4時から，与党代表者会議が開催され連立各会派の最高首脳会議の立場から，連立政権の運営等を協議，決定した。

それは「㈠正式に連立各会派協議機関として『各会派代表者会議』の設置，㈡各会派代表者会議の下に『政務幹事会―国会対策委員長レベル』，『政策幹事会―政務調査会会長レベル』を設置，それぞれ国会運営及び政策決定に責任をもたせることにした。㈢政府及び党との政治意思調整最高機関として自由民主党政権時代と同様に『政府与党首脳会議』を設置，構成メンバー，並びに開催日時－国会開会中は毎週月曜日正午から官邸，国会閉会中は随時」を決定した。そして，与党各会派代表者会議は，国会開会中に関する限り少なくとも週1回開催 ― 毎週月曜日，午後1時 ― ，座長は日本社会党書記長とし，連立政権の基本方針を決定した。

例えば，平成5年8月23日，与党各会派代表者会議が開催され，政治改革の基本方針を協議した。この結果，「㈠投票方式を1票制，2票制

のいずれかにするか, (二)定数配分を小選挙区300, 比例区200, もしくは小選挙区250, 比例区250のいずれかにするか, (三)企業団体献金の全面禁止か, 個人のみの禁止か」を巡って協議されたが, 合意に至らなかった。しかし, 与党各派代表者会議は, 政治改革に関して衆議院政治改革特別委員会理事間で協議する方針を確認, そして, これに関連する立法は政府上程にすることにも同意した。このように, 与党各派代表者会議は, 連立各会派の最高意思決定機関であるから, この場において調整し得ない案件は, 国家政策である予算, 及び立法の形式になることはなかった。

しかし, 細川連立政権に参加している会派は, 他の会派が賛成する立法に反対の場合, 出身閣僚と党幹部が反対を確認して政府上程の手続きを拒否 ── 閣議後の署名の拒否 ── をしかねなくなった。このような場合, 国家基本方針を異にする各会派連合の形式をとる連立内閣は, 内部対立の亀裂を一層深め, それが災いして崩壊し兼ねなくなった。そのため, 与党各派代表者会議は国会運営, 及び政策決定の両実務にそれぞれ調整を行いながら, 事前に各派間の意思統一に努めた。この意味から, 与党各派代表者会議は, 連立各会派を少なくとも一つの会派と見做して考える場合に限り, 自由民主党総務会に類似した機能を持つ執行機関, もしくは決定機関であった。

3　各派幹事会 ── 政務幹事会と政策幹事会

平成5年8月13日, 細川連立政権に加わった五党派 ── 日本新党, 新生党, 公明党, 日本社会党, 新党さきがけ ── は細川連立政権の各省庁官房長を招聘, これからの細川連立政権の国会運営, 政策決定等に関しての大枠を伝え, 各省庁が対応するように求めた。これによるなら, 各派幹事会は, 連立に加わっている各政党及び会派からそれぞれ2名の代表によって構成される機関であった。そして, 各政党及び会派から構成される2名の代表は, 政務幹事会, 政策幹事会の各メンバーであった。このうち, 政務幹事会は自由民主党の国会対策委員会, 政策幹事会は自由民主党政務調査会審議会にそれぞれ当たる機関であった。

II 細川政権・羽田政権 第2章 連立政権の運営

出席者一覧

会派	代表者会議	政務幹事会	政策幹事会
日本社会党	赤松広隆	村山富市	日野市朗
新生党	小沢一郎	渡部恒三	愛知和男
公明党	市川雄一	森本晃司	日笠勝之
新党さきがけ 日本新党	園田博之	荒井　聡	井出正一
民社党	米沢　隆	神田　厚	中野寛成

　各派幹事会は，連立政権第一党・日本社会党代表を座長とし，国会開会中は週2回（火曜日　午前11時，木曜日　午前11時），国会閉会中は必要に応じて開催することになった。とくに，連立政府からの開催要請の場合は，官房長官が各派幹事会座長に連絡しなければならなかった。それを踏まえて，各派幹事会座長は各党及び会派の関係者に諮って開催するか否かを具体的に決定した。各派幹事会は，連立政権の第一党・日本社会党代表 ── 日本社会党国会対策委員長 ── が座長になって主催するから，同党に代理出席を認めた。そして，各派幹事会開催の場合，内閣から鳩山官房副長官を陪席させ，連立各派の意見を理解させる内閣の窓口役にした。

　のみならず，会派幹事会の機能は，自由民主党総務会が保有していた機能の一つである「政府上程立法の国会提出までの案件」を担当した。この場合，各派幹事会座長は，政務幹事会及び政策幹事会において決定された事項を直ちに与党各派代表者会議へ報告することになった。とくに，政策幹事会において連立各党及び会派の間で調整しえなかった場合，政策幹事会座長が各派幹事会座長に報告して，与党各派代表者会議に報告，決定してもらう方法を制度化した。このように，細川連立政権の政務及び政策両分野における意思決定は，国家基本方針を異にする連立各党及び会派の存在を踏まえたとしても，それこそ複雑を極めるものであった。

　　イ　政務幹事会
　政務幹事会は連立各派の国会対策委員長クラスが出席，主に国会運営

の在り方に関して調整を行う機関であった。この場合，日本社会党は国会対策委員長，新生党は常任政務幹事，公明及び民社両党は国会対策委員長ポストが廃止されて新たに設置された院内総務等が出席した。政務幹事は与党各派代表者会議に参加する場合の資格は，あくまでも副代表であった。そして，連立各党及び会派は，従来の国会運営が衆参両院議院運営委員会の代わりに各党国会対策委員会委員長が指導権を発揮したことに終止符をうつため，野党・自由民主党との国会運営協議の場を国会対策委員長会議から衆参両院議院運営委員会へ移す方針を確認した。

このため，連立各党及び会派は国会運営の意思統一機関の必要性を強く意識した。そのため，連立各党及び会派は各派幹事会の下に政務幹事会を設置した。これによって，政務幹事会が連立政党間の調整機関として成功するか否かは，明らかでなかった。そこで，政務幹事会は衆参両院議院運営委員会の機能を上手に活かすため，とりあえず裁決方式の導入を決定した。やはり，イデオロギーを異にする連立政権であったから，政党間の重要政策調整が必ずしも容易ではなかった。とくに，日本社会党を見るなら，いわゆる「左右両派」の厳しい対立が燻り，それが細川連立政権から離脱し兼ねない状態が継続した。

ロ　政策幹事会

政策幹事会は，連立各党及び会派の政策責任者が結集して連立与党としての政策 ── 政府提出法立案及び議員共同提出法律案等 ── の討議，決定をする機関であった。これは自由民主党政務調査会審議会の機能に等しい責任と役割を持ち，言わば，連立政権の政策の土台造りに徹するから，かなり重要な働きが期待された。とりわけ，政策幹事会は連立各党及び会派の決定を受けて連立与党として決定するから，国家基本方針が異なる集まりであることを踏まえるなら，容易ではなかった。そして，連立各党及び会派は政策機関を保有，自由民主党政務調査会部会のように国会常任委員会，各省庁に対応する部会，もしくはチームを持っていたから，連立政権の政策は必ず各党及び会派のそれらをクリアーしなければならなかった。

その代わり，連立政権を支える各党及び会派はそれぞれ与党としての立場から，与党審査に附する法律案の説明を政策幹事会が受けもち，必

要に応じて各党及び会派の案件担当者が出席することにした。このため，政策幹事会は国会開会中，毎週月曜日午後2時，木曜日午後2時に開催することが確認された。そして，連立与党がそれぞれ内部調整した政策は，政策幹事会に諮ったうえで，各派幹事会に付議することになった。この場合，関係省庁担当官の陪席は認められたが，あくまでも参考人程度に留め置かれた。この意味から，政策幹事会座長は連立政党第一党・日本社会党政策審議会長が勤め，政策決定事項を各派幹事会に報告することになった。

与党政府と連立各党及び会派の関係

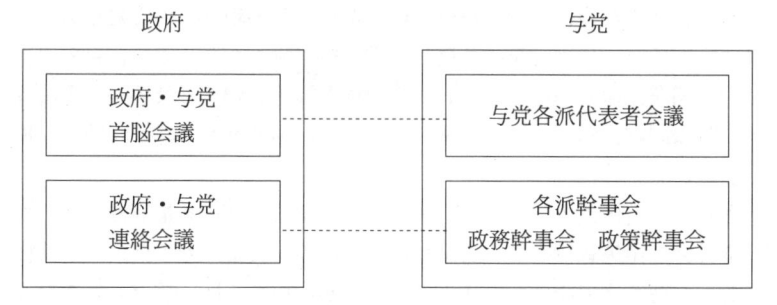

政府	与党
政府・与党首脳会議	与党各派代表者会議
政府・与党連絡会議	各派幹事会　政務幹事会　政策幹事会

III　村山連立政権

第1章　党首会議

羽田連立政権崩壊後，それから離脱した日本社会党中央委員長村山富市は，自由民主党と連立の道を選択，それに新党さきがけが参加した。この時，自由民主党は日本社会党との連立問題を巡って内紛，最終的に海部俊樹等が離反したとはいえ，日本社会党中央執行委員長村山富市を内閣首班とする村山連立内閣を誕生させた。その結果，自由民主党，日本社会党，新党さきがけ各党は「意思決定機関」の設置を行い，村山連立政権の運営に当たることになった。最高意思決定機関は政府・三党首

会議と政府・与党首脳連絡会議，与党責任者会議，政務担当は与党院内総務会，政策担当は与党政策調整会議，国会対策は国会対策委員長会議等に振り分けられた。

日本社会党中央執行委員長村山富市，自由民主党総裁河野洋平，新党さきがけ代表武村正義等は村山連立政権を支える連立各党「党首」である。しかし，日本社会党中央執行委員長村山富市は党内左右両派の確執が影響し，党内基盤がすこぶる弱かった。とくに，中央執行委員長村山富市，書記長等の左派グループが党内指導権を確保したから，前中央執行委員長山花貞夫，前書記長赤松広隆，田辺誠等が反発，一枚岩では無かった。そのため，右派グループは日本社会党の現状に飽き足らなくなり，党立て直しに奔走を繰り返し，党分裂が囁かれた。また，自由民主党は党内左派の立場に立っている総裁河野洋平に対する反感が，憲法問題，防衛問題，靖国問題等に関して中間派，右派グループから噴出，孤立状態に置かれた。

さらに，自由民主党右派グループを代表する一部は政権奪取のために日本社会党中央執行委員長村山富市を内閣首班に推した手前，党が政権を奪取し得るまで総裁河野洋平でいくしかないと判断，着々と新総裁選考を進める有様であった。このため，自由民主党総裁河野洋平は不安定な総裁であった。というのは，総裁河野洋平は派閥総裁でもなければ，出身派閥を見るなら，対抗勢力である加藤紘一の台頭によって，真っ向から挑戦を受ける身であった。さらに，新党さきがけは少数党にもかかわらず，自由民主党とともに連立政権樹立を巡って党内確執が絶えなかった。また，前日本社会党中央執行委員長の土井たか子は衆議院議長に就任，日本社会党を離党して無所属であったから，動けなかった。

その意味で，日本社会党，自由民主党，新党さきがけ三党党首は必ずしも強い党内基盤になかったから，党首会議が連立政権の最高機関として機能することは最初から期待されなかった。そうであったから，連立各党はすべての懸案事項を実務者水準において処理する態勢を採用した。その結果，自由民主党首脳は自由民主党政権時代に日本社会党に反対された国家基本政策の数々を日本社会党中央執行委員長村山富市を内閣首班とする連立政権に委ねた。その結果，日本社会党は左派が指導権を握

っていたのにもかかわらず、その一部がそれに耐えきれないと決断、分党寸前に陥った。結局、党首会談は形式的に置かれたのに過ぎなかった。

第2章　政府・与党首脳連絡会議

　政府・与党首脳連絡会議は日本社会党、自由民主党、新党さきがけ三党党首がそれぞれ閣僚に列していたから、事実上、日本社会、自由民主、新党さきがけ三党の最高首脳会議の役割を果たすことが期待された。そのため、政府・与党首脳連絡会議は日本社会、自由民主、新党さきがけ三党の政治運営に関する最高調整機関の役割を与えられたから、その出席者は各党党首、党運営の責任者、閣僚の中の最重要閣僚等に限定された。従って、政府・与党首脳連絡会議は日本社会、自由民主、新党さきがけ三党の連立を堅持する観点から毎週月曜日に必ず開催、意思疎通を図ることにした。しかし、それが本当に機能するか否かは未知数と考えられた。

　すなわち、政府・与党首脳連絡会議は自由民主党単独政権時代の政府与党首脳会議と異なり、国家基本政策に関するイデオロギーの異なる政党が結集する連立政権であるから、政府と与党の間の意思疎通が適えられるか否かは、大きな問題となった。結局、村山連立政権を支える自由民主党は最初から連立政権パートナーである日本社会党執行部幹部を苦境に追い込まないため、刺激的な政策導入を行わなかった。何故なら、日本社会、自由民主、新党さきがけ三党は連立政権に対して「閣外協力」ではなく「閣内協力」であったから、どうしても政策不一致が許されない状況に置かれた。そのため、政府・与党首脳連絡会議はあくまでも連立政権維持を目的としたのであった。

政府・与党首脳連絡会議

政　　府	連立各党
村山社会党委員長・首相	自由民主党幹事長
河野自由民主党総裁・外務大臣	社会党書記長
武村新党さきがけ代表・大蔵大臣	新党さきがけ代表幹事
橋本通産大臣	院内総務会座長―各党国会対策委員長
五十嵐官房長官	政策調整会議代表自社さ
園田副官房長官	参議院代表・自社（議員会長・国対委員長）

　そのため，政府・与党首脳連絡会議は連立内閣から日本社会，自由民主，新党さきがけ三党党首，日本社会党の五十嵐官房長官，自由民主党の橋本通産大臣，新党さきがけの園田官房副長官，連立各党から日本社会党書記長，自由民主党幹事長，新党さきがけ代表幹事，院内総務会座長を輪番で兼任する三党国会対策委員長，三党の政策調整会議代表，及び参議院から日本社会，自由民主両党代表等から構成された。要するに，政府・与党首脳連絡会議に出席する者は，政府・与党首脳連絡会議とは連立政権を支える連立各党の最高調整機関であるという意識から，連立政権の国家基本政策，連立政権運営等に関する各党の党内手続きを踏まえ，責任ある態度をとることに終始した。

第3章　与党連絡各機関

1　与党責任者会議

　与党責任者会議は日本社会，自由民主，新党さきがけ三党の党運営責任者から構成される連立政権運営の実務者「最高機関」の性格を帯びた。そのため，与党責任者会議は主に政策調整会議，院内総務会の審議手続きによってあがってくる政策案件に関して日本社会，自由民主，新党さきがけ三党の最終決定機関の性格を強く帯びた。それは日本社会，自由民主，新党さきがけ三党の執行機関に他ならなかった。そのため，与党責任者会議の運営に関しては自由民主党に対抗する必要性から日本社会，

新党さきがけ両党が対抗し得る数合わせが採用された。それは他の日本社会，自由民主，新党さきがけ三党の連立政権のあらゆる機関に適用された。

与党責任者会議

  自由民主党幹事長   院内総務会座長
  社会党書記長   自社さ座長
  新党さきがけ代表幹事
  自由民主党政務調査会長
  社会党政策審議会長
  新党さきがけ政策幹事
  参議院自社代表（議員会長・国対委員長）

　例えば，与党責任者会議の運営は毎週月曜日，それも与党・政府首脳連絡会議の前に開催された。そして，与党責任者会議運営座長は日本社会，自由民主，新党さきがけ三党の輪番制によるものであった。そして，与党責任者会議は連立与党及び連立内閣に関係する諸案件の検討，それに何等かの方向付けを行うことが期待された。そして，与党責任者会議は日本社会，自由民主，新党さきがけ三党の議決，執行，政策各機関の責任者から構成されたから，時として「最高意思機関」の役割を担った。そのため，日本社会，自由民主，新党さきがけ連立各党首脳は与党責任者会議の運営に重大な関心を抱いた。要するに，日本社会，自由民主，新党さきがけのいずれの党が指導権をとるかであった。
　しかし，日本社会党は党首村山富市を内閣首班に出していても，それはあくまでも自由民主党の党内事情によるものであったから，与党責任者会議をリードすることが不可能であった。その結果，自由民主党が長年の政権政党としての実績から，率先して予算編成，それに伴う予算関係立法の実務面を担当，リードした。これに対して，日本社会党左派グループは村山連立政権が自由民主党の傀儡政権に他ならないと見做し，離反する動きが一挙に高まった。また，日本社会党右派はそれに焦りを感じて日本社会党離脱を密かに模索した。そのような背景を抱える日本社

会党関係者は与党責任者会議において思い切った行動が取れなくなった。

2　与党院内総務会

　与党院内総務会は日本社会，自由民主，新党さきがけ連立三党の平等性を尊重して，その構成に数合わせが採用された。そして，与党院内総務会は運営は日本社会，自由民主，新党さきがけ連立三党の輪番制が採用されたとはいえ，最終的に自由民主，新党さきがけ両党が日本社会党を抱き込む形式になった。その結果，日本社会党は「55年体制」においすて自由民主党と激しく対立してきた象徴的政策を放棄することになった。それは日本社会党に対してこれまでの同党の生き方に誤りを認めさせ，その反省にたって基本的政策を放棄させることになった。そのため，与党院内総務会は連立政権の閣議を踏まえ，毎週火曜日，金曜日の午前に開催された。

　さらに，与党責任者会議は連立政権運営全般にも注目し，平成6年7月14日，先進国首脳会議（ナポリ）に出席した河野外務大臣を招聘，その報告を求めた。また，同月16日，与党院内総務会は政治改革の一環である政治改革関連法案に関連する政党法，腐敗防止法追加等を取り上げ，与党責任者会議において結論を導かせる方針を決定した。あるいは，与党院内総務会は円高対策を巡る論議を行い，最終的に連立与党，連立政権が一体となって取り組み，円高差益還元をも視野にいれるように政策調整会議に委ねる提言を行うことを了承した。その意味から，与党院内総務会は政策調整会議の審議了承事項の決定を行うだけではなく，未来の政策に関して提言することもあった。

　与党院内総務会は日本社会，自由民主，新党さきがけ連立三党の代表から構成されるから，それぞれ工夫が講じられた。例えば，自由民主党は衆議院予算委員会理事，日本社会党は国会対策委員長代理，新党さきがけは院内幹事が交互に与党院内総務会座長を勤めた。そして，与党院内総務会が政策調整会議の審議終了事項の審議を行う場合，あくまでも政策調整会議の「議」を尊重するものであった。当然，日本社会，自由民主，新党さきがけ連立各党は与党院内総務会に日本社会，自由民主，新党さきがけ連立三党の参議院側代表も参加させ，連立政権の政策決定

に携わらせた。これにより，日本社会，自由民主，新党さきがけ連立三党は衆参両院の一体性確保に勤めた。

与党院内総務会

自由民主党	10	国会対策委員長
社会党	7	連立各党の国会対策責任者
さきがけ	3	など

3　与党政策調整会議

　与党政策調整会議は，これまで「世界観」を異にしてきている日本社会，自由民主，新党さきがけ連立各党の実質的な政策決定機関である。そのため，与党政策調整会議は日本社会，自由民主，新党さきがけ連立各党政策責任者から構成され，オブザーバーとして必ず連立政権から官房副長官を出席させた。その場合，官房副長官は正式の席は用意されず，あくまでも陪席であり，与党政策調整会議座長から発言を求められた場合に限り，その範囲内の発言をしなければならなかった。そして，官房副長官は与党政策調整会議に諮られた案件，その取扱いを官房長官に報告を行うことが義務付けられた。要するに，官房副長官は連立与党と連立政権との連絡役であった。

　平成6年7月8日，与党政策調整会議は第一回会議を開催，今後の運営等について協議を重ね，細部にわたる合意に達した。その核心は与党政策調整会議決定が「全会一致」を基本とすることにしたことであった。そのため，与党政策調整会議は省庁別調整会議，課題別調整会議を設置，それぞれに政策審議を行わせることにより，それぞれの結果を担当者に報告させ，日本社会，自由民主，新党さきがけ連立各党として政策決定を行う方針を確立した。この場合，与党政策調整会議は自由民主党政務調査会審議会，省庁別調整会議は自由民主党政務調査会部会，課題別調整会議は自由民主党政務調査会特別調査会・特別委員会にそれぞれ該当した。

与党政策調整会議構成

自由民主党政務調査会長・代理，参議院自由民主党政策審議会長
日本社会党政策審議会長・代理，参議院日本社会党政策審議会長
新党さきがけ政務調査会長・代理

与党政策調整会議取決め

一　各党の責任者を座長として責任座長は2カ月交代とする。最初は，日本社会党が当たり，その後，自由民主党，新党さきがけの順にする。

二　会議運営については，定例日を毎週火・金曜日の午後1時とし，1時間程度で効率的に運営する。

三　省庁別調整会議（チーム）と課題別調整会議（プロジェクト）を設置する。省庁別調整会議は連立各党の部会代表がこれにあたり，そのメンバーは自由民主党3人，日本社会党2人，新党さきがけ1人，責任座長は2カ月交代とする。課題別調整会議は当面税制，行財政改革，福祉（含年金），農業，経済対策である。

省庁別調整会議

法務調整会議	法務省
外務調整会議	外務省
大蔵調整会議	大蔵省
文部調整会議	文部省
厚生調整会議	厚生省
農林水産調整会議	農林水産省
商工調整会議	通産省　経済企画庁　公正取引委員会
運輸調整会議	運輸省
郵政調整会議	郵政省
労働調整会議	労働省
地方行政委員会	自治省　警察庁
内閣調整会議	総理府　総務庁　会計検査院

北海道開発調整会議	北海道開発庁
防衛調整会議	防衛庁
沖縄開発調整会議	沖縄開発庁
科学技術調整会議	科学技術庁
環境調整会議	環境庁

　与党政策調整会議の下に置かれる省庁別調整会議は自由民主党3人，日本社会党2人，新党さきがけ1人を基準として運営された。その中でも，農林水産，防衛両政策調整会議は他の省庁別調整会議より多い代表から構成された。そして，省庁別調整会議は自由民主党政権時代の同党部会と同様に担当省庁案件，各種報告，閣議決定される各種長期政策，関係法令により国会提出が必要とされる年次報告，白書等を取り扱った。この意味から，省庁別調整会議はそれぞれ関連省庁政策に深く関与を行いながら，ある程度にわたって国家政策を基本的にリードすることができた。その場合，自由民主党関係者は長期にわたる政権政党時代の経験から，運営等を細かくリードした。

IV　橋本連立政権

第1章　党首協議

　平成8年1月11日，自由民主党総裁橋本龍太郎は内閣総理大臣・日本社会党中央執行委員長村山富市を継承，内閣総理大臣に就任し，組閣した。しかし，日本社会党及び新党さきがけ両党は閣外協力を貫いて閣僚を送らなかったから，自由民主党単独組閣になった。このため，自由民主党執行部は橋本連立内閣組閣後の自由民主党，日本社会党，新党さきがけ連立三党の協力関係について再検討を重ね，村山連立政権時代に行われていた「意思決定プロセス」に関して若干「修正」を行った。それは橋本連立内閣組閣の際に日本社会党，新党さきがけ両党が閣僚を送ら

第3編　実質的政府

なかったから，連立三党間の政策決定，それに伴う国会運営等に関するものであった。

すなわち，自由民主党，日本社会党，新党さきがけ三党の最高機関は「党首協議」，連立三党の意思決定機関は「与党責任者会議」，連立与党政策決定機関は「与党政策調整会議」等が設置された。この結果，村山連立時代の日本社会党，自由民主党，新党さきがけ三党連立協議機関のうちの省庁別調整会議，与党院内総務会の両機関が廃止された。これに伴い，閣外協力に転じた日本社会党，新党さきがけ両党は連立政権の基本政策を審議，決定する与党政策調整会議を重視するようになった。因みに，村山連立政権，それを継承した橋本両連立政権の下の意思決定機関とそのプロセスは以下の通りであった。

党首協議は自由民主党総裁橋本龍太郎以外の社会民主，新党さきがけに異変が生じた。それは平成8年の衆議院議員選挙において日本社会党が大敗北，それに伴って日本社会党が社会民主党に組織変え，党首に土井たか子が就任，また，新党さきがけは堂本暁子が代表にそれぞれ就任

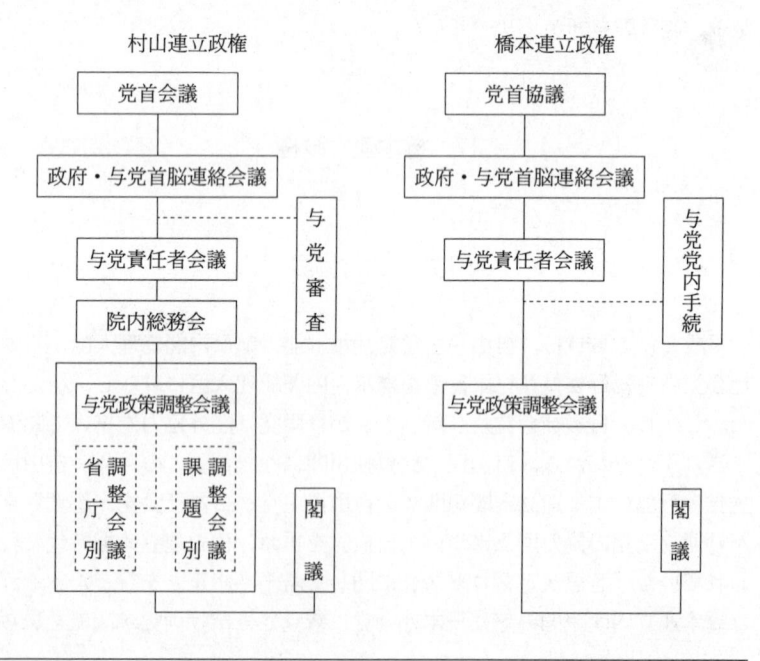

村山連立政権

党首会議
↓
政府・与党首脳連絡会議 ─┐
↓　　　　　　　　　　　　│
与党責任者会議　　　　　　│与党審査
↓　　　　　　　　　　　　│
院内総務会　　　　　　　　│
↓　　　　　　　　　　　　┘
与党政策調整会議
├─ 省庁別調整会議
├─ 課題別調整会議
↓
閣議

橋本連立政権

党首協議
↓
政府・与党首脳連絡会議 ─┐
↓　　　　　　　　　　　　│与党党内手続
与党責任者会議　　　　　　│
↓　　　　　　　　　　　　┘
与党政策調整会議
↓
閣議

したからであった。しかし、自由民主党は衆議院議員選挙後、新進党等からの復党組を入れるや、平成9年9月に衆議院議員過半数に達した。その結果、自由民主党は参議院における過半数割れにもかかわらず、圧倒的に政局運営に指導権を持つに至ったから、与党責任者会議において全ての自由民主、社会民主、新党さきがけ連立政権に関する諸課題を処理する方針を確立、その実行に移した。

　与党責任者会議は自由民主、社会民主、新党さきがけ三党連立政権の政治的な「意思決定機関」という性格を強く帯びるようになった。そして、与党責任者会議は定例日以外にも随時、課題を協議することも決定した。そして、与党責任者会議は、村山連立政権時代、日本社会、自由民主、新党さきがけ三党連立政権の院内総務会を包括する政治的位置づけがなされた。そのために、与党責任者会議は、閣議と同様に火曜日、金曜日に定例開催を行った。のみならず、与党責任者会議は自由民主、社会民主、新党さきがけ連立三党の執行機関、政策機関、国会対策機関等の責任者を網羅した。その内訳は以下の通りであった。

自由民主党	社会民主党	新党さきがけ
幹事長	幹事長	幹事長
総務会長	政策審議会長	政策調査会長
政務調査会長	国会対策委員長	国会対策委員長
国会対策委員長	参議院議員会長	
参議院議員会長	参議院国会対策委員長	
参議院幹事長		
参議院国会対策委員長		

　とくに、与党責任者会議は自由民主、社会民主、新党さきがけ連立三党の事実上の最高意思決定機関であるとはいえ、社会民主、新党さきがけ両党が閣外協力を貫いたことと、衆議院勢力が自由民主党に余りにも見劣りがしたこととが重なり、発言を控えた。そのため、与党責任者会議は自由民主党中心に動くことになったから、自由民主党の機関に変質することが度々であった。例えば、平成9年9月の橋本連立内閣改造に当たって佐藤孝行を閣僚に抜擢した際、社会民主党、新党さきがけ両党に相談することなく行った。それは極めて象徴的ことであった。そして、

与党責任者会議が与党政策調整会議において審議終了した政策案を審議する場合には，自由民主党政務調査会長が結果報告を行い，通常，全会一致によって承認された。

第2章　与党政策調整会議

平成9年1月7日，与党政策調整会議の構成及び運営に関しては，自由民主党政務調査会長山崎拓，官房副長官与謝野馨両人が協議を重ね，内閣を構成する閣僚，政務次官が自由民主党のみから選出されているから，連立与党における法案等の国会提出に至る手続きについて，一通りの手順を決定した。それは直ちに，開催された与党責任者会議において審議され，承認された。それはあくまでも社会民主党，新党さきがけ両党が閣外協力に転じたことによるものであった。そして，与党政策調整会議は毎週（国会開会中）月曜日15時，木曜日13時を定例開催日，法案審議については原則2回，与党政策調整会議に諮ることにした。

法案審議手続き

与党政策調整会議事務局は連立与党の政策決定を司る実質的な機関である。橋本連立政権の場合，その事務局は自由民主党政務調査会事務局が担当，部会長と部会担当が当該省庁担当官から国会上程法案の説明を受け，部会長が了承するなら，部会担当が「与党政策調整会議」への案件登録──与党政策調整会議議題──，要綱の有無付記を行った。これを踏まえ，部会担当は与党責任者会議，閣議両開催日を踏まえ，与党政策調整会議開催のために，通常，衆参両院広報掲載に与党政策調整会議開催日・時間・場所・議題の手続きを行うのである。これに基づき，与党政策調整会議1回目が開催され，次のような議事次第で運営された。

 1回目　　法案審議開始
      当該省庁から法案要綱（骨子も可）に基づき与党政務調査会に提出，説明する。それを終了するや，与

党政策調整会議責任座長から「次回○○日(与党政務調査会開催日)までに各党の党内手続きを終えて下さい」と指示される。座長の判断により、法案によっては、省庁説明を省略、議題登録のみで対応することもある。

　各部会担当は、与党政策調整会議1回目の法案についての登録の際、自らが所属する自由民主党部会、政策審議会、総務会各手続き、社会民主党、新党さきがけ両党党内手続きの進行に留意し、時間的余裕を踏まえることにした。そして、与党政策調整会議1回目が終了するや、自由民主党、社会民主党、新党さきがけ連立三党は法案審議の党内手続きをとった。しかし、自由民主党以外の社会民主党、新党さきがけ両党は国会議員数が少数であったから、省庁に対応する機構が不十分であった。そのため、橋本連立政権の場合、自由民主党は自由民主党政権時代と変わらない部会中心の立法審議を行い、省庁もそれに対応した。

　その結果、橋本連立政権の政策決定はあくまでも自由民主党中心の取り纏めが行われたから、社会民主党、新党さきがけ両党にとっては橋本連立政権が採用する政策に発言する場が与党政策調整会議であった。そして、自由民主、社会民主、新党さきがけ連立三党は与党政策調整会議1回目が終了するや、主に自由民主党政務調査会当該部会長、当然、衆参両院当該常任委員会理事は連立政権を支える社会民主、新党さきがけ両党の関係者と協議しながら、野党への事前根回しすることが容認された。それは自由民主党政権時代であれ、細川・羽田・村山・橋本各連立政権であれ、政権与党が野党の感触を知るための必須条件である。これを政権与党関係者が怠るなら、国会混乱の要因になりかねなかった。

　2回目　法案了承

　　　　各党は○○日までに党内手続きを完了し、○○日に開催される与党政務調査会に当該省庁から法案を提出、了承される。

　与党政策調整会議2回目は自由民主、社会民主、新党さきがけ連立三党の座長が党の見解、と言っても自由民主党部会長から党見解が報告され、それに関する協議が行われる。しかし、与党政策調整会議に諮る省

庁案件は事前に自由民主，社会民主，新党さきがけ連立三党関係者が協議したものであったから，会議としての意見集約が難しくなかった。要するに，自由民主，社会民主，日本新党連立三党はある政策について異議があるなら，与党政策調整会議において最終調整された。しかし，橋本連立政権の政策は総理出身の自由民主党が基本的に舵取りを行ったが，政治倫理，防衛ガイダンスを巡って社会民主党との亀裂が深くなった。

平成10年6月1日，社会民主党党首土井たか子及び幹部は7月12日に予定されている参議院議員選挙を踏まえ，有権者の社会民主党支持を呼び起こすため，自由民主党との閣外協力の継続を放棄，完全野党の立場にたった。同時に，新党さきがけは社会民主党に呼応，自由民主党との閣外協力を放棄した。この結果，いわゆる「自社さ三党体制」は解消，自由民主党単独政権が復活した。しかし，社会民主党党首土井たか子は民主党，自由党等が橋本連立内閣不信任案上程に奔走した際，同党が橋本連立内閣に対して閣外協力を行った経緯から，独自の道を歩むことになり，その誘いに乗らなかった。

(1) 立憲政友会史編纂部　立憲政友会史　大正13年。
(2) 立憲民政党史編纂部　立憲民政党史　昭和9年。
(3) 村川一郎「政党関係資料」参照。
(4) 前掲（3）。
(5) 前掲（3）。
(6) 前掲（3）。
(7) 憲政会会則第23条—25条。
(8) 横山勝太郎監修『憲政会史』（大正15年）18頁。
(9) 政友本党党則第6条。
(10) 立憲民政党党則第20条。
(11) 前掲（3）。
(12) 前掲（3）。
(13) 前掲（3）。
(14) 前掲（3）。
(15) 自由民主党政務調査会長を補佐する調査役が設けられているが，結党時

と今日とでは大いに異なる。結党時，日本民主党系の宮本吉夫（東京大学法学部卒，高等文官試験行政科合格，逓信省電波局長），高倉正（大分師範卒，高等文官試験行政・司法両合格，満州国参事）等は国会議員と同格と考えて調査役ポストを設けたが，その後は単なる事務局職員が就任するポストに変質した。

第 4 編　公共政策の決定方法

第1章　政党制度と官僚制度の調和

　政党はその政治哲学に立脚する国政運営の基本方針を結党宣言，及び綱領の形式に具体化している。そして，政党は年次党大会において国政運営の基礎となる財政，外交，社会保障，文教，国防，法秩序，農林漁業，通商産業等に関する「年次」基本政策方針を審議，決定する。通常，それは選挙の際に「選挙」公約として国民に訴えられる。選挙後，多数党の座を確保した政党は選挙「公約」を実現するために自らの政府を組織，その政府の官僚機構を通して「選挙」公約を政府案の形式に取り纏め，最終的に，国民代表機関である国会の審議，決定を経て，各種政策として実現させる[1]。すなわち，政府案は政府を構成する省庁が必ず政権政党の政治的基本方針，並びに意向を踏まえながら，政権政党と事務的調整を行い，場合により，政権政党の政治的決断を仰ぎ，年次予算に取り纏め，それらを執行する立法に準備する。
　その結果，政権政党を基礎とするその内閣の編成する予算及びそれを執行する法令 ── 法律，政令，省（府・庁）令，独立機関・外局の規則，地方公共団体の条例，規則 ── は，政権政党の政策的統制を受けるから，政権政党が政治運営の実質的権限を保有する実質的政府，逆に，その政府が実質的政府の政治意思を具体化する形式的政府であるという政治方程式が成り立つのである。その場合，法令は政党政治の運営に際して数々の面を備えているから，1法令を通じて政策を見たり，1政策を通じて法令の性格を明らかにすることがまた可能である。しかし，政策は

第1章 政党制度と官僚制度の調和

予算を通じて立法の形式において具体化されない限り，一つも成果をあげられないのである。

もっとも，政府政策は，政権政党，その内閣，与野党から構成される国会における様々な立法「手続」を経ることが不可欠である。とくに，立法手続は，国権の最高機関にして唯一の立法機関である「国会」に大きな比重がある筈である。それにもかかわらず，政府の政策は政権政党の公約を実現する分野に比重が置かれる。それは少なくとも政党政治の宿命である。事実，政府政策は，選挙を通じて，国民と国家とを結ぶ唯一の政治的「架橋」である政党，とくに政権政党が決定的役割を演じている姿を浮上させる。そして，政党，とくに政権政党は国家の立法過程の最初から最後まで必然的に政治的影響力を行使するのが常である。その結果，国政運営に関係するすべての法令は少なからず政権政党の影響下に置かれるのである。

このように，現代政治における政党は，国民の自由な選挙に基づく政権移動を可能とする政治的条件を兼ね備えている政治体制の下において，自らの政策を国家の政策として実現することを志向し続ける政治結社である。この場合，政党は一党が半永久的に政権獲得に明け暮れした第2次世界大戦前のナチス・ドイツのような独裁国家の政党を意味するものではない。むしろ，国会における多数党は自由な選挙を通じる政権獲得を通じて自らの政策を政府政策に置き換える機会を与えられている。その際，少数党が意識的に多数党及びその政府を政治的に攻撃するのは，自らの政治的意向を多数党に取り入れさせるためである。この場合，多数党政府は多数党政策を国民の一部の多数党支持者のみを対象とするこ

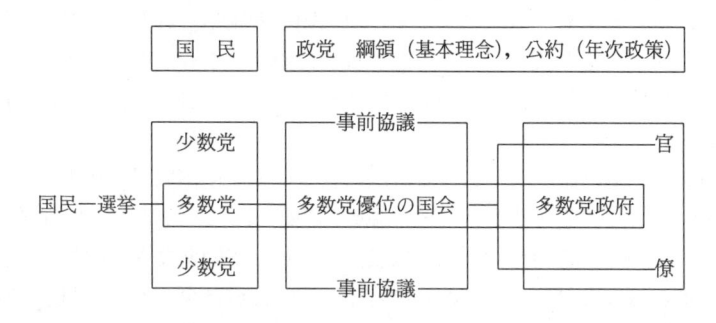

```
          国 民    政党 綱領（基本理念），公約（年次政策）

                      ───事前協議───
                少数党                              官
国民─選挙  多数党  多数党優位の国会   多数党政府
                少数党                              僚
                      ───事前協議───
```

とにとどめることはなく，多数党政策を全国民を対象とする政府政策に置き換えるのである。

第2章　政党による政府統制

　政党がその基本政策を通じて政府を統制する政治体制は，日本型「議院内閣制度」に立脚する政党政治においても顕著に現われる。それは政府が政府を組織する政権政党の政策に基礎を置きながら，政権政党政策を政府政策として実現することを運命づけられているからである。その場合，政権政党及び政府両者の政策調整は政権政党の政治家個人，省庁官僚個人が担うのではなく，それぞれの組織である政党，省庁両者の機関決定 —— 政策稟議 —— に基づくのである。例えば，自由民主党単独政権時代，自由民主党内閣のすべての政策は自由民主党政策機関の機関決定 —— 政務調査会部会，審議会，総務会，国会対策委員会 —— を必要とした。

　また，政権政党の統制下にある省庁官僚は，自由民主党単独政権であれ，連立政権であれ，省庁政策稟議 —— 担当部局調整，省（庁）議 —— に則り，省庁としての機関決定を行っている。要するに，「国家」政策形成は，政党であれ，省庁であれ，両者による「積み上げ方式」が制度化されている。その場合，政党はその自由な活動を通じて少なくとも国民の動向を広く掌握できるのが長所である。それに反して，省庁官僚は一省庁がそれぞれ設置法に基づいて政策領域が定められているから，政権政党の公約を逸脱することのないように事務的な取り纏めにあたる。それが国家「政策」決定に関する政権政党とその政府との役割の相違点である。

　例えば，省庁はそれぞれの設置法に基づいて政策領域が固定化されている。そして，省庁設置法は政策領域を明確化しているから，関連業界を抱えている。そのため，省庁は設置法を通じて関連業界の利益を代表しなければならない。そのため，省庁の政策領域は少なくとも関連業界

の利益保護に置き換えられる。逆に，業界は関連省庁を通して自らの「権益」の保護，維持，拡大に努めている。しかし，省庁，及び関連業界の関係は，国家予算の在り方，対外的課題，財政縮小，景気不景気の循環，省庁間調整等から政治的調整が必ず必要である。それを担うのは主に政権政党である。そのため，政権政党は国内外の諸課題を自由に取り上げて審議を行い，一定の方向を決定するのである。

のみならず，わが国の政治運営を考える場合，どうしても無視しえない歴史的事由が控えている。それは明治維新直後，現代のような政府（省庁）が生まれる前に産業界が芽生え，その後，政府を構成する省庁が関連業界の維持，発展に当たったことである。その結果，官僚が業界を指導するように見えるとしても，業界は「一歩」退いて関連省庁官僚を使って自らの利益を代表させることが少なくなかった。そして，官僚達はそれぞれの関連設置法を基礎として「省益」を守り，それを発展させることに熱意を示してきたとはいえ，省益は関連産業界の利益に過ぎなくなった。したがって，わが国の国政運営は伝統的な官僚制度 ── 省庁セクショナリズム ── の域から抜け出せないジレンマを抱えつづけるのである[2]。

第3章　省庁稟議制度の功罪

立法起草は，わが国の政治制度が議院内閣制に立脚する政党政治であるから，国会を基礎とする政府 ── 省庁・立法技術者 ── が担っている[3]。その場合，政府を構成する省庁の政策領域は日本国憲法ではなく，それぞれ省庁設置法に定められている。例えば，国家予算編成についてみれば日本国憲法は内閣に予算編成権を規定しているのみであるが，その代わり，大蔵省設置法が政府の予算編成事務を大蔵省が所掌することを規定している。その結果，大蔵省主計局が予算編成事務を他省庁を排して実質的に担当している。逆に，元号法問題のような憲法問題，あるいは，公営競技 ── 運輸省・モーターボート，オートバイ，通産省・自

国家の財源

国家の収入
　　国家権力による無償の収奪……………国税
　　国家財産の減少………………………国家所有土地建物の売却
　　国家債務の発生増加…………………国債発行，借入金，借入
　　利益の発生……………………………有価証券売買
国家の支出
　　国家運営経費…………………………人件費，補助金，政策経費
　　現金以外の国家財産の増加…………国家所有土地建物の買収
　　国家債務の減少………………………国債償還，借入金返済
　　損失の発生……………………………物品購入の過多

日本の予算と政策の関係

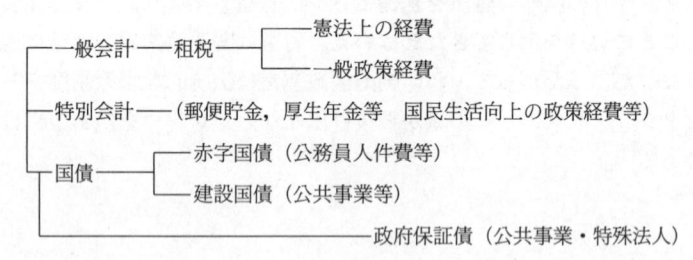

― 一般会計 ― 租税 ― 憲法上の経費
　　　　　　　　　　― 一般政策経費
― 特別会計 ― （郵便貯金，厚生年金等　国民生活向上の政策経費等）
― 国債 ― 赤字国債（公務員人件費等）
　　　　― 建設国債（公共事業等）
　　　　　　　　　　　― 政府保証債（公共事業・特殊法人）

政党と政府の関係

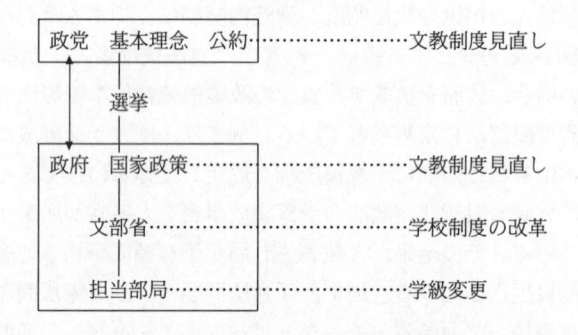

政党　基本理念　公約……………………文教制度見直し
　　　　↕
　　　　選挙
政府　国家政策………………………………文教制度見直し
　　　文部省……………………………………学校制度の改革
　　　担当部局…………………………………学級変更

転車，農林水産省・競馬 ── の在り方を解決する政治的課題は，公営競技運営者が複数省庁に跨るから，関係省庁を横断する課題として内閣官房がそれぞれ担当するのである。

さらに，政府 ── 各省庁 ── はその政策を残らず政府を組織する政権政党の事前審査に諮り，その審議，決定を経なければ，閣議決定を行えない。この場合，政権政党が政策として認識する政策領域は予算，法令，重要政令，省庁令，年次計画，白書，高級人事等の分野である。このうち，政権政党は政策の基礎である予算編成を重視するから，歳入及び歳出の在り方に関しても実質的な影響力を及ぼしている。すなわち，政権政党は政策の基礎である歳入 ── 国税・地方税・その他の税外収入 ── の基本方針を決定，同時に，各省庁を通じて義務的経費以外の政策的経費である社会保障費，文教・科学技術費，防衛費等の予算内容に調整を加え，最終的に政策優先順位を決定する権限を保有する。

もっとも，国家予算の義務的経費以外の政策経費を主体とする各省庁編成予算，それを取り纏める大蔵省主計局編成予算は，両者の間に異なる原則が確立している。すなわち，各省庁はそれぞれの設置法に基づく政策領域を勘案しながら，政府（大蔵省）の予算編成方針に従って定められた省庁予算編成に当たる。その場合，省庁予算の基本的骨格は与党，自由民主党単独政権の時代，省庁関連の政務調査会部会幹部が政治的調整を行っていた。その後，羽田，細川，村山，橋本各連立政権は連立各党から構成される連立与党共同政策機関が担当した。このように，政府予算編成は政権政党が全体の骨格を決定するから，少なくとも政権政党によって社会秩序が保たれる政策実現が期待されるものになっている。

現在，わが国の予算は「収入，支出」，「歳入，歳出」の予算概念に集約される。本来，歳入は租税を原則とする筈であるとはいえ，租税だけの一般財源では政策を賄い切れないのが現状である。そのため，政府は租税以外に郵便貯金，厚生年金等から借り入れる特別財源，さらに公債 ── 国債 ── に依存している。そして，一般財源は一般会計とも呼ばれるが，憲法上の義務的経費である公務員給与，施設管理費等に多く割かれるから，政策経費が少なくなっている。そため，公共事業等の多額の経費を要する政策は特別会計に依存させている。このように，政府の政

策は予算と密接な関係を有しているから,予算そのものを理解しないなら,政策を理解できない公式になっている。

(1) 村川一郎著『政党学』第一法規,平成9年,第9章。
(2) 村川一郎「政党の経済学」(白鳥令編『政治の経済学』ダイヤモンド社,昭和57年)。
(3) 村川一郎「政党における国会議員の役割」(ジュリスト増刊,総合特集35,日本の政党,有斐閣,昭和59年)。

第5編 予算編成

第1章 日本国憲法と予算編成

第Ⅰ節 憲法と予算との関係

第二次世界大戦後，日本はアメリカ合衆国を中心とする連合国の占領下に置かれた。そして，連合国総司令部最高司令官D・マッカーサー元帥は日本国政府を通じて民主化を実現させる間接統治を行った。その一環として，マッカーサー元帥は国家基本法である大日本帝国憲法の改正を総理大臣幣原喜重郎に促し，最終的に，総司令部案 ── マッカーサー草案 ── を起草，これを日本国政府に手交した。日本政府は総司令部案を基礎として大日本帝国改正案を作成して枢密院及び帝国議会に諮り，その審議を経て日本国憲法を制定，公布した[1]。このようにして，連合国占領時代，日本は日本国憲法を基礎として再出発をはかり，国権の最高機関・唯一の立法機関である国会中心の議院内閣制に基づく政党政治が開始された。

ところで，日本国憲法は予算及び財政に関して細かく規定する。例えば，その第7章は，国の財政処理の原則（83条），課税（84条），国費の支出及び国の債務負担行為（85条），予算（86条），予備費（87条），皇室財産・皇室の費用（88条），公の財産の支出又は利用の制限（89条），決算検査・会計検査院（90条），財政状況の報告（91条），この他として「内閣は予算を作成して国会に提出する」（73条5号）と規定する。このように，日本国憲法は大日本帝国憲法と同様に「予算」の用語を使用

するのである。もともと，予算の語源は英語 Budget の直訳である。

しかし，Budget はラテン語ブヂー Buge の転用であり，Buge はケルト語ブーカー Budga の借用である。ケルト語ブーカー，ラテン語ブヂーは皮袋，銭袋の意味であった。英語バジェットはケルト，ラテン両語の意味を踏まえて「1　袋の中身，一まとめのもの，2　予算，予算案，3　経費，家計…」を意味する言葉である。これらが日本国憲法「予算」に纏わる歴史的因縁である。これを踏まえるなら，日本語「予算」は「前もって立てた見積もり，国家や公共団体などが次の年度の収入と支出をあらかじめ計算したもの」（大字源）である。例えば，大日本帝国憲法は「予算ハ前ニ衆議院ニ提出スヘシ」（65条）と規定する。

もっとも，日本国憲法は予算作成等の諸手続きを規定，これを踏まえて財政法[2]は「国の予算その他財政の基本に関しては，この法律の定めるところによる」（第1条）と宣言，次いで，「歳入歳出は，すべて，これを予算に編入しなければならない」（14条），「歳入とは，一会計年度における一切の収入をいい，歳出とは，一会計年度における一切の支出をいう」（2条4項）と細かく規定する。これからして，国の予算は国家政策に関して収入，支出を予め金銭的に積算した見積もりである。更に，財政法は「前項の現金の収納には，他の財産の処分又は新らたな債務の負担に因り生ずるものをも含み，同項の現金の支払には，他の財産の取得又は債務の減少を生ずるものをも含む」（2条2項）と規定する。なお第1項の収入及び支出には，「会計間の繰入その他国庫内において行う移換によるものを含む」（2条3項）と規定している。これを踏まえて，一会計年度の経費とその財源を対照させ，按配させ，種類・金額を系統的かつ組織的に編纂 ── 見積・計画 ── させて予算書に纏めあげられる。これに関して財政法は「予算は，予算総則，歳入歳出予算，継続費，繰越明許費及び国庫債務負担行為とする」（16条）と規定する。そして，内閣は4月1日から翌年3月31日までの「毎会計年度の予算を作成し」（日本国憲法第86条）て「前年度の12月中に，国会に提出するのを常例とし」て（財政法第27条〔ただし，現在では「1月中」〕）国会に提出する予算に伴う必要資料添付を義務づけられる。

のみならず，財政法は国の予算を一般会計並びに特別会計に区分し，

前者は一般会計，後者は特定の歳入をもって特定の歳出を行い（13条1項2項），出資及び融資を通じて国会と密接な関係にある政府関係機関予算と区分する。通常，一般会計予算は特別会計予算に対して国家の基本的経費に当てられるものである。特別会計予算は「国が特定の事業を行う場合，特定の資金を保有してその運用を行う場合その他の特定の歳入を以て特定の歳出に充て一般の歳入歳出と区分して経理する必要がある場合に限り」（財政法13条2項），特別会計として法的に認められた予算である。この結果，一般会計予算は特別会計予算に対して「親会計予算」と総称される。特別予算は各々単一の予算，これらを束ねて一本の予算形式に編成した形をとる[3]。

　　一般会計予算
　　　　憲法上の経費
　　　　　　皇室費，国会経費，裁判所経費，内閣（各省庁）経費等
　　　　重要国策経費
　　　　　　治安維持費，社会福祉費，文教費，公共事業費等
　　特別会計予算
　　　　特定の事業
　　　　　　造幣局，専売局，印刷局，民営した国有鉄道等
　　　　特定の資金保有をしてその運用
　　　　　　国債整理基金，貿易資金等
　　　　特定の歳入で特定の歳出
　　　　　　国営競馬，外国貿易特別円資金等

第 2 節　官房会計課長説明

　各省庁は政府 ── 自由民主党政権時代 ── の構成員として政府の背後に控える自由民主党の公約に結集している国家運営の基本方針を踏まえ，自由民主党と政策調整を繰り返し，党と一体となって一定の国家基本方針を決定した。この場合，政府（各省庁）と自由民主党の政策調整は，有力政治家個人，公式には「各省庁と関連の党政務調査会部会」との調整として浮上した。これに関しては予算編成，並びにそれに基づく法律制定において端的に現れる政治的現象である。そして，各省庁における

最初の予算編成の詰めは，単独政権であれ，連立政権であれ，施策施行の中心である部局を構成する課段階においてなされるものである。

各省庁部局の課は，課長がノンキャリア補佐の助言を受けながら，前年度施策を踏まえて翌年度施策を検討する。それを踏まえ，補佐は，必要に応じて施策の継続，打ち切り，或いは，縮小，拡大等の形式において決定するために，係長級と協議を繰り返し，必要に応じて課長の決裁を求める。問題によっては，課長が関連部局と調整したり，局長とその取扱いを協議する。しかし，その協議内容は，一歩間違えれば，政争に発展し兼ねない施策の部類である。例えば厚生省が医療財政安定を期して「保険料率の引上げ」を目論むなら，それが医療関係者，被保険者，製薬会社，国庫補助の当事者の政府等の広範な関係者に対して影響を及ぼすから，官僚はその舵取りを与党・自由民主党に任せるのが常であった。

施策の質量の実例

継続費施策	生活保護費の継続
新規費施策	日本青年海外協力隊事業の発足
当然増施策	国家公務員の人件費，恩給費等

自由民主党政権時代，例年8月末日まで，各省庁は与党・自由民主党と政策調整し了承を得て部局単位で取り纏めた。この間，大蔵省主計局は各省庁に対して特別の事情の無い限り前年度予算額の何パーセント増内に見積もるように指示した。これは大蔵省が各省庁に無言の圧力を加える形が多い。例えば，大蔵省はその省議形式において翌年度予算当初枠を決定，主計局長が与党・自由民主党三役に報告，その了解直後，閣議了解の手続きをとった。翌日，各省庁官房長会議が開催され，大蔵省官房長が翌年度予算概算要求方針を具体的に説明した。しかしこれは大蔵省が他省庁に行う一種の「予算統制」に他ならない。その後，各省庁は官房会計課長が中心になって省庁内予算調整を行いながら，省庁予算案の形式に編成する。

直ちに，省庁幹部は与党・自由民主党政務調査会部会の幹部等に報告して事前了解を取り付ける。この後，各省庁は予算省議の儀式を経て省庁予算案として確定する作業を進める間，与党・自由民主党は政務調査

第1章　日本国憲法と予算編成

会部会が関連省庁から翌年度施策概要を積極的に聴取，関係利害団体が有力部会員に接触，部会員がこれを部会において取り上げ，省庁施策に組み入れた。与党・自由民主党は政府の一翼である省庁が政府の背後に控える与党・自由民主党の政治的意向に副って施策を纏めるから，安心して省庁に取り仕切らせた。各省庁部局課長，局幹部は与党・自由民主党の政治的意向を踏まえて大蔵省主計局幹部 —— 主計官，主計局次長，主計局長 —— に接触を繰り返しながら，予算編成の感触を探った。

とくに，各省庁部局幹部は自分達に課せられた予算獲得のために与党・自由民主党有力関係者に対して積極的に働き掛けながら，満額の予算査定を期待した。そして，各省庁関係者は関係団体幹部と協議を重ねて関係団体幹部に対して関係議員に働き掛けて政治力を使い予算獲得を狙った。これを踏まえ，部会員は「国会における政党基準からの政治的査定」によって予算編成作業に参加，数を頼んで圧力グループに結集，党及び政府に睨みをきかすことが多かった。その間，省庁予算編成作業は，有資格者の会計課長，ノンキャリア課長補佐及び有資格者の若い課長補佐，非有資格者のベテランの複数の課長補佐，係長等が中心になって省庁予算編成を進めた。6月末頃，官房会計課長は各局ごとに取り纏めた提出予算資料に基づいて意見聴取を行い，省庁予算案の形式に纏め挙げるのが常であった[(4)]。

第3節　省　　議

省庁は明治18年に内閣制度として確立して以来，これまでの約1世紀にわたって存続している。省庁は，国家行政組織法に照らせば，それぞれ他の行政機関に対して独立した地位を確保する。そして，各省庁はそれぞれの設置法を基礎として施策を展開させたから，それに伴う省庁権限に基づく省益を固定化させてきた。今日，国家施策はその質量両面において拡大の一途を辿るようになったから，各省庁固有の権限が重なり始めた。その結果，各省庁間に無限の争いを生んだのみならず，それに伴う予算及び関連法律の調整が益々必要になった。これは行政府に優位する立法府，政党が政治的に調整する役割を与えることとなった。例年，

7月末，内閣は「平成〇年度の概算要求について」の閣議了解を行うことにしている。それは翌年度予算編成の目安になる1つの印であった。

そして，省議に諮られる翌年度予算概算要求は，12月の政府案（現在は1月）と異なり，省庁の翌年度施策の最終決定という性格を帯びることとなった。このため，各省庁は実質的に省議において翌年度予算案を決定した場合，それに不満を抱く関係者は与党・自由民主党の編成する翌年度予算編成大綱に盛り込むように関係議員に圧力をかけ，彼等を通して予算復活に方針変更した。逆に，省庁幹部，部会幹部は協議して省庁予算に盛り込まず，関係団体に働く機会を提供することが多かった。例年8月末，各省庁は翌年度予算要求書（概算要求書）を省議決定した。この会議には大臣，政務次官，事務次官，官房長，局長，会計課長等が出席するから，事実上，省庁の最高意思決定機関であった。この場合，省庁はもとよりそれを構成する部局は沿革，伝統が著しく異なり，地域別，業種別，機能別のように複雑を極めた。それが省庁の翌年度予算取り纏めの際に大きな役割を果たし，いずれも施策が数字形式による表現がなされた。

通常，省議は翌年度予算の概算要求を審議，決定した。これは予算編成作業における最初の省庁段階の儀式であった。自由民主党時代，各省庁は与党・自由民主党と一体という政治理念から，最終的に部会幹部に事前説明を行い，予算省議直後，部会に翌年度予算案を説明した。その場合，官房長が概略説明，詳細は関係局長が個別説明した。大体，省庁幹部は省庁調整段階において問題があるのは，自由民主党政務調査会部会審議の際にも指摘されたから，幹部官僚は官僚一流の抜け目無さを発揮，それ相当の煩さ型部会員に根回しすることを忘れなかった。それは別の項目に含ませる，予算復活の際に部局の筆頭項目に挙げて交渉する等の裏取引の形式で了解をとった。この意味から，予算省議は予算編成の前半のやまとなり，省庁幹部，国会議員，利益団体幹部等がこの日を目標として活発に動いた。省議終了後，翌年度税制は，与党・自由民主党税制調査会の審議決定に委ねられたから，省庁部局は大蔵省主計局と予算折衝と並行して税制課題の設定に努力した。

第2章　予算編成当局

第Ⅰ節　主計局と主計官

　毎年6月頃，大蔵省は主計官会議を開催，翌年度予算査定合理化に関して検討する。その直後，大蔵省主計局は実質2週間にわたって翌年度予算編成基本方針の取り纏めを開始，主に翌年度予算編成作業が始まる。1か月後，大蔵省は各省庁会計課長会議を開催，翌年度予算概算要求の取扱いを協議する。この間，大蔵省主計局長は大蔵大臣，内閣総理大臣，多数党幹部 ── 自由民主党政権時代は三役 ── に予算編成状況を説明する。これにより，大蔵省は多数党の予算編成に対する要望を知り得るから，主計官達が予算編成の不安を解消するのに役立つのである。例えば，昭和35年頃，池田内閣が福祉国家化政策を展開させて以来，道路，社会保障，公共事業等の分野における長期政策が制度化された。これら新規政策予算は一度予算として配分されるなら，その目標は更新され続けて切れ目がなくなり，当然増経費として質量両面の拡大が続くことになった。

　しかし，こうした当然増経費に象徴される施策は減るどころか増える一方，予算編成の度毎に，多数党・自由民主党全体の政治問題に発展した。主計官はこれを無視して予算編成作業を進めるなら，予算編成は混乱を極めた。これに関しては，大蔵省が与党に政策的アクセント ── 割振り ── をつけることを要望するのが常であった。これから判断するなら，主計官の政治的力量は，世間で噂されるほど，強力でなくなった。逆に，主計官の予算編成に対する力量が総体的に弱まったことは，政党・多数党の予算編成に関与する権限が強まったことを意味した。大蔵省主計局は接受した各省庁翌年度予算概算要求書を鋭意検討して当該経費の必要な理由，計画の内容，緊要度，法令・契約等の根拠，算出の方法，従来の経費，経費の性質，物質・労務の所要等の角度から省庁経理担当官から説明を聴取する。

第5編　予算編成

　主計官は閣議決定の予算編成査定方針に基づき，各省庁翌年度予算概算要求の査定を続ける。予算編成を進める際，政策を継続的に実施するため，財政法第14条の2が「継続費」を，同法第14条の3が「繰越明許費」を認める。これらにより，歳出予算の経費のうち，その性質上又は予算成立後の事由に基づき年度内に支出を終わらない見込みのあるものについては，毎年の予算編成を支障なく運ばさせるため，予め国会の議決を経て翌年度に繰越し使用することを可能にしている。それらを担当する大蔵省主計局主計官は，入省同期の者のなかでも将来性が約束された44，5歳，入省二十数年のベテランである。12人の主計官は，総務課担当1人，法規課担当2人以外の9人が厚生，労働，運輸，郵政，農水，防衛，文部，科学技術，文化，総理府，司法，警察，地方財政，大蔵，補助金，外務，通産，経済協力，建設，公共事業等を担当する。

　もっとも，主計官は9月1日から，8月31日までに主計局に提出された省庁翌年度予算概算要求の査定に取り掛かり，省庁担当官の都合の良い主張，説明を裏付けをとるために自ら勉強，実地視察する。この頃，関係議員は関係団体幹部の要請を受けて主計官に予算増額，新規予算計上を求める場合，主計官が政治家の力量を勘案，必要に応じて「臭わせる」。これを読み取るのも政治家の力量である。しかし，大蔵省といえども各省庁の内部事情の奥深くまで立ち入るのが技術的，政策的に極めて困難である。そこで，大蔵省は各省庁がそれぞれ内部調整を自ら行って省庁案に纏め上げることを認め，主計官が予算概算要求項目の大枠を査定，細かな部分を主査，他の事務官が目を光らすのである。

第2節　主税局と理財局

　大蔵省主税局は，自由民主党政権時代，翌年度予算編成の際，自由民主党政務調査会税制調査会と密接な連絡をとり，一体となって翌年度税制改正の方向を決定した。昭和30年代，自由民主党結成の頃，漸く日本経済が自立経済時代を迎え，減税政策が国民の所得税減税から企業発展を促す政策減税に重点を置くように変質した。これを重視した自由民主党は税制政策の見直しを行い，財界の強い要請を受けて企業保護の税制

を打ち出した。そして，昭和38年，翌年度税制決定に際して党予算編成大綱から税制事項を取り出して党税制大綱として独立させた。従って，昭和38年は，自由民主党が国家政策決定に本格的，実質的に参入したことを意味する。多くの専門家はこれを見逃して予算に裏付けられた法律案に目を奪われ，それに関する予算上の現象を重視しがちである。

これは日本型議会政治の一部を捉えるのに便宜であるが，政治全体の流れを軽視する欠点を露にしがちである。これを踏まえるなら，現代国家においては，政治の基礎が経済であると総称されるから，経済運営の基礎である一国の税制をおさえることが肝要である。事実，一国の政策を支配するということは，一国の税制を通じて経済を動かす工業，商業，金融業，農業等を完全支配に置くことである。当然，自由民主党は「政治の基礎は経済である」ことの重大性を弁え，税制改正のデータを蓄積，大蔵省主税局所管の法人税，所得税，物品税等の国税領域，自治省所管の住民税，固定資産税等の地方税領域に実質的審議，決定する権限を行使し，一定の方向付けを行った。

例えば，自由民主党は全産業領域から税制改正要望を独自に聴取，これに政策的配慮を込めて取捨選択した。大蔵，自治両省は自由民主党の税制基本方針を尊重，総理府所管でありながら担当事務局を勤める政府税制調査会への橋渡役に徹した。それこそ大蔵省理財局は「第2の予算」と総称される財政投融資計画の立案を始めとして国債発行，国庫債務，国有財産の処理・運営，紙幣の発行・回収・取締，資金運用部資金の管理・運用等とその所管業務が多岐にわたる。現在，財政投融資計画は昭和48年度を契機としてその重要性を踏まえ，国会議決事項になっている。但し，財政投融資は主に郵政省所管郵便貯金に依存，日本経済発展を踏まえて膨脹を重ね，国家政策遂行の際に大きな役割を果たしている[5]。

第3節 各省庁の共同作業

日本における予算編成作業は，大蔵省が内閣予算（事務）スタッフとしての立場に立脚しながら，各省庁翌年度予算概算要求の見積案を査定

するという名の検討及び調整を行う形式をとっている。とくに，予算の中には各省庁と協力する分野が少なくない。例えば，職員定員増加，職員等級別定数変更，行政機構改革，経済計画改定，公共料金その他の物価改定等が代表である。このうち，職員定員増加，職員等級別定数変更は総務庁人事局と人事院，行政機構改革は総務庁，経済計画改定は経済企画庁，各種法律案は各省庁及び内閣法制局である。そして，各省庁予算及びそれに伴う法律案は，各省庁が政権政党の政治的意向を踏まえて「与党基準」において政策調整を完了したものである。

この場合，大蔵省は明治19年以来，一貫として内閣「予算査定事務局」の地位を占めながら，政権政党の意を介して他省庁を統制することにより，何時の間にか「省中の省」として存在するようになった。これは大蔵省の他省庁に対する優越感を育み，主計局長が他省庁事務次官級であることを制度化している。その結果，今日，「日本の予算は法律と別の形式が採られる。大蔵省は各省庁と人事交流を促進している。これをよく見るなら，大蔵省が一方的に他省庁の重要ポスト —— 防衛庁経理局長，経理課長等 —— を抑える。予算分類は組織分類を採用して府，省，庁等の各行政機関別によって各省庁がその独立性を組織的に維持する」，これらが予算編成作業の際に浮上する。

のみならず，予算編成が技術的，専門的，秘密的な要素を著しく帯びていることは，各省庁独自の権威主義が予算編成過程に露骨に表れることから理解できる。とくに，大蔵省が予算編成以外の人事行政，法令審査，行政機構改革，行政手続き等を統制していても，必ずしも絶対でないからである。例えば，総務庁は各省庁の行政機構改革を達成するため，その権威の所在を政権政党政府の背後に控える政権政党に求める。通常，政権政党は与党の立場から自身の与党政府の行財政情報を定期的に獲得していることを踏まえ，長年の政策決定の政治的勘を働かせながら，それを逆手に取って各省庁許認可権限に圧力を掛ける機会が与えられる。これは各省庁が政権政党政府の背後に控えながら内閣行政に睨みを利かしている政権政党を恐れたり，利用したりしているうちに「ミイラ取りがミイラになる」のである。

すなわち，各省庁官僚は政治家（政党）を利用している筈が利用され

ていることが少なくないから，政治が行政を飲み込む，行政が政治に飲み込まれる姿になって浮上するのである。現在，内閣制度は政党政治の立場から，大蔵省の歴史的保有である予算編成権を内閣に移管させ，内閣予算局（仮称）の手で予算編成を行うべきであるという意見も根強い。これに対しては，当事者である大蔵省が省益を盾に大反対，それこそ大蔵省の浮沈に係わると考える。しかし，政党は政党政治の建て前から「内閣予算編成」を絶えず絵に描き，機会有れば，それを実現することを狙っている。これは今後，政治全体の見直しが行われるなら，大蔵省予算編成権が課題として浮上しよう。

第3章　与党との調整

第Ⅰ節　与党政策決定の分権化

自由民主党政権時代，同党の政策決定は，同党党則が決定するごとく，政府与党首脳会議を踏まえた役員会，政務調査会，総務会，時として両院議員総会，党大会等において分権的になされるのが建て前であった。当時，派閥勢力が均衡している場合，党人事が比較的公平に振り分けられ，一種の相互監視が行き渡り，政策決定の際に介在する外部勢力を監視することができた。それが崩れたのは，派閥均衡が破れ，一派閥が党人事を支配し，政策決定を左右する場合であった。この結果，政権政党の統制を受ける省庁幹部，利益団体は政務調査会を支配する派閥領袖にその顔を向けた。各派閥は他派閥が大臣，政務次官を出しても裏で省庁幹部と通じ，大臣，政務次官の顔を潰さないことを条件にして息のかかった有力者を通じて部会をコントロールするのが常であった。

しかし，省庁幹部はせいぜい2年程度で交替，政治家に覚え愛でたくなければ，出世街道から脱落する。こうした幹部官僚の無責任体制が政治家を助長させ，本来，国民に代わって政治家を戒めなければならない国家の屋台骨が政治化した好ましくはない現象である。この意味から，

議院内閣制に立脚する政党政治の場合，政権政党はその政策決定機関を実質的に動かすマン・パワーが大きな役割を果たすことが浮上する。自由民主党政権時代，総裁，幹事長，総務会長，政務調査会長，大臣経験者，関連業界に近い部会重鎮，業界に近い衆参両院議員はもろに業界代表であった。彼等は「言うところの政治的影響力」をしばしば行使した。それを恐れ，自由民主党は政策決定方法として政務調査会，総務会の機関決定を重視し，政策決定の分権，言葉を代えれば，党内の一つの勢力に政策決定権限が集中しない方法を編み出すことに努めた。

　当然のことながら，政策決定は最終的に法律，政令，省令，規則，通達，指導等の形式に権威化されるから，一政策は「一定の条件において望ましい状態を作り出す」ことも一つの事実である。その場合，国会は国民代表の集まりと称しても，国民意思を端的に反映して「与野党関係」の政治的違いが見られる。これにより，政策は妥協がつきものであるから，しばしば「政策の政治的操作」がなされることが少なくない。とりわけ，与党政策決定の分権化は，与野党対立の現実の中にそれこそ思わぬ副産物を導き出した。例えば，政権政党はA法案を成立させる意思を持ち，国会戦術として少数党の背後に在る強力な支持母体に不利益をもたらすB法案を囮に使うために上程，それで少数党を揺さぶり，本来のA法案に妥協させる作戦をとることが少なくない。

　例えば，政権政党は少数党に対してA法案の譲歩し得る範囲を協議，決定，それに則って少数党と妥協することを心懸ける。しかし，これは国会の表舞台にでることのない「話し」であるから，通常，与野党間の裏取引と総称される。そして，これらは与野党国会対策委員会幹部の仕事であると同時にそれぞれ真価が問われるのである。結局，国会常任委員会は日本共産党を除いて各党省庁利害関係者から構成される「仲良し委員会」に変質を遂げているから，国会常任委員会は与野党所属議員が関連省庁の利害を端的に代表する姿をとっている。従って，国会常任委員会はその所管が「事業省庁」であればあるほど，省庁利害が与野党所属議員の選挙地盤のみならず，有力後援団体の利害に直結するから，活発化するのである。

第 2 節　翌年度予算概算要求の審査

　翌年度予算編成作業は，主として大蔵省主計局が中心になって進められるが，他の理財局，主税局，関税局等が協力する。通常，大蔵省予算編成作業は 6 月初旬に実施される翌年度予算査定事務合理化に関しての検討会議から正式に始まる。これは大蔵省主計局会議及び主計局係長会議の形をとる。その直後，大蔵省は翌年度標準予算局議を開催，それを踏まえて 7 月初旬に各省庁会計課長会議が開催される。それと同時に，主計局幹部は大蔵大臣，与党幹部に対して翌年度予算取扱いに関しての説明を行い，その了承を取り付ける。 7 月中旬，大蔵省は主計局が中心になって翌年度予算の在り方を詰めると同時に各省庁に対して翌年度標準予算を直ちに内示する。

　自由民主党政権時代，それと並行して大蔵省主計局長は大蔵大臣，内閣官房長官，与党・自由民主党政務調査会長，幹事長，総務会長等に説明した。そして，翌年度標準予算は政務次官会議の形式的審議を経て翌年度概算要求の案件で閣議了解を取り付けた。この間，大蔵省主計局長は与党・自由民主党政務調査会長と頻繁に連絡をとりながら，政務調査会長の支持を受けて予算編成作業を進める。これが目に見えない政策決定の大枠決定に影響を与える姿である。この後，大蔵省は慣習として各省庁に対して 8 月31日までに翌年度予算概算要求書の提出を求めた。大蔵省主計局長は与党・自由民主党政務調査会審議会及び部会長合同会議において翌年度予算編成基本方針を報告した。その直後，自由民主党政務調査会部会は関係省庁から省庁重点項目 ── 政策の順位 ── の処理に関して報告を受け，部会要求を加味した形に纏めあげた。

　これを踏まえ，省庁関係者は大蔵省主計局に赴き予算折衝を進めるが，それは各省課長対大蔵省主計局主査という階級的関係を意識した一種独特な方法で行われた。そして，大蔵省は主計局が中心になって一般会計概算要求額を纏め， 9 月中旬，主計局長が大蔵大臣へ報告した。直後，大蔵省は主計局係長会議において翌年度予算査定合理化案を決定，引き続き主計局は翌年度一般会計概算要求額調整を実施，大蔵大臣がこれを閣議に報告した。当然，大蔵省主計局長は自由民主党政務調査会長にこ

の件を説明，その了解を取り付けた。このように，予算編成は表に出ることのない作業が重なりあい，行政と政治との間における技術的かつ政治的な幾段階の説明，了承の繰返しである。これにより，大蔵省主計局は多数党（内閣）主計局の地位に甘じた。

　もっとも，翌年度予算編成はそれこそ「組織対組織」の力関係，それこそ「力対力の対決形式」を取っている。しかし，その背後には少なからず複雑な人間関係──政治家と官僚，政治家と利益団体幹部，政治家と選挙区の住民，地方政治家，政治家と企業人，官僚と利益団体幹部，官僚と官僚，官僚と企業人──が横たわっているから，翌年度予算編成は最終的に「官僚」が「政治家」に訴える方式によって結実の形をとる。これら関係者は複雑な人間関係を活用，利用，応用することにより，それぞれが長年の政治的勘をフル回転しながら，複雑な人間関係の間で「予算分捕り」に精進する。そうすれば，彼等は何よりも選挙地盤を磐石なものにし，かつまた，利害関係者を引き止められるから，一石二鳥である。

第3節　翌年度予算概算重要事項の決定

　自由民主党政権時代，その政務調査会幹部である大臣及び部会長経験者，部会長は省庁予算が大蔵省に提出された段階から，予め翌年度予算重点事項の大筋に関して協議を重ね，調整の上で決定した。しかし，自由民主党は一部幹部の私党でないから，公党であることを意識して政策を取り扱った。これに反して，党政策を一部関係者で決定したことは，紛糾の種を蒔くようなものであった。そこで，関係者は予め紛糾しそうな案件に関して調整を加え，翌年度予算重点事項を決める部会に備えた。このため，翌年度予算重点事項を決定する部会は，余程のことのない限り，党ペースで覆されることがない。この直後，大蔵省は各省庁一般会計概算追加要求調を大蔵大臣に報告，大蔵大臣はこれを閣議に報告した。

　10月下旬，大蔵省主計局は各省庁翌年度予算概算重点事項の検討開始の局議を経て翌年度第二次概算査定局議を開催した。こうした予算情報は関係省庁幹部を通じて自由民主党有力議員に逐次報告され，その都度，

関係者が善後策を協議した。大蔵省は自由民主党と連絡をとって翌年度予算編成日程を省議形式において決定，それは直ちに自由民主党政務調査会長に報告，政務調査会長はこれを役員会，総務会に報告，それぞれ了解を得た。それと同時に，総務庁は各省庁から翌年度各省庁機構改革を聴取，その結果を自由民主党行財政調査会に報告した。各省庁機構改革は公社公団の新設を含めて要員確保が予算を必要とするから，総務庁は大蔵省と協議を重ね，一切「認めない」方針を貫いた。その結果，各省庁が総務庁，大蔵省の壁を切り崩す道は，政治に頼る他に方法がなくなった。

　この場合，各省庁は自由民主党政務調査会部会に駆け込み，省益を賭けてその実現に努めることが多かった。当然，部会は関係省庁の利害は部会の利害と肌で感じているから，両者一体となって総務庁，大蔵省の切り崩しに当たった。10月中旬，自由民主党政務調査会審議会が開催，各部会から翌年度予算重点事項を聴取した。各部会は翌年度予算重点事項を決定していたから，政務調査会審議会に報告するだけであった。但し，大蔵省は原則として予算復活折衝の際，この段階において漏れた項目は，復活折衝の対象から外した。これは大蔵省の各省庁に対する一種の統制に他ならなかった。これにより，大蔵省は多数党の力を活用して各省庁に対しても「予算編成既得権」を主張，これをいかなることがあっても守り抜く決意に変わりなかった。

　この頃，自由民主党は翌年度予算編成に関して地方支部の要請を聴取する全国都道府県連合会政務調査会長会議を開催するのが年中行事になっていた。通常，この会議の冒頭，総裁挨拶が行われ，続いて幹事長，総務会長，全国組織委員長，広報委員長等の役員が挨拶が行われた。その直後，議長団選出，大会議長に政務調査会長，副議長に政務調査会副会長が就任，大会議長が翌年度予算に関する政策基本方針を述べるのが慣習であった。これは党と政府の取り組む翌年度施策の一端に触れることが多かったから，それなりに重要性を持った。各地域代表は北海道，東北，関東，中部，関西，中国，四国，九州を背景として党執行部に対して地元要望 ── 北陸地方は新幹線の早期着工，東北地方は空港整備等 ── の確認を求める形が少なくなかった。

しかし,「党執行部に対して確認を求める」は「政府に対して確認を求める」に置き換えられた。例えば,中部地方を代表する者が北陸新幹線早期建設の要請を行い,政務調査会長がこれに応えるなら,ある程度の目安が浮上した。北陸地方選出国会議員はこれに不満があったから一致団結,予算折衝の折りに巻き返す策を練った。これが発火点に変じ,予算編成が拗れ,政治の力で他の予算項目が削られる被害が生まれた。やはり,政治は行政との接点に位置するから,どうしても「予算編成」に国会における政治勢力の姿が投影される面が少なくない。その結果,例年の予算は「政治的予算項目」が優先的に取り入れられ,それが少なからず脚光を浴びるに至った。

第4章　予算編成に対する大蔵省の牽制

第Ⅰ節　大蔵省の予算編成の調整

大蔵省は予算編成が進行している隙を伺い,各省庁が自由民主党の政治力を利用する姿勢に反発,ある種の牽制を行うことが多かった。とくに,翌年度予算が財政的に困難が予想される際,大蔵省は自由民主党の圧力に押され,同党及び政府の間で同意していた翌年度予算編成基本方針が覆されることを恐れる余り,各省庁幹部に対しても予算編成基本方針を守るように伝達した。これは各省庁幹部に対して「翌年度予算編成がかなり厳しい,満額達成は困難かもしれない」と感じさせる心理的効果があった。しかし,国政レヴェルの選挙が近ければ,政権政党・自由民主党の攻勢も弱まることはなかった。自由民主党政務調査会幹部,並びに各種利益団体は関係省庁,関係議員を通じて大蔵省の予算編成姿勢を嗅ぎ取り,相互に調整を繰り返し,何とか満額達成を目標に定め,行動に移した。

この時,関係議員は政務調査会幹部に巻き返しをはかりながら,大蔵省主計局幹部に対しても予算達成意思を伝えた。これを受け取った大蔵

第4章　予算編成に対する大蔵省の牽制

省主計局幹部は無下にすることができなかったから，少なくとも役人用語「善処する」を口にする他に方法がなかった。これは政治が行政を力で捩じ伏せながら，無理難題を吹っ掛け，大きな施策に予算を付けさせることであった。もともと，国家予算は金額という数字によって表現される国の政治 ── 行政 ── の年間計画書である。日本国憲法，それに基づく財政法は「財政民主主義」の徹底を目指して建設公債の原則，公債の市中消化の原則等の厳守を求める。これは大蔵省幹部の頭にこびりついており，自分達がしっかりしなければ，国家が崩壊するという不遜な考えに到達させたのである。

しかし，自由民主党長期政権の間，大蔵省は予算編成の実質的権限が自由民主党政務調査会に移行したから，予算数字の語呂合わせに終始する現状に我慢の限界に達していたのかもしれない。そして，大蔵省の一貫した予算編成主目標は，たとえ景気がどうであれ，健全財政主義を施策化することを目標にする。例えば，これまでの予算に付けられた均衡財政，健全財政，超均衡財政，積極財政，緊縮財政，中立財政，或いは抑制方予算，耐乏予算等から伺い知れる。これは同時に予算そのものが政治の生きた表現であることを端的に意味する。特に，政党政治が進展するなら，政党政治の究極の姿は「国家予算」に深く投影するから，大蔵省は厳しい政治勢力の矢面にたたされる。

当然，大蔵省は各省庁と予算折衝の際，この事業は政治家を使っても無理，むしろ政治家を使わないほうがよい等と役人一流の牽制を放つのが常である。これは大蔵省と各省庁との間の翌年度予算編成調整の姿をとっている。しかし，各省庁は与党・自由民主党の了解を得て予算要求している手前，与党関係者の了解なしに降りられない政策項目を抱えることが多かった。各省庁幹部官僚は，大蔵省との関係を考えれば，それこそ痛し痒しであった。これは行政が政治に巻き込まれる現代政治 ── 日本型議会政治 ── を特徴づけた一事例に他ならない。当然，政治の背後には各層に連なる選挙民，より多くの利益を求める各種団体が控えているのである。

第 2 節 大蔵大臣の予算編成示唆

　大蔵大臣は，自由民主党とその政府との間において翌年度予算編成が進行している機会を捉え，党及び関係各界の反応を探るため，予算編成の見通しを示唆することが多かった。それは自由民主党及びその関係各界にとっても貴重な情報であるから，それなりに予算復活を睨み，新たなる作戦をたてた。通常，大蔵大臣は自由民主党政務調査会長と協議してくる翌年度予算内示に向け，ある程度の詰めを行った。これが顕著になったのは，ほかならぬ昭和49年11月4日，大平大蔵大臣が第30回相互銀行大会に出席して挨拶した時である。その挨拶は「総需要抑制によるインフレーションとの戦いは，これからが本番である」というのがその趣旨であった。

　すなわち，大蔵省幹部は大蔵大臣の予算編成示唆を通して翌年度予算規模を極力圧縮する方針を立て，各省庁の背後に控えて予算満額達成に睨みをきかす与党・自由民主党の政治的圧力を強く牽制した。このように，大蔵省幹部は例年の予算編成の際，大蔵大臣の行う予算編成示唆に鋭く反応する各界の状況を見極め，予算編成に対してある程度の見通しを推し量るのが常である。もっとも，自由民主党は国政選挙，もしくは大きな地方選挙が近い場合，政務調査会長，幹事長は大票田である「農水，建設両省関係予算を十分考慮するよう」に大蔵大臣に要望することが少なくなかった。これに対しては，大蔵大臣が政務調査会長，また，幹事長に対して「十分煮詰めていない政策を打ち上げないで欲しい」と要望するのが常であった。

　この時，自由民主党及びその政府は翌年度予算編成を一体となって進める立場から，予算編成が煮詰まった好機を捉え，ある程度の大枠調整を行い，大蔵原案内示後の政府与党政治折衝に挙げる政治項目を整理した。このため，党及び政府両者は何か切っ掛けが必要であったから，両者暗黙の了解にたって「大蔵大臣の翌年度予算編成示唆」が行われた。しかし，大蔵省は自由民主党が与党の立場で関係省庁を使って無理難題の政策予算満額達成に固守するなら，各省庁予算内容を新たに再検討し，予算規模を見直さなければならなかった。自由民主党政務調査会首脳は

大蔵省幹部の顔をたて程々の程度に調整した。従って，政務調査会長は予算編成に限らず政策全分野において与党の顔を持つと同時に与党政府の顔を持つのである。これは案外無視されるか，軽視されてきたことである。

第3節　内閣改造及び党首脳交替

　昭和49年10月初旬，雑誌『文藝春秋』は「田中角栄研究」を掲載した。これは政界に衝撃を与え，それに端を発して大混乱した。それに伴って翌年度予算編成の雲行きが怪しくなった。この時，自由民主党は予算編成と田中問題は別として取り扱い，予定通りの予算編成日程で臨んだ。しかし，田中内閣は総辞職，三木武夫が後継内閣を組織した。これに伴い，党役員が刷新され，新しい政務調査会首脳の下で予算編成が行われることになった。当然，それは予算編成に対しても影響を及ぼしたから，関係者一同が固唾を飲んでその成り行きを静かに見守った。当時，それ以外には「最良の方法」が残されていなかった。

　しかし，翌年度予算編成が進んでいるため，新政務調査会長は予算編成方針を踏襲せざるを得なかった。その代わり，三木総理はせめて自身の政策を翌年度予算に盛り込むべく，予算編成日程の調整を党に要請した。これを踏まえ，自由民主党は役員会，総務会において協議を重ね，新総裁に花を持たせる必要性から，大蔵原案内示を12月23日から翌年1月4日に繰り延べた。そして，この繰り延べ期間の間，自由民主党及び政府は三木総裁総理の意向を踏まえて新政策「ライフサイクル計画」の導入を決定し，その調整に当たった。このように，翌年度予算編成が進展している最中，内閣改造，それに伴う党役員交替が行われたとしても，既に進行している予算編成作業が中断されることはなかった。

　そのため，自由民主党首脳は党と内閣が一体であるという立場から，党政策を混乱に陥れることにならないように予算編成を中断させない工夫を凝らした。例えば，党首脳は，予算編成をスムースに進めるため，政務調査会副会長の幾人かを留任させ，新任政務調査会長を補佐させる暫定措置をとることが多かった。そして，政務調査会長が希望しない限

り，予算編成終了後に副会長は刷新された。逆に，政府を代表する形で翌年度予算編成を取り仕切る大蔵省主計局は，与党政府の立場から，与党の人事が確定しない限り，予算編成を進行させられなかった。その場合，大蔵省幹部は政務調査会副会長に予め相談を重ね，ある程度の線に絞り込み，予算編成を進めた。政務調査会副会長は政務調査会長の実質的代理であるから，政務調査会長に代わって大きな権限を発揮する副会長が少なくなかった。

第5章　与党の予算要求

第Ⅰ節　与党予算編成方針

　12月中頃，自由民主党政務調査会正副会長会議は9月の各部会の翌年度予算概算要求を踏まえ，党としての予算編成方針を審議，決定した。関係部会は予算編成方針を協議，復活修正項目を決定する場合，部会長及び部会幹部は関係省庁幹部を入れて復活修正項目を選別した。その後，部会長は部会を開催して党予算編成方針に対する部会としての復活修正項目を決定するが，当然，関連利益団体は有力部会員に対しても関係項目が漏れないように働き掛けた。もし党予算編成方針に盛られない場合，大蔵省は各省庁との間に演じられる予算交渉の際に「党予算編成方針」に盛られていないとして拒絶し得た。部会長は政務調査会審議会に出席，予算編成方針に関する部会修正を申し入れた。
　通常，この会議には政務調査会正副会長，審議会委員，陪席として大蔵省主計局幹部が出席した。この後，政務調査会長は役員会に党予算編成方針を説明，了承を求めた。政務調査会長は役員会了承を踏まえて総務会に報告，正式に党議決定を求め，その決定後，それは自由民主党決定として政府（大蔵省）へ申し入れられた。関係省庁は自由民主党予算編成基本方針に沿って大蔵省主計局と具体的な予算折衝を展開することにより，予算編成は段々とクライマックスを迎えた。なお，わが国の予

算編成は昭和43年以降，とくに財政硬直化打開策の一環として総合予算主義を取り入れた結果，予算編成ごとに公務員給与改定及び食糧管理特別会計繰り入れ等が慣例のように予算補正対象になっていたのを抜本的に改めた。

これは一般に「補正財源」を必要としないスライド方式として確立していた。しかしそれでも，政府支出はすべて予算項目に定められた目的と金額の範囲内において行われたが，予備費という例外が残されていた。予備費はそれなりに重要な意義があり，予算執行の際に大きな役割が課せられる。例えば，予備費支出の代表的実例は，予想不可能な台風の災害である。それがもたらす被害見積もりは出しにくく，台風が年間予想を遙かに超える回数の場合，予備費を食い潰す恐れさえ起きかねない。まして，予備費は災害のみならず，年末の公務員ベースアップ分として長く消化され，不足分は常に補正予算の形で補った。これが是正されただけでも，予算編成が大きく様がわりしたことになった。その代わり，予備費は本来の予備費の性格を取り戻したのである。

第2節　与党税制改正答申

昭和31年11月26日，自由民主党税制調査会の前身である税制改革特別委員会が設置された。この税制改革特別委員会は昭和33年4月9日に税制改革調査会に代り，翌年7月29日に税制調査会に生まれ変わった。昭和33年頃までの税制論議は，政党及び官僚を問わず，健全財政を念頭に置き，世界経済の一翼に組み込まれた日本経済を発展させることが主眼であった。しかし，歴代保守政府は日本経済は復興経済から自立経済を達成するや，国民の多種多様な要求を達成するため，税制を通じて政策質量，政策幅を拡大する方向に変えた。自由民主党はその政権時代，国民の多種多様な要求に応えるために「政策減税」に政策運営の重点を置き，とかく国民との距離のある官僚を差し置き，自ら「政策優先順位」を決定することにより，各種政策を遂行した。

この時，大蔵省を除く多くの省庁はこの機会を捉えて先進諸国の政策を踏まえ，自由民主党の要求を受け入れ，逆に，自由民主党を説得，自

らの省益拡大に奔走を重ねた。この舞台は自由民主党政務調査会部会，とりわけ税制調査会であった。池田内閣から佐藤内閣の時代，民間経済の高度成長が税収入増収をもたらし，それが所得倍増政策として結実した。昭和39年，自由民主党は予算編成の際，自立経済を踏まえた福祉国家達成に向けて税制大綱を政策大綱から分離，省庁の狭いセクショナリズムの障壁撤廃，税制改正を通じて政策優先順位の確保，それに伴う財政措置に実質的審議を重ね，党主導を確立することに努めた。これにより，自由民主党は予算編成の際に予算の内実である歳出歳入に政治的メスを振い，国家運営の基本方針を左右するようになった。

自由民主党税制調査会は翌年度税制改正を協議するために関係団体，とくに業界代表から意見聴取した。その直後，税制調査会は総会を開催，運営基本方針を審議決定，大蔵省主税局，自治省税務局から意見聴取した。当然，業界代表は有力議員に対して根回しを行い，官僚は有力議員に省益を賭けて説得をそれぞれ繰り返した。結局，与党である自由民主党税制調査会有力議員は業界，官僚の言い分を踏まえ，いわゆる「足して2で割る」形で収めた。しかし，自由民主党税制調査会は殆ど事前に調整された案件のみを審議するが，やはり取り零しがあった。例えば，一つの税政策を巡って業界が対立するなら，それは直ちに自由民主党衆参両院議員に反映，彼等は税制調査会に投影させた。

この結果，税制調査会は関係省庁を差し置いて指導権争いに終始，政治的水準において妥協がなることが多かった。最近においては，郵政省所管の少額貯蓄貯金に係るグリーンカード導入がその例であった。しかし，自由民主党及び各野党の強い反対の結果，少額貯蓄貯金に係るグリーンカード制度は凍結，最終的に廃案になった。このように，税制調査会は政府（各省庁）を差し置き，国家基本方針の在り方を決定した。通常，税制調査会は業界及び業界の意思を代弁する関係省庁の税制改正要望を聴取，税制調査会正副会長会議においてそれらを調整，確定案を決定した。その後，政務調査会審議会は税制調査会長から報告を受けて審議，了承した。

その後，政務調査会長は総務会において税制改正基本方針を説明，その詳細に関しては税制調査会長が逐次説明した。総務会は翌年度税制改

革を柱とする税制大綱を了承し，直後に政府に送付した。政府はこれを踏まえて翌年度税制改革を決定した直後から，関係省庁関係者と大蔵省主税局関係者との間において翌年度税制改革交渉を開始した。そして，翌年度税制改正決定過程の際，自由民主党税制調査会と政府税制調査会の関係が浮上した。大蔵省主税局幹部は自由民主党税制調査会に必ず出席していたから，党の動向を熟知していることを踏まえて政府税制調査会事務局として運営した。この結果，政府税制調査会は，自由民主党政権時代，自由民主党の隠れ蓑の役割を課せられ，それに対する不満が政府税制調査会委員から述べられた。それは自由民主党税制調査会が翌年度税制改革に決定権があるのに，自分達は与党のために答申するだけであるという不満であった[6]。

自由民主党税制調査会の審議経過

```
党税制調査会                    政府税制調査会
  総会                          (経理府所管)
    基本方針説明
  総会
    関係団体招致                政府税制調査会
  正副会長会議                    事務局
    基本方針決定                (大蔵省主税局)
  総会
    税制改革決定
  政務調査会審議会税制改革了承……調整・橋渡……
  総務会税制改革決定
                 ↓
                政府
```

第3節 与党政策幹部間の調整

わが国の政策決定仮定における最大の政治的クライマックスの一つは，高度の政治性が見られる予算編成，とりわけ政策の裏付けとなる国家財

政の歳入歳出に関する税制問題である。自由民主党政権時代，政務調査会幹部は翌年度予算内示前とその内示後に「政治的調整」を行った。予算内示前の調整者は各省庁政策の大筋の調整，予算内示後の調整は各省庁政策の実質的調整であった。とくに，後者の各省庁政策の実質的調整は予算そのものであった。これを厳格に区別しなければ，日本の政策決定研究と総称しても，それこそ的外れに終り，無味乾燥を極めることが少なくない。要するに，政策決定過程は政策が凝縮されている予算そのものを冷静に見なければ，解明できないのである。

なお，政務調査会幹部の政策調整範囲は，政府を支える党に代わって国家予算編成に苦労を重ねる大蔵省の立場をできる限り尊重するから，大蔵省寄りと考える官僚も少なくなかった。しかし大蔵省は与党の御墨付きを踏まえて予算編成を混乱させないようにもって行き，党の顔を潰さない代役を務めることが多かった。各省庁は大蔵省と予算交渉を通じて大蔵省の圧力を「政策の生殺与奪の権限を掌握している」と考え，無理難題の政策提起を差し控えた。これは大蔵省が関係省庁に対しての予算統制であった。このように，大蔵省はそれなりに省中の省の立場を守ろうとした。もっとも，自由民主党は予算編成の途上，予算編成当局である大蔵省の予算編成ガードが堅いと判断する場合，大蔵省に対して注意を喚起するシグナルを送った。

例えば，自由民主党政務調査会部会は関係省庁と協議して部会決議を行い，党三役並びに大蔵大臣，内閣官房長官にそれぞれ送付した。これは党から政府に対して「与党の政策意思を無視してはならない」という政治的通告であったから，大蔵省は与党と各省庁との間で板挟みになった。このため，大蔵省はその救いを自由民主党政務調査会長に求め，政務調査会長の裁定に政治的決着を委ねた。そこで，政府与党首脳会議は党政策大綱及び税制大綱を決定直後，予算編成日程を協議，決定した。これは予算編成が党と内閣が一体となって進めるという公式表明に他ならなかった。その直後，閣議が開催され，大蔵大臣が政府与党首脳会議の結果を踏まえて「予算編成日程」に関して発言，全員異議なしの了承を受け，閣議決定された。

このように，予算編成日程の確定により，各省庁，その背後に控える

業界は自由民主党関係議員と密接な連絡を取り合い，ある程度の方向を見定める。これはベテラン議員の長年の政治的勘に頼る以外に方法が無いから，彼等が働く余地が残された。予算編成の際，大きな課題を抱える省庁は翌年度予算内示前に大蔵省と折衝した。自由民主党政権時代，省庁大臣は党了承 ── 政務調査会長承認 ── を踏まえて大蔵大臣と予算折衝，大枠の調整を済ますのが政治的慣例であった。例えば，国家予算に占める割合の多い社会福祉，防衛，地方交付税等の諸分野であった。それにより，大蔵省は予算編成をスムースに進め，予定の予算編成日程を厳守することを宣言した。しかし，大蔵大臣と各省庁大臣との間の予算折衝が不調に終わる場合には，それは予算編成最終段階の政治折衝に委ねられた。

第6章　政府による予算編成

第Ⅰ節　予算編成方針

　政府は，翌年度予算編成作業が一段と進む段階を迎えるや，多数党の意向を反映した翌年度予算案編成の基本方針を決定する。現代の行財政改革の出発点になった昭和50年度予算編成の場合，前年12月28日の臨時閣議において「昭和50年度予算編成方針」を決定した。それは「昭和50年度予算案は抑制的な基調に基づく弾力的な運用を目指し，(1)抑制的な基調の堅持，(2)国民生活の安定と福祉の充実，(3)経済情勢の推移に対応した機動的かつ弾力的な運営，により編成される」ことが主眼であった。しかし，政府の予算編成方針が閣議決定される前，予算編成に伴う各省庁機構及び定員等に関しての査定が行われる。昭和50年度予算編成の場合，時の行政管理庁長官は昭和50年度予算編成に伴う各省庁の機構拡充定員増の要求に関して「部局，特殊法人の新設は一切認めない」と閣議発言，了承された。

　もっとも，行政管理庁は行政機構，定員等に関しての査定結果を大蔵

省へ報告，また，自由民主党行政調査会に各省庁機構及び定員等の査定結果を説明，それぞれから了承を取り付けていた。大蔵省主計局幹部は，政府予算編成方針を纏めるに際し，内閣総理大臣に翌年度予算の内容に関して説明を行い，指示を受けた。その直後，大蔵省主計局幹部は内閣官房長官に予算概算を説明，自由民主党政権時代，自由民主党三役に翌年度予算編成方針を報告，了承を得た。臨時閣議が開催されて「昭和〇年度予算編成方針」を閣議決定した。これにより，翌年度予算編成は本格化を迎え，大蔵省の各省庁に対する翌年度予算内示，それに伴う復活折衝を残すのみとなった。

　もっとも，大蔵省主計局の取り纏める翌年度予算編成方針は，自由民主党政権時代，各省庁から翌年度予算要求に伴う施策概要の提出を求め，自由民主党予算編成大綱を実としながら，起草した。この結果，与党予算編成大綱及び政府予算編成大綱は字句に少なからずの相違が存在するとはいえ，両者の基本方針に大差が存在しなかった。それは与党予算編成大綱及び政府予算編成大綱の両者は，経済企画庁の「翌年度の経済見通しと経済運営の基本的態度」に則り，起草されたからであった。通常，経済企画庁の起草する「翌年度の経済見通しと経済運営の基本的態度」は，翌年度予算編成を進める一つの素材であった。実際，これなくしては予算編成が技術的に進められなかった。このため，閣議は「翌年度の経済見通しと経済運営の基本的態度」を閣議了解の措置を取り，その重要性を確認した。

第 2 節　地方財政審議会と財政制度審議会

　自治省所管の地方財政審議会は「自治省設置法第 6 条」に基づいて設置された機関で，地方自治に関して優れた識見を有する者の 5 人以内で構成される。このうち，全国の都道府県知事及びその議会の議長の各連合組織が共同推薦した者 1 人，全国の市長及び市議会の議長の各連合組織が共同推薦した者 1 人，全国の町村長及び町村議会の議長の各連合組織が共同推薦した者 1 人が含まれる。そして，地方財政審議会は地方団体の要望を聴取，それを予算編成に反映させるのも大きな仕事の 1 つで

ある。そのために，自治省は予算編成時期になるや，地方財政審議会をフルに活用，自らの関連予算獲得のために運営するのである。

大蔵省所管の財政制度審議会は「大蔵省設置法第17条」「財政法附則第8条」に基づいて設置された機関で，関係行政機関職員と学識経験者，金融界，産業界等の主要メンバー24人以内で構成，国の財政の方向及び政府予算編成への建議を行うのが任務である。例えば，財政制度審議会はこれまでも昭和43年に総合予算主義，46年に公債政策導入に伴う勧告，47年に公債政策の活用，48年に社会資本と社会保障の充実，国際収支の適正化，物価の安定等を答申した。しかし，それらはいずれも「建議」という方式が取られた。当然，財政制度審議会は地方財政審議会の運営を踏まえながら運営されるのである。

なお，地方財政審議会及び財政制度審議会の両者は大蔵省，自治省両省官僚が政府与党の動向を睨みながら，翌年度予算に関して建議方式で意見答申する。通常，地方財政審議会及び財政制度審議会両建議は，政府予算編成方針に先立って行われる。大蔵省主計局が財政制度審議会，自治省税務局が地方財政審議会の各建議の素案をそれぞれ分担する。当然，地方財政審議会は地方税，財政制度審議会は国税に関する領域を取り扱い，政府予算編成作業をバックアップする。このように，大蔵省は与党政府の一構成者として翌年度予算編成を進める際，その主計局，主税局，理財局等もそれぞれの役割分担を持ち，それこそ責任体制の面でも一体となって取り組んでいる。これが予算編成に携わる大蔵省の実態である。

予算編成の場合，とかく大蔵省主計局のみがクローズアップされるのは，必ずしも正しくはないのかもしれない。実際，大蔵省主計局は予算案査定，主税局は予算原資である歳入歳出に関わる業務を遂行する任務が課せられ，主計局が歴史的に筆頭局であるにすぎない。但し，大蔵省所管の財政制度審議会及び自治省所管の地方財政審議会の構成メンバーは，功なり名を遂げた各界代表が集い，大蔵官僚，自治官僚のそれぞれ用意したペーパーを鵜呑みにするだけ，叙勲対象になるのが楽しみという，御用審議会そのものである。財政制度審議会，地方財政審議会が自ら発議，官僚の用意したペーパーの代わりに自ら起草したという話しは

聞いたことがない。のみならず，各審議会建議及び答申は政策決定ではなく，あくまでも提言である。これが各審議会の本質を表している。

第3節　政府税制調査会とその答申

　政府税制調査会は昭和33年度の臨時税制委員懇談会の後を受けて翌年に3年の時限立法に基づいて設立された機関が源であり，税制調査会は昭和37年4月から常設機関として再発足した税制に関する政府諮問機関である。この機関は総理府所管であるとはいえ，その事務は大蔵省主税局が実質的に担当する。通常，政府税制調査会は，地方財政審議会及び財政制度審議会の両建議答申前後に，翌年度税制改正案を取り纏め，それを政府に対して答申する。大蔵省主税局は自由民主党政権時代，その税制調査会の動向に注目せざるを得ず，主税局幹部は常時，主税局の若手有資格者を党事務局の了解を得て陪席させ，彼から審議内容を逐次報告させた。

　大蔵省主税局幹部はこれを踏まえて自由民主党税制調査会の税制改正を綿密に検証して政府税制調査会答申の素案作成に当たった。この場合，党税制調査会は大蔵省主税局に対して党審議結果の厳守を暗黙の内に求めた。この結果，政府税制調査会答申は与党と掛け離れたものにならなかった。そして，大蔵省は翌年度予算編成の基礎である税制改正に関して自由民主党税制調査会を活用して最終的に政府税制調査会に答申させる目論見は，最初から挫折の連続であった。その代わり，大蔵省主税局幹部は与党・自由民主党税制調査会の行き過ぎと感じる場合，政府税制調査会委員に根回しを密かに行い，彼等から与党税制政策に否定的な発言をしてもらい，世論の支持を求めることがあった。しかし，これは往々にして失敗に終わり，ミイラ取りがミイラになることが多かった。

　結局，行政府である内閣と立法府である国会が政治的決戦に遭遇する場所は数多いが，翌年度予算編成もその一つである。それは国民の多数支持を背景とする多数党，多数党を基礎とする多数党政府は全国民を背景とするから，税制改正問題に関しても妥協が必要である。例えば昭和50年度税制改正の場合，政府税制調査会は自由民主党の決定を踏まえて

医師の社会保険診療報酬の経費控除率72パーセントを52パーセントに設定，また，利子・配当所得・土地譲渡所得への課税強化が実施された。この結果，自由民主党政権時代，政府税制調査会メンバーは，政党政治における政府税制調査会の立場，役割，限界を熟知し，それを意識して審議に臨むことが多かった。そのうち，あるメンバーは政府税制調査会は与党税制調査会の隠れ蓑に成り下がったと自嘲気味に考え，官僚作成文章の追認に不満を募らせ，もう少し実のある審議を望む者も少なくなかった。

第7章　予算要求の復活折衝

第 I 節　大蔵原案閣議決定とその内示

　大蔵原案閣議決定とその内示は，翌年度予算編成過程における最大のクライマックスである。その後に展開される政治演劇は，予算総額と政策内容が公開されているから，密室の場から表舞台に会場が移行する。通常，大蔵原案は余裕を含めたものであるから，政治の波に押され，押し返す力で消え失せ，寄せる波に飲み込まれることが少なくない。ここには多数党幹部と大蔵大臣，大蔵官僚と省庁官僚，多数党の背後に控える利益団体の予算分捕りの図式が鮮やかに浮上する。大蔵省は省議を開催して大蔵原案を省議決定，直ちに大蔵大臣が内閣総理大臣に報告する。自由民主党政権時代，大蔵政務次官が与党・自由民主党に対して閣議と並行して総務会及び政務調査会審議会合同会議に出席，説明した。

　この場合，大蔵政務次官による総務会及び政務調査会審議会合同会議における補足説明は，大蔵省主計局長，時として主計局次長の役割であった。その直後，大蔵省主計局主計官は担当省庁会計課長に大蔵原案を内示した。省庁会計課長はそれを各部局ごとに振り分け，それに基づいて調整，整理された。なお，昭和43年以降，公開財源以外に官房調整費が一般化していた。官房調整費は大蔵省の復活折衝に臨む防衛手段と

しての隠し財源の色彩が強かった。しかし，これに対して，公開財源はその字の通り復活財源そのものである。各省庁は公開財源の総額を踏まえて予算復活に作戦を絞り，与党・自由民主党政務調査会及び総務会を通じて大蔵省主計局の壁を崩すことに専念した。

しかし，大蔵省はこのことを十分に承知していたから，有力利益団体プラス有力議員に顔を立てる配慮を行いながら，予算配分をすることが少なくなかった。もっとも，例年の大蔵原案内示の場合，翌年度予算案に盛られる金額内容を表す予算科目は「項」及び「目」の細分である。このうち，項は組織別，目的別に作成されるが，目は主として性質別に作成される。予算科目の項は，国会の議決対象であり，それを踏まえて項間の移用も国会議決対象，目の流用は大蔵省の承認によって可能である。官房調整費は昭和43年に村上孝太郎主計局長時代に工夫され，党と政府との間の政策調整財源として大きな役割を果たした。

第2節 与党による復活折衝

各省庁は，自由民主党政権時代，大蔵原案内示直後，自由民主党の了解を得て復活折衝に備えた。この場合，関係省庁幹部は自由民主党政務調査会部会有力者と復活内容を検討，復活項目を決定した。自由民主党政務調査会部会は関係省庁から内示結果の報告を聴取，部会長が予め有力者と事前協議した復活項目を説明，これが了承された。当然，関係利益団体は予算内示を検討，関係有力議員に説明，強引に部会復活項目に加えさせた。ここでも，有力議員が長年のキャリアにものを言わせてごり押しすることが少なくなかった。その直後，自由民主党政務調査会各部会は8月末に部会審議した資料に部会復活項目の順位を記し，政務調査会審議会審議に備えた。

この場合，各部会の予算復活項目は全体の5分の1が最重要事項，5分の4が重要事項であった。その後，自由民主党政務調査会審議会は各部会から部会復活項目，正式には重点事項復活項目を聴取した。政務調査会審議会は各部会提出資料に子細に検討を加え，独自に重点項目を整理した。これには独特の印を付け，大蔵省に自由民主党政務調査会翌年

度予算復活重点項目として送付した。この間，総務会は政務調査会長から自由民主党政務調査会翌年度予算復活重点項目の説明を受けた。総務会はこれを修正することもあるが，大筋を変質するものではない。総務会は政務調査会策定の翌年度予算復活項目を党議決定，それは直ちに政府（大蔵省）へ送付された。

　直ちに，大蔵省主計局はこれを予算編成事務局の立場において政治的順位を付けた。自由民主党の予算復活に付ける印は，党政務調査会事務局が考案したものであり，これがそのまま継承された。例えば，◎は重要事項，○は◎に次ぐ事項，√は査定上配慮を要する事項，㉓は調整財源中の公共事業関係，㊙は機構・定員をそれぞれ表現した。この他，財政投融資は一般会計に準ずる措置が求められた。大蔵省はあくまでも政務調査会決定を尊重する建て前を崩さなかった。総務会が政務調査会決定に修正を加えたなら，それはそれとして重視した。この段階において，自由民主党は政治折衝に残すもの，残さないものに分け，関係省庁，関係利益団体，関係議員がそれぞれ活発に蠢くのであった。

第3節　各省庁事務次官折衝

　大蔵省主計局と各省庁との間の予算復活折衝は，自由民主党政権時代，その了解を得て，局長折衝まで行われた。それは各省庁課長折衝から局長折衝までの予算復活範囲は，政策ベースよりも事務分野が多かったから，与党・自由民主党はその結果報告を聴取して今後も続けるか否かを見極め，最終的に各部会が決定した。大蔵省も心得たものであり，適当に関係省庁に対して予算復活を段階的に内示した。その間，部会有力者は関係省庁に代わって大蔵省主計局幹部と裏折衝を繰り返し，それなりにセットした。自由民主党総務会は，事務次官折衝開始に了承を与え，省庁事務折衝を終わらせた。但し，事務次官折衝の場合，その折衝範囲はあくまでも自由民主党予算重点復活項目に限定され，それ以外は許されなかった。

　そして，事務次官折衝において決着のつかない項目は，自由民主党総務会了承後，閣僚折衝に持ち上げられた。関係議員は利益団体の要望を

実現するため，党幹部に対して執拗に根回しを繰り返しながら，彼等の手を通して大蔵省主計官に予算を付けさせ，予算編成そのものが歪められたことが少なくなかった。また，自由民主党政務調査会部会は事務次官折衝を与党代理の政治折衝であると見做し，事務次官が勝手に与党了解なしに降りられない歯止めをかけた。これは予算編成の際に表に出ないものであったとはいえ，少なくとも与党が与党政府（省庁）を統制する姿であった。そのため，大蔵省主計局は予算編成に関する重要課題を巡って，各省庁事務次官折衝において決着させることはなく，政治決着の第一歩である閣僚折衝に持ち込む作戦をとることが少なくなかった。

　それは大蔵省が各省庁に対して一段と高い省庁であることを再確認させるためであった。この意味から，例年の予算編成の際，大蔵省と各省庁は，政党政府の傘の下，相互の領域拡大に凌ぎを削り，省益の名の下に与党を巻き込んでいるように見えても，与党はそれを見透かして官僚を適当に「煽て」ることにより，彼等に予算調整させた。すなわち，多数党は各省庁施策が各省庁設置法に基づいて限定されていることを知り尽くしているから，予算及び各省庁間に跨る施策に政治的調整を差し延べ，自分達が手を貸したことを官僚に植え付けた。これが典型的に浮上するのが例年の予算編成である。例えば，自由民主党単独政権時代，政府は政府を組織する自由民主党の力に押され，施策の大枠から細部に及ぶ領域まで，与党審査という名目の「実質的審査」を受けたのである。

　このように，例年の予算編成の折，自由民主党政権であれ，連立政権であれ，時の国会（衆議院）多数党了解の下に行われる各省庁事務次官折衝は多数党が各省庁を監視して多数党施策の予算状況を検分する姿をとることが少なくなかった。この場合，各省庁官僚は自らの省庁設置法に基づく官僚セクショナリズムに生きるため，いくら優秀な官僚といえどもいわゆる「天下国家を論じる」余裕が無くなり，省益のために動くことに専念しなければならない。しかし，各省庁の省益は，一皮剝くなら，関連業界の利害に通じる。結局，政党，省庁は政治の基礎に在る経済，そして，経済を実質的に動かす業界の利害を代行するのではなかろうか。

第8章　予算案確定

第 I 節　閣僚折衝

　閣僚折衝は，通常，大臣折衝とも呼ばれる。閣僚折衝は大蔵大臣と各省庁大臣が省庁事務当局と大蔵省主計局との間の翌年度予算復活折衝を踏まえ，未決着事項に関して復活折衝することである。通常，閣僚折衝は，自由民主党政権時代，党側から政務調査会長，内閣から大蔵大臣が対峙する部屋に各省庁大臣が出席して予算復活折衝を行った。この場合，国家予算編成事務当局責任者である大蔵省主計局長が陪席，予算数字の整理に当たった。そして，各省庁大臣は自由民主党政務調査会部会最重点項目の中の未決着な項目を閣僚折衝の対象にした。閣僚折衝は予算編成上余り問題の無い省庁から開始して問題の多い省庁を後にするのが慣例である。

　自由民主党政権時代，例年8月，自由民主党衆参両院議員は部会において各省庁予算を審議した際，省庁事務折衝，閣僚折衝，政治折衝にあがる予算項目を熟知していたから，これらが段階的に解決することを踏まえ，忙しく動く割りにはかなり余裕があった。多くの部会員は予算編成に参加しているという意識が強く働き，それこそ政治家冥利に尽きた。これは省庁官僚，業界代表でも同じことであった。閣僚折衝の際，各省庁大臣が予算復活折衝に当たるが，裁判所のみは最高裁判所事務総長が当たる。とくに，自由民主党は例年の予算編成の際の重要課題に関しては，党基盤の強化並びに支持層拡大を計算して閣僚折衝よりも政治折衝の場で決着させることが少なくなかった。これまでの経過を振り返えるなら，恩給，米価，学校給食，公共事業等が一際目につく項目であったが，あまりにも政治性を帯びていたから，その場で決着することなく，政治折衝に持ち上げられた。

　このように，閣僚折衝の場合，余りにも政治性のある予算（政治的）課題は，政務調査会長が決断して政治折衝に持ち上げるのが常であった。

省庁にとっては、そうした経験がこれまでなかった場合、ことの成否は別として、一流省庁の仲間入りができたとして大喜びであった。例えば、郵政省は自由民主党がバックアップした郵便個人年金の是非が閣僚折衝を経て政治折衝に初めて持ち上げられた際、大きな衝撃に見舞われた。これは郵政官僚に対して政策官庁へと目覚めさせることになり、政策官庁へ歩ませる第一歩になった。この意味から、閣僚折衝は政党、政治家、業界よりも官僚にとって、それこそ官僚社会における行政的地位確認の場である。

第 2 節　政治折衝

翌年度予算編成の大詰めは、自由民主党政権時代、与党側が幹事長、総務会長、政務調査会長の党三役、政府側が内閣総理大臣、大蔵大臣、内閣官房長官が出席して行われる政治折衝の場であった。政治折衝は閣僚折衝を踏まえ、政府与党の立場からではなく与党政府の立場から予算編成を締め括る姿として浮上した。通常、政治折衝は政府よりも党側に重点があったから、別名「三役折衝」と呼ばれた。政治折衝は大蔵省が各省庁予算に関して事務的、政策的に査定したことを度外視したことにより、政治的配慮を加えたのが特色である。このため、政治折衝は政府側が党側に大幅な譲歩をする形で決着を図るから、関係省庁に対して朗報、もしくはその逆がもたらされた。

何故なら、政治折衝に挙がる予算項目は与党としての自由民主党が政府（各省庁）に関係なく推進しても、それを処理するのが省庁であるから、大蔵省と各省庁との権限争いに発展した。関係業界は推進、阻止両派に別れて政治家、省庁を巻き込んで圧力を加えた。これに対して最終的決断は、政治折衝の場における幹事長、総務会長、政務調査会長の各発言であった。例えば、昭和56年、自由民主党政務調査会社会保障調査会長・早川崇は高齢化社会到来を踏まえて国民の自助努力の一貫として郵政省所管「郵便個人年金」の改善に踏み切った。この時、郵政省保険局はかねがね郵便個人年金の在り方を検討していたから、党逓信部会の了解を得て党社会保障調査会の手に委ねた。

この時,早川崇はこれを逓信部会の専管事項にするなら,民間保険会社を背景とする党財政部会が黙っておらず,結局,結実しないと判断した。その代わり,社会保障調査会は部会を横断し得るから,郵便個人年金を取り扱うのに相応しいと考えた。この結果,郵便個人年金創設 —— 制度改革 —— は,自由民主党政務調査会内の対立は大蔵省と郵政省の対立に発展,民間保険会社は郵便年金制度が民間保険会社の経営圧迫を招くと反対し,郵政省特定郵便局長会はその実現を求め,大きな政治問題に発展した。結局,「郵便個人年金」は,政治折衝の場において,1年先送りの形において制度化されることになった。この間,国民は郵便個人年金を巡る論争に接し,改めて高齢化社会到来の現実に直面,それに備えるために年金貯金に関心を示した。

　当然のことながら,郵政省及び民間保険会社はこれに応える措置をとったから,郵便個人年金を巡る一連の動向は,政策効果を挙げたことになる。このように,自由民主党政権時代,政治折衝は例年,1年の大半を使った予算編成最終のクライマックスであった。政治折衝が終了するや否や,翌年度予算案の党議決定を行う総務会が開催された。総務会は翌年度予算案を最終的に承認するか否かを巡り,審議した。総務会長は総務に対して翌年度予算案の承認を諮り,全員異議がなく翌年度予算案が党議決定された。これを受け,政府は直ちに閣議を開催するべく,招集手続きを行った。この閣議は通常の閣議と異なって特別に「概算閣議」,「追認閣議」と総称される。

第3節　概算閣議と追認閣議

　自由民主党政権時代,政府は自由民主党の翌年度予算案党議決定を踏まえて概算閣議を招集,大蔵大臣が資料なしに翌年度一般会計歳入歳出概算に関して発言,財政投融資を加えて閣議決定した。これは予算編成上,それなりに重要な閣議であり,予算案があくまでも概算の領域に止まるとはいえ,余り世間に知られていない閣議の一つである。この間,大蔵省主計局は翌年度予算案の計数整理に追われ,予算数字の確定に向けて徹夜作業が繰り返されるのが慣例である。そして,大蔵省は概算閣

議終了と同時に翌年度予算決定額を各省庁に対して通告，各省庁は大蔵省から翌年度予算決定額を受領，ここに予算編成が事実上終了する。その直後，各省庁各部局は施行計画に取り掛かり，施策によっては都道府県，市町村とも協議を重ね，およそ数か月をかけて実行計画を練る。

　その内容としては補助金，委託金のような技術的，専門的な分野がある。それは総務庁，法務省のような事務官庁よりも建設省，文部省のような事業官庁に多い。各省庁は大蔵省から受領した翌年度予算決定額に基づいて予算予定経費要求書，継続費要求書，繰越明許費要求書，国庫債務負担行為要求書等を一定の様式によって作成し，改めて大蔵省へ提出する。大蔵省は各省庁予算関係書類を取り纏めて正式の予算案形式に組み立て直し，それを閣議に間に合うように準備する。この閣議は翌年度予算関連の審議を行うから，概算閣議と異なる名称が与えられる。この閣議は概算閣議を踏まえ，翌年度予算案確定案を審議するから，追認閣議と称される。すなわち，国家予算編成の責任者である大蔵大臣は，先の概算閣議の閣議決定に基づいて翌年度予算案精査に努める。

　大蔵大臣は，大蔵省主計局長に対して翌年度予算案の国会上程の準備を命ずる。これは翌年度予算案と呼ばれずに「歳入予算説明書」と呼ばれるものであり，歳入金額を部，款，項に区分，更に各項の金額を各目に区分して見積もりの事由及び計算の基づくものを作成する。これは予算案の形式に纏められ，大蔵大臣がこれを追認閣議に諮る。通常，概算，追認両閣議は通常閣議のように内閣総理大臣，各省庁大臣，内閣法制局長官，内閣官房副長官（政務及び事務），総理府総務副長官（政務，事務）が出席するが，内閣官房副長官及び総理府総務副長官は正式の閣議構成員でないから，閣議の意思決定に参加できない。しかし，閣議意思決定に関しては，明治18年に内閣制度が確立して以来，明文規定が無く，過半数でなく全員一致が生かされている。

第9章　国会における予算案審議

第 I 節　政府案の国会上程

　日本国憲法は，予算の国会議決に関して，法律案と異なる規定を設けている。衆議院の議決が参議院の議決よりも優先することを明記する。例えば，衆参両院の意思が予算案に関しても一致しない場合，両院協議会を必ず開催して協議を重ね，それでも意見が一致しない場合は衆議院の議決が国会の議決になる。また，日本国憲法は衆議院の予算先議の原則を条章化しており，これが各政党政策機関の質を決定する。通常，各政党は衆議院議員中心の院内政党組織を保有，その範囲内において参議院の独自性を容認する。しかし，参議院の各政党は衆議院優位の国会運営に焦りを感じ，日本国憲法の許容範囲内における独自性を訴え，それなりに工夫をこらしている。

　この結果，長年にわたって「衆議院のコピー化」と称されてきた参議院は反省，衆議院と異なる審議方法を開拓した。それにも拘らず，参議院の改革は衆議院優位の状況を変えることにならず，それこそ「お茶を濁す」程度しか見られなかった。このため，予算案決定に関しては日本国憲法の存在する限り，衆議院の参議院に対する優位は揺るがない。そして，衆議院は内閣から翌年度予算案が上程されるなら，衆議院各派が予算委員会理事会を開催，まず予算案審議に関する議事日程を協議，その決定事項を各会派に持ち帰り，それぞれ所定の手続きを経て決定する。自由民主党政権時代，党所属筆頭理事が国会対策委員長の承認を得ることが必要であった。

　国会対策委員長は予算案審議議事日程を役員会，引き続いて総務会にそれぞれ報告，その了解を得た。この後，党決定は予算委員会筆頭理事から他会派理事に伝えられ，相互に協議して確定した。そして，国会法に基づく衆議院予算委員会は，これまでの慣例によるなら，委員定数は50名，委員長は委員選任当日選出，理事の各会派割り当てに関してのみ

衆議院議員運営委員会が決定する。第一回国会以来，すべて委員会理事は委員会決議により委員長指名に一任，委員長は理事を割り当てられた会派から予め申し出られた候補者について指名するのが慣例である。また，理事補欠の場合，先の先例が踏襲される。予算委員会理事の選任は，各派閥の勢力を加味して選任する。

　最初，予算委員長は予算委員会運営を決定しなければならない責任を課せられている。そこで，予算委員長は予算委員会理事会を直ちに招集，翌年度予算案審議日程に関して諮り，円満な運営に努力しなければならない。大蔵大臣は衆議院本会議において財政演説を行い，それを巡って与野党攻防が繰り返される。この直後，翌年度予算案は衆議院予算委員会において審議されるが，通常，総括，一般，公聴会，分科会，締め括り等の諸段階を経ることになっている。このような衆議院の予算審議は参議院の場合，衆議院のそれと大きく異ならない。ともかく，大蔵大臣の財政演説は，国会における翌年度予算案審議の事実上の開始である。

第 2 節　衆参両院予算委員会審議と本会議審議

　総予算の衆議院審議は，自由民主党政権時代，予算委員会における総括審議から開始，通常，次の方法で行われた。政府提案説明0・5日──提案当日から総括審議入り──，各党持時間は総括質問者持ち時間は1人2時間と計算した。昭和50年の場合，予算委員会構成は自由民主党29人，日本社会党12人，日本共産党4人，公明党3人，民社党2人であり，これを基礎として各党持ち時間は自由民主党2時間（2人），日本社会党24時間（12人），日本共産党8時間（4人），公明党6時間（3人），民社党4時間（2人）であった。うち，自由民主党は持ち時間を各党に割り振ったのである。総予算は予算委員会における総括審議後，一般審議に入る。

　各会派質疑者数及び質疑持ち時間は予算委員会理事会が決定した。前述の予算委員会を参考にするなら，各会派持ち時間は質疑者1人1時間30分に基づき自由民主党1時間30分（1人），日本社会党18時間（12人），日本共産党6時間（4人），公明党4時間30分（3人），民社党3時間

第9章　国会における予算案審議

（3人），やはり自由民主党はその持ち時間を各会派に分けた。予算委員会が総予算を審議する場合，全大臣が出席することが慣例であった。総予算総括及び一般両審議が終了するなら，各会派推薦の公述人による公聴会が開催される。彼等は総予算に関して賛否両論を発言，発言時間は推薦会派の別無く平等である。但し，公聴会は昭和32，3年の2回，分科会審査後に行った。

　公聴会後，総予算は分科会審議に入り，各省庁別に国務大臣が説明，討論及び裁決なしに質疑した旨の報告書を予算委員長に提出する。分科会委員は予算委員長に一任，その主査は委員互選，そして予算委員会はその決議によって予算委員長に一任する。総予算が分科会において審議終了するなら，総括的な審議が予算委員会において行われる。通常，これは予算委員会理事会において概略が協議され，総予算の一般審査に準じた時間割り当てが各会派に振り分けられる。総予算の総括審議後，討論を経て議決される。しかし，これに先立って野党は予算案組み替え動議を提出，これに対して提案理由説明，討論，裁決 ── 否決 ── が行われ，総予算が可決される。

　但し，総予算組み替えは，予算編成技術上，それこそ不可能であるというのが通説である。なお，与野党議席数が接近している場合，野党は与党に揺さぶりをかけることに専念するから，限られた時間内の予算審議日程が遅延することがなくはない。与党は野党要求の予算修正に関して話し合いを開始，予算委員会理事会，国会対策委員会，幹事長・書記長会談，政策担当者会談，そして党首会談と段階的に進められる。これに関しては各政党がそれぞれ機関決定を行い，一定の歯止めが課せられる。最終的に，党首会談において何等か妥協が成立，国会が動き出す。これは与野党が相互の顔を立てるため，しばしば使う手である。

　その後，衆議院本会議が開催され，予算委員会審議終了した「一般会計予算，特別会計予算，政府関係機関予算」を上程，予算委員長がそれらを報告する。通常，野党は政府提出予算撤回を求めて組み替え動議を提出することが少なくない。それに関しては，衆議院本会議における賛否両論の表明後，慣例に従って起立裁決が行われ，多数党によって否決される。引き続き，衆議院議長は政府予算案の裁決を諮り，記名投票が

予算案成立のための各党調整方法

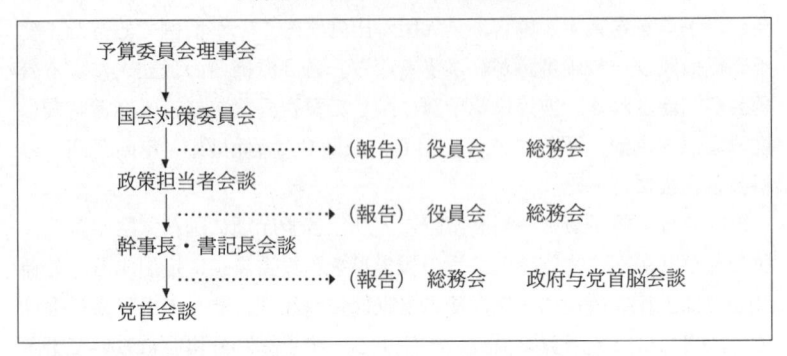

```
予算委員会理事会
    │
    ▼
  国会対策委員会
        │······▶ (報告)  役員会    総務会
    政策担当者会談
        │······▶ (報告)  役員会    総務会
    幹事長・書記長会談
        │······▶ (報告)  総務会    政府与党首脳会談
    党首会談
```

行われる。この結果,政府予算案は余程のことのない限り,賛成多数によって可決される。直ちに,政府予算案は参議院に送付されるが,参議院における翌年度予算案審議は,衆議院審議経過とそれ程異ならない。

第3節 大蔵省の国会質疑統制

国会における予算関係質疑は,衆参両院を問わず,質疑者が質疑内容に関して事前に内閣に通告するのが慣習である。例えば,衆参両院本会議,常任委員会等における質疑予定者は内閣官房 ── 内閣参事官室 ── に質疑内容を通告する。内閣参事官はそれを各省庁別に分類,各省庁に対して質疑内容を通告する。各省庁官房総務課長はこれを受理,それを整理して各局 ── 課 ── に割り振り,国会質疑に備える。国会開会中,質疑者の質疑はかなり遅い段階において提出されるから,それに備える準備に時間が取られ,しばしば徹夜作業になることが多い。この場合,各省庁は国会に官房総務課国会係 ── 国会政府委員室 ── を常置させ,各政党,衆参両院議員の対応,国会事務局との連絡に当たらせる。

各省庁官房総務課国会係は総務課長の命に従って衆参両院本会議,常任委員会の動向に目を配り,衆参両院事務局担当者の要請に応じて大臣及び関係政府委員 ── 主に局長 ── を出席させる。また,自由民主党政権時代,各省庁国会係は政党,特に与党・自由民主党政務調査会部会担当と密接な連絡を取り合い,部会運営が支障なく運ぶための振り付け役

を果たした。そして，各省庁国会政府委員室は，文字通り，政治と行政の接点に位置する要である。各省庁各部局は国会から送付された質疑内容を検討，それが不明な場合，国会政府委員室に官房総務課から連絡を取ってもらい，質疑者に質疑内容の疑問点を確認させた。とりあえず，課主任クラスが質疑答弁案を作成，課長補佐，課長，官房総務課長，必要に応じて局長，官房長等の決裁を受けた。

その後，大臣及び政府委員はこれに基づいて答弁するから，もし誤りが在れば，大臣及び政府委員を通じ省庁の責任になった。当然，省庁の矢面に立つ大臣は責任を追及され，窮地に陥るかもしれない。最近，与野党衆参両院議員の質疑は，各省庁施策が他省庁施策と重なる度合いが多い結果，一省庁のみでは答弁しにくくなっていた。このため，各省庁は国会質疑者の質疑答弁起草の際，関係省庁担当官と調整が必要になり，できる限り統一答弁に努力する。しかし，各省庁は権限争いに発展，なかなか妥協できず，国会答弁を迎えた場合には，質疑者に対する関係大臣答弁が食い違い，それが基で国会が紛糾，苦し紛れに政府が統一答弁する羽目に陥ることが少なくない。

通常，政府統一答弁は政府が国会に対して妥協を暗示するシグナルである。そして，各省庁は質疑答弁起草の際，予算事項に関係する問題に直面することがしばしばである。この場合，省庁は直ちに大蔵省に連絡を取り，質疑答弁内容を説明，主計局主計官の了解を取らなければならない。これは必ずしも法規において確立していないが，昔からの官僚社会の慣習である。このように，大蔵省は各省庁に対して予算に関係するという条件を付けて各省庁「国会答弁（大臣答弁）」を統制する。それに対して，政党は無関心を装い，官僚社会のコップの中の争いと見てみないふりをする。これは国会の自立性に関わる課題の一つである[7]。

（1） 犬丸秀雄・安田寛・村川一郎・西修・大越康夫編著『日本国憲法制定の経緯 ── 連合国総司令部憲法文書による ──』第一法規，平成元年。
（2） 財政法は昭和21年5月3日から施行，主に国家財政作用のうちの管理作用に関する財政行政の基本を明記している法律である。
（3） 平井平治著『予算決算制度要論』双珠社，昭和23年，第1章。
（4） 村川一郎述「自民党税制調査会と政府税制調査会」（内田健三編『経済政

策決定過程研究』所収　社団法人「日本経済研究センター研究報告」No 57　昭和60年)。
（5）　村川一郎述「税の舞台裏——政府税調と自民党税調——」(「時事問題解説」451　教育社　昭和60年)。
（6）　前掲(5)。
（7）　村川一郎述「大蔵省の研究」中央公論，中央公論社，平成7年5月。

第6編　法律制定

第1章　法律制定過程

第I節　省庁段階の調整

　法律は政治の具体的表現である。逆に，政治は法律によって権威づけられる。通常，政治と法律，法律と政治は多数党及びその内閣の編成する「予算」によって形あるものになるから，日本の政策決定過程も諸外国のそれも大きな違いがない。例えば，政府は多数党と調整して「国民健康保険保険料」に対する補助が財政逼迫から困難になる場合，改めて財政措置を講じなければならない。政府は多数党と協議を重ね，政府を構成する多数党が自らの政権を維持・継続させる立場から，この程度のコスト負担を国民に求めても拒否されないと判断，政府に対して立法措置を求める。また，多数党を構成する衆議院議員は選挙地盤の確保，その安定のために選挙区の要請をストレートに政府へ実現を求める。

　例えば，与党衆議院議員は選挙民の要請を受けて政府買入米の価格増額を政府に対して申し入れる場合，党機関決定を経てから要求する。これに対しては，政府が多数党と交渉を重ね，両者の顔を潰さない妥協の範囲で解決策を見い出し，相討ちの形で結実させる。この場合，政府は多数党の政治的意思を尊重，党プラス利益団体の糸に鋏を入れない。これは例年の予算編成の際，予算措置の形式において決着する実例の一つである。

　自由民主党政権時代，日本医師会はいわゆる「医師優遇税制」の税額

アップが大蔵省主税局において検討される動きがある場合，それを阻止するために直ちに対抗措置を取った。日本医師会幹部は協議を重ね，政府に働き掛ける前に政府施策を決定する自由民主党に圧力をかけた。この結果，多数党議員は選挙区の日本医師会支部幹部が有力後援者であるため，「選挙怖さ」から自由民主党政策機関を通じて政府に善処を求めることによって，政府を構成する大蔵省は医師税制増額措置に関して自由民主党の合意を得られなかった。

このように，政策の源泉である法律は，わが国の議院内閣制に立脚する政党政治の場合，政府（各省庁），多数党，そして，政府と多数党の外郭に位置する利益団体等が社会の推移に応じて自らの政策実現を求めて活発に動くのである。のみならず，日本政治は市場経済を基本とするから，それを動かす諸要因が国民を背景とする政党，そして政党によって統制される官僚機構，政党及び官僚機構に利益代表されない利益団体が法律形成の源泉である。

このように，議院内閣制に基づく政党政治の場合，法律の形式として結実する国家政策の決定方法に関しては，国民を背景とする政党が政治的責任を有することが明らかである。そして，国家政策決定権（力）は政党を中心として政党を補佐する官僚機構，利益団体の間にそれぞれ分権化されている。その中でも，多数党はその政策を自らの内閣を通じて一つの予算形式に纏め上げ，これに基づいて福祉政策，科学技術政策，貿易政策，財政政策等の諸々の形式において予算化の措置を講じる。その後，多数党政府下の各省庁はそれぞれの設置法に基づく守備範囲を厳守して立法を行い，与党審査，国会審議等を経て施行する。また，必要に応じ，政令，省令，規則，指導等の強制力で実行するのである。

第2節　省庁主管課の協議と省庁内調整

各省庁の立法計画の最小単位は，通常，省庁組織の下位段階に位置する課である。課は部局構成の単位であり，その下に室並びに係が置かれる。課は各省庁政策及び方針の具体化される実質的基盤，立法化，許認可，補助金助成，行政指導等の主体である。各省庁は大課主義，小課主

義のいずれかを取り，専門部門別の色彩がいたって強い。課を構成する要員階級組織の順位は課長，複数の課長補佐，上級係員として係長，主任，そして一般係員である。このうち，課長は殆ど有資格者，課長補佐の筆頭はやはり有資格者が占め，それぞれ中心的存在である。本来，省庁人事体系は大臣，政務次官の政治家ポストを柱として事務次官，長官，局長，官房長等が連なり，彼等がトップマネジメントを，部長，課長，課長補佐，係長等はスーパーバイザーをそれぞれ構成する。

　このうち，非有資格者は課長補佐が最高ポスト，少数の者が課長の椅子に座るが，それこそ極めて希である。有資格者の課長補佐は１，２年で移動，その代わり非有資格者の課長補佐はだいたい同じ部局を回るから，行政運営の生き字引である。このため，有資格者である課長，課長補佐はベテランの非有資格者の課長補佐に課運営を事実上任せることが多い。もっとも，課は自らの関係行政執行に際して問題が生じた時，局面打開，問題解決のために予算措置，制度 ── 法律 ── 是正に従事する。この場合，課においては課長，課長補佐が協議，一定の方向に結論をもっていくのである。自由民主党政権時代，課長及び課長補佐は与党自由民主党政務調査会部会有力者に対してもある程度の内容説明を行い，了解を取り付けた。

　もし省庁関係者がこれを怠るなら，関係団体幹部がそれ以前に関係議員に対して省庁方針を説明しているから，政治家の顔を潰したことになる。しかし，政治家は対面を重んじる人間であるから，顔を潰させ，怒らせることは出来ない。また，自由民主党が関係省庁に対して政策是正を求めた場合，主管課長は課長補佐と協議を重ね，上司である局長に報告して期限を定めて解決策 ── 起草 ── に取りかかった。それが予算に関係するなら大蔵省の理解を求め，行政が複数省庁に跨るなら省庁間調整が必要であった。その結果，各省庁間においては，必ず共管競合，所管争い，悪く言えば，縄張り意識，セクショナリズム等が浮上した。

　のみならず，官僚はそれに政治家を巻き込むから，政治家は官僚を通じて省庁組織に深く入り込み，その省庁の顔になることが多かった。それが政治家と省庁の腐れ縁の始まりである。そして，自由民主党は与党の立場から，省庁間調整を見守り，関係省庁に命じて一定の方向を導き

出させた。これは自由民主党が長期政権を経験してノウハウ化したなかなか利口な方法であった。自由民主党政治家は政権参加を通じて懐が深いから，自分達の意思を介して切磋琢磨を繰り返しながら政策素案取り纏めに奔走する官僚の仕事に口を出さない方針を貫いた。その代わり，政治家は官僚が切羽詰まって相談に来るように仕込み，予め関係団体幹部との協議を踏まえ，それなりに答を導いた。それは政治家が関連の深い省庁官僚に代わって大蔵省と予算折衝，他省庁と共管行政調整を行った。

この意味から，議院内閣制に立脚する政党政治の場合，政府を組織する多数党は政府を構成する省庁に対して公約を示すことにより，その政策機関を系統的に活用して関係省庁に命じて政策立案させる。このため，官僚は政策起案段階から，政府を構成する多数党の公約を尊重しなければならず，それに反する政策活動は一切許されない。このように，国家政策は国会と政府，言い換えれば，政治と行政の接点の上に決定されるから，多数党による官僚機構に対する政治的統制が浮上する。その終局の帰結の姿は，政府立法が多数党政府の「議員立法」であるということである。そして，各省庁部局の課において起案された文書は，省庁の決裁手続きを踏まえて官僚身分を象徴する稟議手続きに従って課長，部局長，官房長，大臣の順に押印される。

これにより，関係省庁は国会多数党政府の一員として政策遂行に失敗したとしても，それは政治家プラス多数党がとればよいという形で決着する。しかし，官僚段階においては，だれが責任を取るのか分からないばかりか，だれもが責任をとる必要がないという不思議な現象が現れる。この結果，省庁の稟議は文字通り「無責任のために存在する」のである。各省庁はそれぞれ内部の意思決定の円滑を図るために「文書管理規則」を定め，それでカバー不可能な手続きは独自の慣習に従う原則が確立している。各省庁文書管理規程は一律ではなく，各省庁の歴史，伝統により異なる。各省庁幹部会議は省庁議の形式を取り，省庁方針を決定する最高機関である。

各省庁幹部会議は大臣，政務次官，事務次官，官房長，局長，官房課長等から構成され，国会上程立法，予算等の重要事項を決定する。通常，

大臣決裁事項は「閣議申請文書，閣議提出事項，省庁訓令と大臣通達，法律案の提案理由説明，省庁所管の法律及び政令に関する新たなる決定」である。主管課長は文書取扱主任を置き，起案法律案の決裁手続きに関する責任を持たせる。彼は大臣総務課の文書接受配布簿に起案を登録，後に定められた様式の登録番号表示印を押す。登録番号は毎年1月1日をもって更新される。大臣官房総務課においては，手続き完了文書を主管課に配布，主管課長がこれを直ちに検閲，処理の要旨を課員に対して適切に支持，担当者に公布する。

法律案は主管課長から官房総務課長，主管局長の決裁後，官房総務課の文書進達簿に必要事項を記入，官房総務課長が進達する。起案法律はその内容が他局業務と関連する場合，主管局長決裁を経て合議先局主管課を経てその局議に諮られる。合議を受けた局の課は合議を受けた事項に付いて検討の上，承認した旨の表示又は修正の意見を付して起案原課に回付する。他省庁と合議を行う場合，その起案段階から調整を繰り返し，官房総務課と密接な連絡を保つ。それでも，関係省庁，それぞれの応援団として控える有力議員が政治的調整を繰り返しても，決着しないことがある。このような場合，これに見兼ねた自由民主党政務調査会審議会が政治的解決を図ることが多かった。昭和36年7月11日，政府は「予算の年内閣議決定と国会の常会における早期提出について」の閣議申し合わせを行った。

これにより，翌年度予算概算は前年度12月中に閣議決定するように編成作業を進め，「国会の常会に提出する予算及び法律案の取扱に付いて」により，毎会計年度予算は遅くとも前年度12月中にその概算について閣議決定を経ることとし，その時までに各省庁は大蔵省主計局及び他の省庁との間に予算関係法律案について内閣法制局の下審査を受ける案を速やかに確定できるとした。その結果，各省庁は常会に提出する予定法律案の件名及び要旨を例年9月20日にまでに内閣官房に提出，そして予算関係法律案の閣議決定期限はそれが制定されなければ予算参照に掲げられた事項の実施が不可能であるものについては3週間以内，その他のものについては4週間以内という限度を慣例化している。

例えば，概算要求に伴う立法取扱いに関する処理について，大体その

ような取扱いが慣例化している。

　　(一)　大蔵省に概算要求書を送付する際には同時に概算要求書を組み入れられた事項に関係のある法律案の要綱を提出，共管事項は他省庁との協議を経たものである

　　(二)　法律案の要綱を大蔵省に提出したときは同時に内閣官房，内閣法制局にも同じものを提出する

　　(三)　予算関係法律案になると考えられる法律案については歳入歳出予算等の概算についての閣議決定のあったときは速やかに内閣法制局に提出してその下審査を受けることができるよう大蔵省との予算折衝と並行してその作成をとり進める

　　(四)　予算関係法律案以外の政府提出法律案は，十月中に内閣法制局の下審査を受ける

　昭和36年7月14日，国会における政党政治の具体化のために一つの工夫が行われた。それらは「国会の常会に提出する予算及び法律両案は書式，提出部数（50部），法律案提出遅延書式，予算関係法律案の提出部数は内閣官房10部，内閣法制局20部等」が制度化される[1]。この場合，各省庁が自らの予算関係に関しては予算編成事務を主管する大蔵省，機構定員事務は行政管理庁の後身である総務庁とそれぞれ協議終了していることが必要である。このように，わが国における予算及びそれに基づく関係立法の省庁内調整に関しては，議院内閣制に立脚する政党政治が支障なく運営するための制度的工夫がなされている。

第3節　審議会諮問

　審議会は，官界に欠けている専門知識を民間から補給する目的で設置されている機関である。現在，各府，省庁を通じて約200を超える審議会が存在，政党政治の展開の中で，官僚機構を通じた政権政党の政策形成の隠れ蓑に変質している。のみならず，多くの審議会は関係省庁に深く結び付いて特定業界の利益代表もしくは圧力団体の完全な隠れ蓑の場である。これにより，審議会はその設置を法律に基づくとは言え，審議

会委員は関係大臣の任命である。官僚は自分達に都合の良い者を審議会委員に選び，多数政党と巧みに連絡し合い，それに沿った事項のみを審議会に諮問する。この結果，審議会委員は易きについて特定の範囲の者に頼る傾向がいたって強く，いつも同じ顔ぶれがどの審議会にも顔を見せることが多い。

しかし，大半の審議会は関係省庁が政権政党の政治的意向に反しないお膳立て資料を審議，お茶を濁すだけである。これまで，審議会が独自の調査能力を発揮して答申案を取り纏め，関係大臣に答申してそれなりに機能した審議会は数える程しかない。現在，審議会は所管大臣が特定事項について意思決定を行うに当たり，必ずその意見を聴取するものに止まるものとそうでないものとが存在する。前者は総理府所管の社会保障制度審議会，後者は総理府・事務局自治省所管の地方制度調査会がそれぞれ代表である。

審議会の実例

審議会名	委員定数	任期	審議事項
社会保障制度審議会 （総理府）	40名	2年	社会保障に関する調査，審議，勧告
地方制度調査会 （総理府・事務局自治省）	50名	2年	地方制度に関する調査，審議，勧告

もっとも，こうした審議会制度の在り方は，党高官低，官高党低に代表される日本型議院内閣政治の一面を現している。例えば今日，各省庁は多数党政務調査会に変質し，経済，社会の著しい変遷に対応するだけで精一杯である。その代わり，省庁は審議会を自分達のアクセサリーとしか考えず，形の上で審議会委員を先生，先生と崇め奉って，国民代表でない審議会委員の意見尊重の姿勢を取らず，もっぱら聞き置く程度に止める。これが省庁と関係審議会との間の政治的関係である。また，財界，労働界，学界等において功なり名を遂げた者がその道の権威と称して自薦，他薦して審議会委員に就任，それぞれ叙勲の対象になる者も少なくない。

例えば，大会社社長は経済団体連合会幹部のポストに就任することに

より審議会委員に，また，大会社労働組合幹部は全国規模の労働組合連合幹部ポストを通じて審議会委員にそれぞれ就任，いずれも業界代表として審議会に顔を出している。これは審議会委員ポストが各業界幹部の「上がりのポスト」として利用されるばかりか，国民不在に据え置かれるる傾向のあることを明らかにする。もはや，審議会はその運営の舵取りが関係省庁官僚の手によってなされ，利益団体幹部級の上がりのポストに変質している限り，なかなか独自色を出すのは不可能かもしれない。その意味からも，審議会制度は曲がり角にさしかかっているのかもしれない。

第2章 法令審査

第Ⅰ節 内閣法制局

明治18年12月，内閣法制局は内閣制度の創設に伴って設置された内閣補佐機関として，国の行政機関の中でも内閣と共に歩んできた特異な存在である。その意味から，内閣法制局はその創設から今日に至る期間，内閣補佐機関として内閣に置かれているとはいえ，内閣関係の法制面における重要な役割を持ちながら，内閣法律顧問の立場を堅持している。現在，内閣法制局長官は内閣が任命する認証官，長官は内閣法制局の事務を統括する場合，具体的に職員の任否，進退を行い，その服務に付いて統括する。そして，内閣法制局は長官の下に内閣関係法律事務を行っている。その任務は以下の通りである[(2)]。

　㈠　閣議に付される法律案，政令案及び条約案を審査し，それに意見を付し，及び所要の修正を加えて，内閣に上申すること

　㈡　法律案及び政令案を立案し，内閣に上申すること

　㈢　法律問題に関して内閣並びに内閣総理大臣及び各省大臣に対して意見を述べること

第2章　法令審査

　　㈣　内外及び国際法制並びにその運用に関する調査研究を行
　　　うこと
　　㈤　その他法制一般に関すること
　現在，内閣法制局は各部に分かれ，いずれも参事官をもって当てられる部長1名，及び参事官5名をもって構成される。参事官5名が当該部の所掌に属する法律案及び政令案の審査立案事務に従事する。法律案及び政令案の両審査の場合，各部所属参事官が合同して当たるが，国会との関係で多数の法律案を審査しなければならないから，省庁別に主査とされた参事官が責任をもって処理，疑問箇所に関して部長，他部所属参事官の意見を求めることが多い。それに関しては，以下のような慣例が存在する。

　　㈠　予算関係法律案は予算の国会提出後三週間以内を目途に
　　　国会ごとに定められる日までに閣議決定する
　　㈡　非予算関係法律案は予算関係法律案の閣議決定期限後お
　　　おむね一か月以内を目途に国会ごとに定められた日までに
　　　閣議決定する

　内閣法制局参事官は内閣法制局が独自の有資格者を採用しなかったから，各省庁有資格者官僚出向者で占められた。通常，各省庁は中堅課長級を4，5年，内閣法制局に出向させ，彼が出身省庁提出法律案審査の主査に座り，審査した。内閣法制局幹部は大蔵，自治両省参事官の中から目ぼしを付けて将来の内閣法制局幹部として止まるように説得を繰り返した。しかし，官僚社会は自分の一存で決定されないから，内閣法制局と他省庁との間において人事やり取りが行われ，話し合いが付けば，内閣法制局幹部としてとどまった。なお，昭和36年7月14日，閣議は「各省庁は大蔵省に概算要求書を送付する際に概算要求書に組み入れられた事項に関係する法律案の要綱を提出する場合，同時にこれらを提出する」旨の閣議申し合わせを行った。

　これにより，各省庁は国会常会に提出しようとする法律案の件名，要旨を少なくとも9月30日までに内閣参事官室に提出（書式一），内閣参事官室はこれを各省庁別に整理して予算関係法律案，非予算関係法律案に分けて内閣法制局に送付，官房副長官（事務）と同時に与党幹部にも

報告,了承を得る。内閣参事官室は,予算概算が閣議決定されるや否や,各省庁に対して国会常会に提出しようとする法律案の件名,要旨,提出の確実度,予算との関係,法律案の規模,他省庁との関係,閣議決定予定日,内閣法制局審査予定日等に関して所定の様式により作成した書類を直ちに提出することを求める。この後,内閣法制局及び内閣参事官室が各省庁官房文書課長から説明を受ける会議は「文書課長等会議」と称される。

この会議においては,内閣提出予定法律案,予算関係法律案とすることの適否を検討,閣議決定予定日,当局の予備審査予定日が確定する。なお,予算参照書に明示された政府施策の多くは,予算関係法律案が与党審査を経て国会審議,決定がなければ日の目を見ない法律である。予算関係法律案は便宜的に※印を付けて表示されるから,俗にコメ印法案と呼ばれる。この法律案は,国会の長い慣習上,予算案確定後の最初の国会において最優先的に審議される。与党は国会審議を検討し,内閣に対して日時及び時間を指定して与党審査を終えるように通告する。各省庁はこれを踏まえて逆算を行い,一連の作業を進める。各省庁は,内閣法制局審査が終了するや,法律案を所定の様式により浄書し,内部決裁手続きを経て内閣総理大臣宛て閣議請議手続きを取る。

内閣官房は内閣法制局にその審議を求めるために回付する。参事官5名は当該部所掌に属する法律案及び政令案の審査立案への従事に際して日本国憲法,及び現行法制との関係,並びに立法内容の法的妥当性を始めとする条文の表現及び配列の適否,用字,用語の誤りの有無等,目次から本則,附則,法律案に付ける提案理由等あらゆる角度から検討を加える。例えば,内閣法制局審査は,省庁法律案の全体のバランスを考え,技術的欠陥を防止する立場から,表現の統一,用語及び用字の言い回し等に関して修正を行う。これは一般に内閣法制局独特の用語で「職権修正」と呼ばれる。これが終了すると「別紙　大臣請議　法律案を審査したが,右は請議のように閣議決定のうえ,国会に提出されてもよいと認める」との表書きを閣議請議の上に付けて審査担当官,当該部長,次長を経て長官決裁を受ける。

第 2 節　大蔵省法令審査

　各省庁は，遅くとも 8 月末日までに翌年度予算概算要求書に伴う関係法律案のメモを大蔵省主計局法規課へ提出する。大蔵省主計局法規課はこれを参考として翌年度予算編成の参考資料として取り扱う。しかし，これは議院内閣制に立脚する政党政治の場合においても，政党政府を構成する官僚組織の中で行われる大蔵省による他省庁に対する統制である。そして，この大蔵省の他省庁に対する統制は，余り表立って論議されないが，少なくとも「大蔵省法令審査」という形式において如実に現れる。例えば，大蔵省主計局は各省庁提出「翌年度予算概算要求」を材料として予算案のみならずそれに伴う法律案の中身に及ぶ審査を行う。これに対しては，大蔵省が内閣の予算編成事務を行う「省」であるから，各省庁も黙して語らずの状態である。

　また，衆参両院議員は「議員立法」を行う場合，それが予算を伴うなら，事前に大蔵省主計局主計官，法規課課長の了解を得なければならない。ある議員立法が多額な出費を伴う場合，大蔵省主計局は予算体系を崩すとしてその成立阻止に立ち上がり，特に多数党に働き掛ける。このため，多くの法律案は予算に裏付けられ，自由民主党政権時代，その政府下の各省庁が自由民主党の要望の線に沿って政府立法の形に取り纏め，それを再び与党が実質的に審査し，それを国会に上程した。その後，これら立法は，数の論理の支配する国会において，衆参両院常任委員会，本会議という一種の儀式を経て成立した。このため，政府立法は形を変えた与党議員立法の域を出ない。少数党はその議員立法を成立させたくとも多数党の数の前においてはそれこそ至難の技である。

　なお，予算案及び予算関係法律案は，衆参両院常任委員会に付託された際，与野党，特に少数党から関係省庁に質問が提出される。内閣参事官室がこれを受理，整理して関係省庁に振り分ける。この場合，関係省庁関係部局は予算に関係するから，その答弁内容に関して大蔵省主計局法規課へ照会，その内容に関して了解を取り付ける。大蔵省は他省庁と仲間同士であるとしても，官僚社会の掟・大蔵省は省中の省の大義名分に固執するばかりか，他省庁にもそれを感じさせる。要するに，大蔵省

は予算編成を盾にとり，大蔵省の存在を各省庁が無視する態度にでることを許さず，政党に政治が牛耳られても，政治を支える行政は自分達が仕切るという自負を失わないようである。

第3節　衆参両院法制局

　衆参両院はそれぞれ法制局を設置，常任委員会所管に属する法制に関する事務，及び他部課の所掌に属さない事務を司る。このため，衆参両院法制局は法制局長，参事，その他の職員で構成，それぞれ定員はそれぞれの院の議決による。衆参両院は独特な試験採用を実施するが，衆参両院職員であることに変わりない[3]。衆議院法制局は5部構成，第1部は内閣，法務，文教，議院運営，懲罰，予算，決算，第2部は地方行政，大蔵，第3部は商工，運輸，外務，第4部は農林水産，建設，第5部は社会，労働，逓信である[4]。そして，衆参両院法制局は議員提出に関わる法律案に関して，議員の所属する党派と交渉，議員提出法律案を起草する。

　この場合，関係議員は所属会派の機関決定を経て所属議院に上程する。関係委員会審査に際しては，政府提案の例に倣い，提出者が大臣の役割を果たし，質疑に答える。そして，議員立法が先議院において成立するや，後議院においても先議院同様の審議方法を取る。議員立法が予算を伴うなら，予め大蔵省と協議して処置を済ましておかなければならない。そして，議員提出に係わる法律案，省略して議員立法は，例年の予算案及び予算を伴わない手続き関係が大半である。これまでの長い国会を振り返るなら，衆参両院与野党議員は予算を伴う議員立法を成立させることの難しさを知り尽くしている。例えば，ある党派所属議員が議員立法にかかる法律案を衆参両院に上程した場合，これに関して与野党合意が無い限り，予算及び予算関係法律案審査の後回しであるから，一定の会期を軸に回転する国会において成立する機会が少ない。

　しかも，議員立法提出条件に関しては，国会党派の議席数に関係なく，予算を伴うもの，伴わないものに厳格な条件が付される。この結果，かかる条件を満たせない党派は，それこそ議員立法を通じて政府批判が不

可能になって息を飲むだけである。その代わり，多数党に近い政党は政府提出立法の取扱いを巡って多数党と駆け引きを頻繁に行い，国会において許される戦術を駆使して自らの存在を強烈にアピールできる政治的機会が少なくない。このように，わが国における議員立法は議員個人上程に関してすこぶる条件が厳しいかもしれない。しかし，議院内閣制に立脚する政党政治の展開を踏まえるなら，あくまでも国会と国会が誕生させた内閣との連帯責任を重視した場合，政党政治を混乱させないためにも議員立法提出条件が厳しいのも致し方ないのかもしれない。

第3章　自由民主党審査

第Ⅰ節　自由民主党政務調査会部会と政務調査会審議会

　自由民主党政権時代，連立政権を経て再び自由民主党政権時代，各省庁はそれぞれの施策を裏付ける法律案を関連の与党・自由民主党政務調査会部会に提出し，その実質的審査終了後，政務調査会審議会，総務会の順に審査，決定する。そして，各省庁は自由民主党総務会審査終了後，それらを閣議に諮る。閣議終了後，各省庁は自由民主党国会対策委員会に法律案を説明，国会上程の了解を得る。このように，自由民主党の立法審査はそれぞれの機関の立場から分権的に行われるとはいえ，政務調査会部会審議がすべての審議の基礎である。通常，政務調査会部会は関連省庁立法を専門的に行う機関として認められているから，自由民主党内閣における政策形成の唯一の政治的場であるかもしれない。

　そこで，自由民主党立法審査を跡付けるなら，次のようになっている。すなわち，各省庁は国会上程法律案の省議決定直後に「与党審査」の準備に取り掛かる。官房総務課長は省庁官房長の命を踏まえて国会班——官房総務課課長補佐（国会担当）——に連絡，自由民主党政務調査会部会担当と部会開催日時を協議させる。国会担当は関係立法担当官を伴って部会担当と会見，担当官が関係立法の概略説明，部会担当官が部会長

に報告する。その直後,部会担当及び省庁官房総務課長もしくは関係部局長が部会長に国会上程法律案の実質的説明を行い,事前了解を取る。と同時に,省庁幹部は手分けして有力部会員の根回しに全力を挙げ,部会審議がとどこおりなく終了することに心掛ける。

なお,官房総務課国会担当は部会担当のセットした部会開催日時,党本部会議場所を直ちに本省官房総務課国会担当に連絡,国会担当は直接の上司である総務課長補佐,彼を通じて総務課長に報告する。その後,官房総務課国会係から主管局総務課国会担当に連絡が行われる。主管課長は課長補佐に命じて自由民主党政務調査会部会提出用に法律案,法律案要綱,関係資料等の内閣法制局審査を終了した関係資料を印刷させる。その後,官房長,官房総務課長,主管局長に改めて部会開催日時が官房総務課から関係者を通じて連絡される。そして,自由民主党部会担当者は彼の補佐を通じて部会員に部会開催日時,場所,議題等を通知する。

それと同時に,部会担当補佐は部会開催日時及び議題を政務調査会事務局に設置されている「会議予定表」に責任をもって書き入れる。政務調査会庶務係はそれを毎日集計,党総務局総務課に回付する。総務課公報担当係はそれを衆参両院総務課公報係に提出する。衆参両院事務局公報係は国会関係以外にそのまま衆参両院公報に文書化する。これは国会議員現住所に翌日早朝に届けられるから,これを見て国会議員は衆参両院本会議,常任委員会等の開催,各党の会議及び人事を知るのである。このため,衆参両院公報は国会議員にとって「耳目」の役割を果たしている。なお,部会通知は党所属議員が混乱しないように数日前に公報掲載を行うことになっている。

衆参両院公報掲載の実例

```
8月30日(木)
自由民主党
      内閣部会  午前8時30分  党本部  707号室
      一  恩給法の改正
      二  当面の諸問題
```

しかし,衆参両院公報は,国会開会中のみ印刷,配布される。国会閉会中は,政務調査会事務局から各部会員に郵送通知,FAXされる。部

第3章 自由民主党審査

会は部会長が開催の口火を切り、本日の議事日程を説明、省庁局長が国会上程法律案について説明する。部会長は部会員に質疑を求め、それが終了すると閉会する。但し、重要法律案の場合、省庁局長の部会員の根回しにも拘らず、必ずしも部会員の調整が付かず、結論がでないことがある。その場合、部会長は法律案を一時保留、もしくは上部機関・政務調査会審議会に上げて結論を得ることを確認する。しかし、多くの法律案は、与党・自由民主党の政治的意向に沿って作成されているから、部会において議論沸騰することは少ない。

のみならず、部会員はそれを承知しながら様々な部会、特別調査会等に毎日毎日その足を運ぶのである。それは政策が連続性をもっているから、ベテラン議員といえども、会議に出ていないと分からなくなるからである。それと同時に、利害関係者は政治家の元に通い詰め、情報収集に余念がないから、部会において聴取した知識を振り撒き、相手を誑かして煙に巻き、その見返りとして政治資金を獲得することが少なくない。これも政治家が政治力を巧みに活用する術である。しかし、官僚にとって部会は出世の一里塚、局長は別として主管課長の説明がその者の官僚人生を左右することが多い。部会員は大臣経験者も多いから、陪席する省庁幹部は主管課長の能力を推し量る絶好の場である。

やはり、主管課長は頭脳明晰、大学成績だけでは駄目、上手に説明、相手にその気にさせる受け答え、要するにソツの無さが求められる。政治家ならずとも先輩官僚はこうした若手官僚を利け者と判断、省庁の将来の幹部として注目する。それは幹部官僚がこうした経験をもち、今日の地位を得ただけに同じことを繰り返したいのである。もっとも、自由民主党政務調査会部会は、省庁間に対して省庁間に分散されている縦割り式「権力分権システム」をそのまま持ち込ませ、政治家が省益調整の名の下に行政のために働く素振りをしながら、官僚の弱点を活用して政策がもたらす利益を得ている。具体的には、部会関係者は官僚の地位を擁護する代わりに予め省庁幹部に対して省庁政策決定の前に言い含め、官僚のやる気を殺がないように形ある干渉を行わない。

もっとも、官僚は自由民主党長期政権が災いして与党慣れ、大体この程度なら自由民主党の党方針を踏み外さないことを肌で知り尽くしてい

る。そして，自由民主党及びその政府（各省庁）は，長期政権から「官僚をリクルートメント」することに成功，官僚は「与党のため」に働くとして官僚のやることに対して何等の警戒心も持たず，官僚が根回しに来た際に「聞き置く」ことが事前了解として理解する。しかし，これを自由民主党全議員が理解するまでには，それ相当の政治経験，官僚及び官僚組織に関する知識が必要不可欠である。それが解らないままに，衆議院議員当選1，2回の者には「各省が法律を作って，それを各部会が承認して，政審，総務会の了承をとって閣議決定の後，国会に提出するという仕組みでは行政のために我々が働いている」という意見がある。

しかし，彼等は衆議院議員当選を重ねるごとに部会副部会，政務次官，部会長，衆議院常任委員会理事等を経験，役職を活用して関係業界に顔を売り，先輩議員の領域に迫り，業界はそろそろ「選手交替」を意識，彼の政治力に期待し始める。当然，議員及び業界両者の間に「見返り」が成立，通常，政治資金の提供の形が取られる。そうなるなら，彼は行政プラス官僚の弱点を逆手にとり，政治力パイプを拡大，自らの将来に備え始める。それに対して，業界はなるべく多くの関係議員に政治力パイプを広げ，相互に競い合わせ，自分たちの欲する政策実現に努める。各省庁はそれぞれの設置法に従って身動きができず，省益に振り回される。

しかし，各省庁の錦の御旗「省益」を一歩掘り下げるなら，それは各省庁がそれぞれの設置法に基づいて関係業界の利益のために働くことである。実際，業界は色々な名目で与党・自由民主党を通じて自由民主党政府から各種補助金，税制優遇措置を勝ち取り，その見返りとして政治資金提供，官僚の天下り受入れを行う。これに対して，大会社，官公庁両労働組合は昇給昇進，年金・健康保険充実，退職手当て完備等の利益配分に与かる。このため，各省庁関係法律は省庁，与野党，与野党関係支持団体に連なり，せいぜい，与野党がそれぞれ政治的存立のために取扱いに関して大騒ぎを行い，賛成並びに反対にわかれて国民にアッピールすることに終始することが多い。

その証拠としては，国会において与野党が対立しながら成立した法律を見るなら，成立後，それに基づいた政策が国民の不評を買った例はそ

れ程多くない。自由民主党はこの辺に政策基準を設定，各省庁に対して立法基準を厳守させる。従って，自由民主党政務調査会審議会はあくまでも部会審議を重視し，あえて部会審議に政治的アクセントを付けることに終始する。審議会は火曜及び木曜両日午前10時から開催，国会開会中は衆議院の自由民主党政務調査会審議会，国会閉会中は党本部政務調査会室が使用される。政務調査会長が主催，関係部会長が部会審議終了の関係省庁法律案を説明，大体形式的審議に終始する。しかし，部会において賛成・反対両論対立法律案は，審議会が実質的審議を行っている。

もっとも，政務調査会長はとりあえず有力関係議員の意見を聞いたり，懸案が複数部会に及ぶ場合，関係部会長を招集して調整を図ることを試みるとはいえ，それで纏まれば関係省庁に決定を伝える。最終的に，政務調査会長は懸案事項を自ら預り，彼が決断を下したりする。当然のことながら，政務調査会長は関係大臣と連絡を取り合い，関係大臣が省益を賭けて政務調査会長に自分に有利な調整を期待する。また，関係議員はしきりに政務調査会長に説得を繰り返し，各省庁の背後に控える業界利益守護に専念する。その場合，政務調査会長は賛成・反対両方に揉みくちゃにされ，総務会決定に委ねる作戦を取ることもなくはない。

第 2 節 総 務 会

総務会は30名の総務から構成され，党運営及び国会活動に関する審議決定する機関である。総務会における立法審議は，結党以来，全党的審議を行うのが鉄則である。総務会は国会開会中，衆議院の総務会審議室，国会閉会中，党本部総務会審議室が使用される。総務会は総務会長が開会を告げ，最初，幹事長が党務報告を行い，その了承後，立法報告が行われる。総務会は総務正副会長，幹事長，政務調査会長，その他の党役員が出席，文字通り「党最高機関」である。総務会長は党務報告直後に政務調査会に立法報告を求め，部会長が部会，審議会両審議決定を見た法律案説明を行う。部会長説明の際，補足説明として関係省庁局長が行い，総務質疑に応える。

通常，総務会における立法審議は部会，審議会両審議を経ているから

形式的審議に終始する。その代わり，国家的課題に関しては総務会が指導権を握り，白熱した議論を戦わせ，党議決定する。例えば日米安全保障条約改定，日中国交回復，天皇訪中の是非等である。また，総務会は党歴，閣歴両方とも経験豊かな古参議員が大半，総理大臣以外に党職，官職がない長老が半永久的に総務職を占め，それを唯一の楽しみにしている者が少なくない。部会長は年齢は別として当選回数が若いから，部会長として総務会報告できるのは党幹部に自らの政治能力を認めさせるまたとない機会である。総務は部会長発言からその者の政治的センスを読み取り，機会があれば使いたい，使いたくないと考える。

　これを熟知している部会長は部会報告に神経を使い，一語一語を嚙み締めて簡潔に説明する。この間，多くの総務は妄りに発言せず，黙々と部会長説明を聞くにとどめ，次から次に繰り出す部会長説明を聞き流すことが多い。それでも，長老総務は長年の政治修羅場を潜り抜けた経験から，これから期待して良い部会長を心に止める。長老総務は派閥に帰れば長老で，彼を引き立てることが少なくない。この意味から，総務会における政務調査会報告は，特別な意味を持っている。それは部会長報告が党内の政治的階梯を昇る最初の試練に他ならないから，失敗は許されない。また，総務自身は総務会発言の際に全党的発言に心掛けることにより，部会，審議会において見過ごした政治課題を取り上げて発言，これを党課題として解決を求めることがある。

　総務会長は総務発言を総務全員に諮り，政務調査会長に対して総務発言を踏まえて政策化することを求める。政務調査会長は総務会決定を踏まえて政務調査会において総務発言を政策化することを確約する。これは総務会が問題提起を行って政務調査会をリードして政策決定を導く一つの姿である。例えば，総務は宇宙時代の今日，大国の人工衛星が地球を回っているから，日本の太平洋近海において海底火山が噴出した場合，ある国の人工衛星が第一発見者になってその国の領土に編入され兼ねないと説明，それを防ぐためにも波間に消える岩礁を補給して「日本国家標識」を早急に付けるなら，領海200海里時代に備えられると主張した。これは直ちに総務会決定，政務調査会に「領土領海特別委員会」を設置して大蔵省に予算措置をさせ，緊急課題として政策化させた。これは一

例である。

第 3 節　国会対策委員会

国会対策委員会における立法審議は，国会対策委員会が政治現場の機関という本質から政務調査会部会，審議会，そして総務会の 3 審議と異なり，省庁上程法律案の確認が主体である。それでも，関係省庁は関係局長が国会対策委員会に出席して上程法律案の説明を行い，国会審議に際しての理解を期待する。これを踏まえ，国会対策委員会担当副委員長は関係常任委員会党所属理事と各省庁上程法律案の取扱いについて協議を重ね，上程日程を打ち合わせる。当然，常任委員会党所属理事は，関係省庁上程法律案に関して他政党理事と非公式に協議を繰り返し，上程法律案の取扱いを詰め，国会対策委員長へ結果報告し，国会対策委員長が党国会運営の大局にたって決断，現場の党常任委員会理事に伝えられる。常任委員会党所属理事は全責任をもって対処し，上程法律案を巡り野党との調整接点を詰め，修正の範囲が浮上する。

国会対策委員長	副委員長 副委員長　……国会常任委員会理事（部会部会長・副部会長） 副委員長	

すなわち，国会対策委員会は，政府立法上程及びそれらの審議方法を巡る各党の思惑を解決する責務を持っている。とくに，野党が与党の政策に対して簡単に妥協するなら，党を維持，支持者を繋ぎ止めることが不可能かもしれない。この意味から，与野党はそれぞれ内心「妥協」しても良いと考えるが，支持者の手前，ともに天を戴けないとして争うことが少なくない。これが益々国会運営を複雑にする原因になっているから，国会対策政治 ── 国対政治 ── をはびこらせるのである。とはいっても，これがないなら，国会は大混乱するかもしれない。このように，国会対策委員会における立法審議は，各省庁上程立法の確認だけにとどまり，行き過ぎた法律審議を行わない。

その代わり，国会対策委員会は，省庁上程法律案が法律として成立す

るまでの国会審議全般に責任をもつ党機関であることが浮上する。この意味から，国会対策委員会は国民に代わって国家意思を形成する「国会」という船に該当，国会対策委員長は「国会丸」の船長と揶揄される。これらの言葉は，国会対策委員会の立法審査の在り方を表現するのに最適である。

第4章　政府手続き

第 I 節　事務次官等会議

事務次官等会議は，政務次官会議と同様，内閣補佐機関である。通常，事務次官等会議は内閣官房副長官（事務）が主催，内閣法制局次長，各省庁事務次官，警察庁長官等で構成される。ここでは内閣閣議決定，またはその了解を得なければならない案件，主として法律案，政令案，国際会議の計画，災害報告等を全体的に調整する任務が課せられる。しかし，事務次官等に諮られる案件は各省庁が与党・自由民主党と政策調整したものであるから，実質審議を行わない。例えば，平成10年6月，事務次官等会議は座長である官房副長官古川貞次郎が各省庁事務次官等に対して自由民主党の強い要請を踏まえ，国家公務員人事改革の一環として「非有資格者の内部昇進」を指示した。

但し，事務次官等会議は法令上の根拠を有しない機関であるから，閣議案件のすべてを審議するものではない。のみならず，事務次官等会議は，与党内閣の政治色が極めて強い翌年度予算概算決定及び高級公務員人事に関する課題を審議しないのが慣例である。通常，事務次官等会議は，閣議が火曜，金曜の週2回開催と慣習化されているから，閣議前日の月曜，木曜両日に開催するのである。このように，事務次官等会議は閣議に諮られる案件に関して事務的に確認作業を行うのみであり，閣議をもっぱら支障なく運営させる補佐機関である。その意味から，事務次官等会議はあくまでも形式的な役割しか与えられていない。

もともと，総ての立法案である閣議案件は，与党政府を構成する各省庁官僚達が与党の政治的意思を介して基礎的に立法し，内閣法制局官僚達が立法案の審査 ── 立法技術上の助言 ── を関係省庁官僚と連携して行い，最終的に，その成案が与党の機関決定を経たものである。当然，各省庁法律案は事務次官等会議に諮られる前に与党が実質的審議を終了したものばかりであるから，事務次官等会議は，日本の政策決定過程に関する限り，それ程大きな政治的意義をもたない。どちらかと言えば，事務次官等会議は何等の政治的権限のない官僚機構の形式的な最高機関である。

なお，事務次官会議に関しては，すでに「一，事務次官等会議の運営の改善について　二，閣議，事務次官等会議の案件の取扱いについて」という内閣官房長官通知が存在する。このうち，前者は事務次官等会議の合理的運営に関するもの，後者は事務次官等会議に提出される案件のうち対外的に大きな影響があるものの取扱いを明記している。この意味から，事務次官等会議は立法府と行政府との間の政治的な調整機関ではなく，あくまでも行政府・内閣の補助機関に過ぎない。事務次官等会議は各省庁の事務最高首脳が集まり，与党政権の政治的意向を斟酌する場である。

事務次官等会議出席メンバー

内閣官房副長官 ── 政務及び事務 ──
各省庁事務次官
警察庁長官

第 2 節　政務次官会議

国家行政組織法は政務次官に関して「その機関の長たる大臣を助け，政策及び企画に参画し，政務を処理し，並びにあらかじめその機関の長たる大臣の命を受けて大臣不在の場合その職務を代行する」と明記する[5]。政務次官は内閣官房，大蔵，通産，農林水産の 3 省は 2 人，他省庁は 1 人である（1999年改正前）。現在，自由民主党政府は政務次官 2 人の場合，衆参両院議員から 1 人ずつ，他省庁政務次官は衆参両院の勢力

を加味して選考する。しかし，大派閥は代々有力省庁政務次官を押さえ，大派閥は幹部官僚の卵から中堅までに影響力を及ぼしている。これまで，政務次官は，盲腸のような存在と総称されてきたが，どうしてどうしてそのポストを使い，官僚人脈に食い込み，思わぬ副産物が転がり込んでくることがある。

このため，目先の利く政務次官は官僚人脈に食い込み，官僚もまたその者が将来性ある政治家と判断すると，自分のため，省益のため，積極的に接触する。当然，官僚の中の利け者は，自由民主党政権が崩壊する兆しがないから，政務次官の将来性に自分の官僚人生を賭ける。その結果，政治家と官僚両者の間に「人脈」が形成される。そして，自由民主党の政務次官選考に関する限り，えてして派閥中心主義が罷り通る。これも政党が派閥，もしくはそれに近いグループの集まりであるから当然という意見が少なくない。この結果，政務次官選考は，派閥基準に則って，一応，派閥推薦名簿を基準として誰々を何々族関連の政務次官に抜擢する。

もとより，政務次官は任命された省庁行政のずぶの素人ではなく，勝手を知っているから，自由民主党政務調査会部会との連絡役，大臣に代わって役所行事に出席，せっせと官僚人脈開拓に励む者，官僚を駆使して業界に食い込む者，真面目に勉強に精進する者等，それこそ千差万別である。各省庁は政務次官付き官僚選考の際，国会勤務を経験した非有資格者を選考する。しかし，郵政省のように郵政大臣と同じ有資格者を付ける省庁がある。この場合，大臣には課長補佐級，政務次官には係長級の人事が行われる。大臣秘書官（事務取扱い），政務次官付き係長に抜擢された官僚は，同期の官僚よりも一歩先んじたと見られ，それぞれ大臣，政務次官に仕えて政治 —— 国会及び党 —— に接し，またとない経験を積める。これを生かすも殺すも彼等の精進次第である。

なお，政務次官会議は閣議開催前日に開催，主として閣議に諮る案件の説明聴取，一般的行政事務に関して協議する。しかし政務次官の顔合わせが主体，与党の暗黙の了解をとれるような課題を協議，それが直ちに実行に移されたことがある。例えば，5月5日は，法定の祝日「こどもの日」であるから，中央省庁の屋上に鯉幟を立てる話し合いが決着，

第4章 政府手続き

それが実行に移された。このように，政務次官会議は国会議員が最初に到達する政府公職であるが，その割りに政治的実権の伴わないポストである。平成10年3月，自由民主党は政務次官の役割の再検討を行い，その政治的活用を図るため，筆頭副幹事長太田誠一等が20省庁事務次官等に対して政務次官の実情調査を厳命，3月6日，その調査結果を総理大臣橋本竜太郎に報告を行った。総理は「政務次官を活用することも一つの方法，大きなところを決めて行くのは当然である」と述べた。

自由民主党「政務次官実態調査」の結果

	自治省	国土庁	農水省	建設省	総務庁	沖開庁	外務省	文部省	労働省	北開庁	防衛庁	科技庁	環境庁	法務省	通産省	郵政庁	経企庁	厚生省	運輸省	大蔵省
課長以上の人事を大臣・政務次官に上げる	○	○	○	○	○	○	○	○	○	○	○	○			○		○			
府省令決裁はすべて大臣まで上げる	○	○			○	○					○					○				
大臣不在の場合は政務次官が代理決裁	○	○	○	○	○				○		○	○			○					
大臣決裁は必ず政務次官を通す	○	○	○	○	○				○	○	○					○		○		
政務次官出席の全省庁的会議が年4回以上	○	○	○				○		○			○	○	○						

第3節 閣　議

内閣がその職権を行使するのは，内閣が組織体であるから合議体としての会議，閣議によるのである[6]。通常，閣議は，内閣総理大臣が主催する秘密会の形式で行われ，全大臣一致によって決定される。そして，閣議は毎週2回行われる定例閣議（火曜日，金曜日午前10時），臨時に行

われる臨時閣議，閣議を開催せずに各閣僚の間を持ち回って賛否を求めて決定する持ち回り閣議がある。各省庁は国会上程法律案に関して閣議開催日を目安として与党審査 — 自由民主党政務調査会部会・審議会，総務会 — を終え，閣議に諮る。一応，各大臣は案件の如何を問わず内閣総理大臣に対して閣議開催を求められることになっている[7]。もとより，内閣がその職権を行使できるのは閣議によるものであり[8]，閣議の意思決定が閣議決定である。

閣議における議事及び議決に関しては日本国憲法，その他に別段の定めが無く，長い間に培われた慣習に依存する。閣議の議事に関しては秘密厳守が要求されるから，閣議に列した大臣はそれを守る義務がある。閣議に諮られる法律案には，時折，内閣法制局の職権修正がなされたものがある。これは内閣法制局がその職権の範囲内において権限行使を行うのである。例えば，内閣法制局が省庁提出法律案の最後の読み合わせの際，殆ど字句に限られる若干の修正を行うのである。これが職権修正であり，閣議請議原本の修正箇所に細長い付箋をはり，朱字で訂正文字を書き，付箋と原本にかけて「内閣法制局」と刻した受印により契印する。閣議の際，内閣法制局長官が担当大臣に代わって法律案の説明を行い，官房長官が閣議決定する旨を発言，全会一致で決定される。

この直後，各大臣は内閣法制局提出「閣議請議書」に花押もしくは押印する。通常，各大臣の閣議請議書は青紙，閣議決定後の閣議請議書が赤紙と呼ばれる。青紙，赤紙はそれぞれ表紙の色が青枠，赤枠に印刷されているからである。閣議終了後，閣議決定の閣議請議書は，内閣法制局が「別紙　　大臣請議　　法律案」として付けて国会上程の準備に取り掛かる。閣議の際，閣議決定は全会一致主義が慣習であるから，閣僚の1人が反対すれば閣議決定ができなくなる。その場合，内閣総理大臣は大臣を罷免して閣議決定することになる。なお，閣議開催前の控え室における席順は，内閣総理大臣の左右から当選回数，閣僚回数，党役員回数を加味して自然に決められる。これは明治18年に内閣制度が確立して以来の不文律である。これはそのまま衆議院本会議及び参議院本会議の閣僚雛壇に移される。

のみならず，内閣総理大臣は腹心の内閣官房長官と細かく打ち合わせ，

内閣の一体制確保に努め,強力に国政運営を行う。しかし,内閣と言えども,内閣を組織する与党の意向を無視できず,両者の調整は内閣官房長官の腕にかかる。もっとも,与党と内閣との間の関係においては,閣議開催時刻が自由民主党総務会開催時刻と重なるから,一工夫がなされている。例えば,閣議案件の取扱いに関しては,自由民主党総務会が党議決定するという条件付きで閣議決定される点である。仮に自由民主党総務会がある省の国会上程法律案を承認しないなら,閣議はそれを直ちに案件から外し,自由民主党の承認まで閣議に諮るのを保留する。このように,与党は閣議決定に至るまでその政治的影響力を行使する。

第5章　国会審議

第 I 節　院の構成

衆議院議員選挙終了直後,衆参両院に議席を占める各会派は改めて「会派届」を衆参両院事務局に提出する。それを踏まえ,衆議院は各派協議会,参議院は議院運営委員会理事会をそれぞれ開催する。とくに,衆議院各派協議会は,衆議院議員選挙結果を踏まえ,議長,副議長両人事,議院運営委員会を含めた常任委員会構成に関して協議を重ねる[9]。これには政府から内閣官房長官が出席,予め政権与党と協議,決定し,政権与党がそれを基礎として各会派と事前調整を繰り返して決定している特別国会召集期日,それに関する閣議正式決定日を表明,各党ともそれを了承するのが慣習である。最初の各派協議会においては,正副議長人事に関して協議,通常,与党から議長,野党第一党から副議長を選出することで合意するのが慣例である。

その後,各派協議会は常任委員会及び特別委員会両委員長ポストに関して調整,与党が野党に対して絶対多数の場合,常任委員長は与党独占,特別委員長は与野党配分を行うのである。次の各派協議会は前回の討議事項を決着させ,特別国会の日程,正副議長,議院運営委員長,特別委

員長等の国会役員人事の調整を終える。これにより，国会の院の構成は一通り終了する。その直後，政府は閣議を開催，正式に特別国会召集期日を閣議決定，それに基づいて特別国会が召集される。初日，天皇陛下は国会に赴いて開会式の行われる参議院本会議場に臨席する。国会開会式は通常，特別，臨時各国会が与党及び与党政府の協議により決定され，通常，年末年始の自然休会あけ，特別及び臨時は召集当日からその後の1週間以内に挙行される。いずれの開会式も午前11時開会，所要時間はせいぜい5，6分程度である。

国会開会式は，正午，衆参両院正副議長，常任委員長，特別委員長，衆参両院議員等がその院に参集する。午後零時30分，内閣総理大臣その他の国務大臣，最高裁判所長官，会計検査院長が参議院議場に参集する。零時45分，天皇陛下が国会議事堂に到着，御休所に入られる。衆議院議長が前行し，宮内庁長官その他の供奉者が随行，次に衆参両院正副議長，常任委員長，特別委員長，衆参両院議員，内閣総理大臣その他の国務大臣，最高裁判所長官，会計検査院長等が式場に入り，所定の位置に付くのである。次に，天皇陛下が式場に入り，着席する。衆議院議長が前行し，宮内庁長官等が随行する。衆議院議長が祝辞を延べ，天皇陛下から御言葉を賜る。衆議院議長が御言葉書をお受け，天皇陛下が式場を退出して御休所に入られ，参議院議長が前行し，宮内庁長官等が随行する。参集者が式場を退出する。

翌日，衆参両院本会議はそれぞれ正副議長，議院運営委員長を選出，その後，内閣総理大臣指名選挙を行い，衆議院多数党党首が選出されるのが慣例である。内閣総理大臣は多数党党首として党首脳と閣僚人事の調整を行い，組閣を完了する。また，衆議院本会議は与野党合意した国会役員人事の選任を行い，これをもって閉会する。但し，重要案件のある場合，各派協議会が必要に応じて案件審査を行い，その結果如何により，特別国会を延長して案件処理を行うことがある。国会 —— 通常，臨時，特別 —— を延長する場合，通常は2回，その他は1回である。そして，いずれも与野党合意，それが不可能な場合，国会を延長することができない。但し，臨時国会召集は必ずしも与野党合意の必要はなく，内閣の専管事項，実際は，政権与党の意向で決定される。このように，国

会運営は，一皮剥けば，政党政治が巧みに運営されるように制度的工夫がなされている。

  例　衆議院公報に掲載される国会召集詔書
    （昭和62年7月1日官報号外）

> 日本国憲法第7条及び国会法第1条によって，昭和62年7月6日に，国会の臨時会を東京に召集する。
> 　　御名　御璽
> 　　　昭和62年7月1日
> 　　　　　　内閣総理大臣中曽根康弘

第 2 節　先議院及び後議院審議

1　議案付託と委員会審議

　政府提出案は，自由民主党政権時代，内閣及び自由民主党国会対策委員会の協議によって提出議院，提出時期等が決定された。但し，政府案提出は，事務手続き上，先議院議案課が接受，所定手続きを経て議院運営委員会に諮られ，審議する常任委員会が確定する。このように，国会における立法審議は先議院常任委員会から本会議，後議院常任委員会，本会議の経過をたどる。通常，衆参両院議院運営委員会において重要法律案と協議された立法，条約承認案件は関係常任委員会に付託される前に本会議において関係大臣が趣旨説明，これに対する質疑を行うのが慣例である。しかし，第50回国会（臨時会）の際，いわゆる「日韓条約関係案件」に関しては必ずしも先例を踏襲することはなかった。

　すなわち，「日韓条約案件」は「㈠衆議院外務委員会付託，㈡衆議院本会議の趣旨説明と質疑，㈢付託委員会・外務委員会の質疑，㈣外務委員会審査と採決，㈤衆議院本会議の採決」の順であった。この場合，日本社会党は日韓条約関係案件に関して自由民主党に対して本会議上程，質疑をしなければ一切の審議に応じないと通告したから，変則的審議が行われた。これは帝国議会時代の議会運営に立ち戻ったとして評判になった。例えば，帝国議会時代，議案はすべて衆議院本会議に上程，議案の提案理由説明が行われた。その後，議案は関係常任委員会に付託し

て審議終了後，委員長が衆議院本会議においてその結果報告をした（第一読会）。衆議院本会議において逐条審議を経て修正案提出と修正点の説明した（第二読会）。直ちに，衆議院本会議において議案修正案を採決した（第三読会）。これが大まかな帝国議会審議経過であった。

この時，「日韓条約案件」衆議院審議に関する日本社会党の主張は，帝国議会審議に逆戻りするという主張であった。それは別として，「提出」は議案を国会へ提出すること，「上程」は案件を本会議にかけること，「審議」は議案が国会へ提出されて成立するまでの過程，「審査」は委員会において審議することをそれぞれ指す国会独特の国会用語である。このような国会用語は，そもそも国会の前身である帝国議会時代の名残である。但し，「議案の付託」は，それが発議・提出された当日，議長が議院運営委員会に諮問し，議院運営委員会の答申に基づいて常任委員会を決定する。先議院常任委員会は，先議院の慣習に従って先議院に占める各派議席数に応じて委員及び理事が選出される(10)。

もっとも，常任委員会の会議開催の定足数に関しては2分1以上が厳守とされ，非公開が原則である(11)。そして，常任委員会運営はその理事会決定に基づいて運営される。但し，所管常任委員会の決定しない議案に関しては，議長が議院に諮って決定した常任委員会に，もしくは特別委員会に付託される(12)。また，予備審査の議案に関しては，以上に準じる。そして，付託議案は委員会において審議し，本会議に報告後，議案は本会議議決後において同一もしくは他の委員会に再付託できる。加えて，議案の委員会付託以外にも請願，懲罰事犯，資格訴訟等がある(13)。請願を受理するか否かに関しては，各会派の裁量に委ねることになっている。

また，常任委員会委員割り当ては衆議院議員選挙後もしくは参議院議員通常選挙後に始めて召集される衆参両院議院運営委員会理事会において決定される。これに基づき，各会派は常任委員を選考し，常任委員推薦届を議長に提出，議長は常任委員を本会議において指名する。もっとも，常任委員，特別委員は各会派の所属議員数の比率により割り当てられるから(14)，多数党の場合，議員は希望が生かされる。但し，衆議院の場合，衆議院議員選挙直後に召集される国会において議院運営委員会

第5章 国会審議

が構成されていないから,各派協議会が常任委員割り当てを決定する。参議院は改選期に当たらない議員が常任委員を辞任し,改めて全常任委員を選任する(15)。また,特別委員は特別委員会が設置された際に議院において選任,その委員会に付託された案件がその院において議決されるまでその任に止まる(16)。

この結果,議員は少なくとも1つの常任委員会に所属するとはいえ(17),但し参議院は2つ,予算委員,決算委員,行政監視委員,懲罰委員,議院運営委員に限られる(18)。衆議院における委員辞任は議長の許可が必要(19),議員解任は議員が懲罰によって登院停止された場合(20),参議院は衆議院と同様に議長の許可が必要で(21),登院停止された議員が特別委員,協議委員の場合に解任される(22)。さらに,委員補欠(23),委員変更,委員改選等(24)の決まりがある。常任委員会理事は衆議院が委員20人委員会が5人,25人委員会が8人,参議院が委員5人に付いて1人を基準とする。常任委員会審議は「㈠政府(担当大臣)より提案理由説明,㈡質疑,㈢討論,㈣採決」の順に行われる。

大臣が政府提出案の提案理由説明を行った後,与野党議員の質疑の際,政府委員が自省庁大臣を補佐する。政府委員は国会会期ごとに衆参両院議長の承認を得て任命されるが,主として官房長,局長クラスである。そして,政府提出案の発議者は国務大臣,政府委員,議員発議案は議員発議者である。他の議員提出法律案は,その議院委員長及び代理者,発議者が説明する。しかし,政府提出案に関する質疑に関しては,旧くから一つの原則が慣行として続いている。それは議案の全部について一括,逐条,そして項目を定めて質疑が行えるほか,公聴会を開催して公聴人の意見を聴けることである。常任委員会採決は原則として起立もしくは挙手であり,時として,異議の有無を諮る方法がある。

もっとも,常任委員会において可否同数の場合に限り,委員長意思表示の形で決着がつけられることになっている。例えば,第19回国会(通常)の際,衆議院外務委員会は「日米相互防衛援助協定等に伴う秘密保護法」を採決する際,与野党の衆議院議席数が拮抗していたから,可否同数の結果になった。そこで,外務委員長は委員長職権によって「可決すべきもの(25)」と発言を行い,これが最終的に外務委員長の意思表示

とされた。また，特別に緊急を要する議案に関しては，発議者，提出者は議院議決要求を行うことにより，委員会審査を省略することも技術的に可能である。しかし，これは例外である。やはり，国会は議案を審議することに命があるから，委員会省略は好ましくないのである。

2 予備審査制度と委員会省略制度

法律案予備審査制度は，日本国憲法公布以降，国会制度発足に伴って設けられた制度である。これは国会における立法審査をスムースに運ぶことを趣旨としたから，それなりに存在価値がある。通常，すべての法律案は衆参両院いずれかの議院に提出もしくは発議され，その審議，決定を経て後議院へ送付される。この場合，先議院から後議院へ送付するのに余りにも時間がかかる場合，後議院が予備審査という名目によって審議する。これが法律案の予備審査制度である。しかし，法律案の予備審査制度は通常の常任委員会における法律案審査に較べてもあくまでも予備であるから，やはり，それなりに歯止めがかけられている。

例えば，法律案予備審査制度の場合でも，法律案審査は通常の法律案同様に公聴会，連合審査，小委員会審議等を通じて予備的に審査することができるとはいえ，肝心要の討議，採択がまったく許されないのである。また，予備審査に諮られる法律案は，先議院が「閉会中審査」に付した場合に限り，国会閉会中においても審査し得るのが特色である。しかし今日，この方法は逆に極めて便利な方法であるとみなされており，衆参両院においても盛んに活用される有様である。そうであるなら，国会は通常，特別，臨時等のように区別して召集するよりも，通年制を取り入れ，必要に応じて審議するようにすることも一策かもしれない。

もっとも，衆議院議長は衆議院に法律案が発議もしくは提出された際，これを直ちに関連常任委員会に付託する措置を講じることになっている。このうち，特に緊急を要する法律案に関しては，各会派が協議して事前了解に達したものであり，発議者及び提案者の要求に基づく形にして「委員会審査省略」の全会一致による処置がとられる。このように，国会における立法審議を円滑にする必要性から，委員会審査を省略する措置が工夫されている。その場合，委員会審査省略は議院の議決によって

のみ可能である。これに関しては，国会法及び衆議院規則が明記するとはいえ，予め各会派関係者が事前に詰めておくことが必要である。

しかし，委員会審査省略の対象になるような法律案は，それなりに与野党相争うような法律案ではないのが特色である。例えば，各政党の基本政策に影響を及ぼすようなもの，及ぼし兼ねないような法律案は，政争の道具になりやすいから，当然のこととして除外されるのである。そのため，各政党は国会会期を念頭に置きながら，法律案の中から余り重要でない法律案，すなわち各会派全会一致の法律案を絞り，必要に応じてそれらを選択，委員会審査省略にもっていくのである。この場合，委員会審査省略に選択された法律案は期限延長等のような簡単な修正を目的としたものが比較的多いから，支障なく進められるのである。

3 本会議審議

衆参両院本会議開催に関しては，両院の最終意思決定という立場から，必要最小限の定足数が求められる。例えば，衆参両院本会議開催は，法定議員数の3分の1以上の出席が必要条件である。これに関しては，衆参両院はそれぞれ独自の方法を取っている。衆議院は「出席議員が総議員の3分の1に充たないときは，議長は，相当の時間を経て，これを計算させる。計算2回に及んでも，なお，この定数に充たないときは，議長は，延会しなければならない」，参議院は「出席議員が定足数に充たないとき，議長は，延会を宣言する」のである。要するに，衆参両院は相互に独立機関であるという立場から，それぞれ独自性を発揮しているのかもしれない。

その後，常任委員会理事会及び与野党国会対策委員会関係者は，政府提出法律案の衆議院本会議上程に関して鋭意話し合いを行うのである。これを踏まえて，衆議院議院運営委員会理事会は国会の機関として政府提出法律案の衆議院本会議上程日を協議，決定する。衆議院本会議が開催されるや，常任委員会委員長が法律案の審議経過・結果を報告，少数意見報告が行われる。この場合，常任委員長及び少数意見者は自己の意見を加えられない[26]。また，発議者及び提出者はその趣旨を弁明，また，修正案に関しても弁明が行われる。常任委員会報告のみは常任委員

長が趣旨弁明する。常任委員長報告，質疑，討論，そして表決が行われる[27]。

その際，質疑に関しては議院運営委員会とその小委員会が定め，自己の意見を述べずに同一議題に付いて3回を超える質疑を許さず[28]，議長が質疑終了を宣して討論開始[29]，反対者，賛成者，反対者と交互に行い，終局宣言をする[30]。衆議院の場合，委員会指名した討論者に他の討論者よりも先に発言することが許され，議長も予め通告して議席について討議に参加するが，表決終了まで議長席に戻れない[31]。直ちに，表決が行われるが，議場にいない議員は表決に加われない。政府提出法律案に対する修正動議は，討論終結動議が提出されるまで，いつでも提出できる。法律案の修正動議によって予算増額を伴うもの，伴うことになるもの，及び予算修正動議は，衆議院は議員50人以上，参議院は議員20人以上の賛成を要件としている[32]。

もっとも，修正動議に関しては議員提出が委員会提出よりも先に採択に付されるのが慣例になっており，同一議題修正が複数の場合，原案に最も遠いものから採択する。そして，衆議院本会議は，政府提出法立案に対する修正動議を経て否決終了後，原案に関して採決（可決）する。衆議院がそれを可決すると，直ちに参議院へ送付される。但し，衆議院本会議が委員会報告を否決した場合に限り，衆議院先議の法律案に関して参議院に対する優越性が認められる[33]。衆議院において可決し，参議院がこれと異なる議決をした法律案に関して，衆議院に特別多数（出席議員3分の2以上）による方法による再議決権を認めている[34]。

しかしながら，異なった議決ということは，一体，何を意味するのだろうか。それは参議院が衆議院送付案件を否決もしくは修正することを意味するものであるから，再議決に関しては，日本国憲法が具体的に明記している。それによるなら，いわゆる「立法」の再議決に関しては必ず両院協議会を開催し，60日以内に議決しないなら，衆議院は参議院が否決したと見做し[35]，自動的に衆議院議決が国会議決になることである。通常，後議院である参議院は先議院である衆議院より送付された政府提出法律案を先議院同様の審議手続きを経て可決することが多い。これにより，政府提出法律案は正式に法律として一本立ちする。

第 3 節　法律公布

　衆参両院において議決，成立した法律は，直ちにその公布のために後議院議長から内閣を通して天皇に奏上される。但し，法律案が法律として成立しても国会において修正があったなら，それによって先に定めた署名大臣の範囲を変更すべきか否かを立法上「決定」しなければならない。これは国会において法律案が議決，成立した後にしばしば起きる大きな立法上の問題である。しかし，これに関しては内閣の法律顧問の役割を課せられている内閣法制局が法技術上から処置する。なお，議案が一議院において可決，他議院に送付される際，衆参両院は独立して議案審議を行うから，一議院において議案が可決されても議長は「○○案は委員長報告どおり決しました」いう宣告をするだけである。

　これから明らかのように，衆参両院は国会用語において異なる表現を用いる。これは衆参両院が立法府として存在している証しになるが，はなはだ判りにくいばかりか，混乱し兼ねない。しかし衆参両院はこれを改めることはしないであろう。通常，内閣法制局は国会において議決，成立した法律に関して，通常の決裁手続きをとる。それは「別紙○○法の公布を奏上する件は了承いたしました」という文面を付け，内閣法制局長官の決裁をとり，同長官名で内閣官房に通知する。また，内閣提出法律案は国会において修正されることがあるのなら，これにより署名大臣の範囲が変更されるから，先に内閣官房に回付された「この法律の署名大臣は次の通りとすること」という文書が差し替えられる。

　このように，日本型議院内閣制に立脚する政党政治の在り方，もしく

国会用語

案件	衆議院	参議院
法律案・決議案	可決／否決	可決／否決
条約・人事承認	承認／不承認	承認／不承認
決算	是認／異議	是認／是認しない
議員逮捕	許諾／許諾を与えない	許諾／許諾を与えない

第6編　法律制定

国会からの法律の奏上書

国会は　　　　に関する法律案の一部を改正する法律の公布を奏上いたします
　　　平成　　　年　　　月　　　日
　　　　　　　　議院議長　　　　　　　印

　　　　　　　　議院事務総長　　　　　印

公布書

　　　　　　に関する法律の一部を改正する法律をここに公布する
　御名　御璽
　　　平成　　　年　　　月　　　日
　　　　　　　　　　　　　　内閣総理大臣
　　　法律第　号
　　　　（奏上の通り）
　　　　　　　　　　　　　　　　　大臣
　　　　　　　　　　　　　　内閣総理大臣

は，展開においては，法律制定過程を跡づけることだけでも，そもそも至難の業である。その結果，この種の分野研究は，法律制定過程を概略するだけに過ぎなくなる恐れが強い。今日，政党政治が圧力政治という政治的特質を帯びることを踏まえるなら，改めて国家（公共）「政策決定」に際して大きな役割を果たしている政党，官僚機構以外の諸政治勢力に注目しなければならない。その筆頭は日本型議院内閣制に立脚する政党政治の展開に当たり，独特な形式で誕生し，かつ，発展を遂げている利益団体のみならず，政党の派閥，議員連盟等が取り上げる必要があろう。

（1）　内閣甲第43号属。
（2）　内閣法制局設置法第3条。
（3）　衆議院法制局法。
（4）　衆議院法制局事務分掌規程。
（5）　国家行政組織法第17条第3項〔改正前〕。ただし，1999年成立の国家行政組織法の改正により各省に4，5名の副大臣（16条），政務官（17条）を設置することとなった。

第5章　国会審議

(6)　内閣法第4条。
(7)　前掲（6）。
(8)　前掲（6）。
(9)　国会における「政党」は，慣例として「会派」の用語が使用されている。
(10)　衆議院先例集59，参議院先例集76。
(11)　国会法第49条，第52条。
(12)　衆議院規則第31条・第32条，参議院規則第29条・同条その1・同条その2。
(13)　国会法第41条・53条，衆議院規則第86条・119条・176条・188条・190条，参議院規則第72条・104条・132条・166条・192条・194条。
(14)　国会法第46条1項。
(15)　参議院先例録75，82。
(16)　国会法第45条2項。
(17)　国会法第42条2項。
(18)　参議院規則第74条2項。
(19)　衆議院規則第39条2項。
(20)　衆議院規則第243条1項。
(21)　参議院規則第30条。
(22)　参議院規則第30条2項。
(23)　参議院規則第243条，衆議院規則第40条。
(24)　国会法第46条2項。
(25)　昭和29年5月29日。
(26)　衆議院規則第87条・115条，参議院規則第104条。
(27)　衆議院規則第116条・118条・117条，参議院規則第107条・107条の2。
(28)　衆議院規則第134条・134条の2，参議院規則第100条・110条。
(29)　衆議院規則第139条，参議院規則第112条・113条。
(30)　衆議院規則第137条・139条，参議院規則第116条・122条。
(31)　衆議院規則第136条・138条。
(32)　国会法第57条・第57条の2，衆議院規則第148条，参議院規則第135条。
(33)　日本国憲法第59条1―4項。
(34)　日本国憲法第59条2―4項。
(35)　日本国憲法第59条4項。
＊　なお，上記法律等の根拠は，平成11年改正前のものを示している（編集部）。

第7編　国家会計制度

第1章　衆参両院決算委員会の現状

　平成9年7月31日，参議院決算委員会は日本道路公団が東京湾横断道路の建設を巡って航路をもつフェリー会社2社に約50億円の補助金を支払う問題を取り上げた。今回の措置は，関係法律すらなく補助金額等査定基準，支払うという事実も明らかにしなかったから，問題視された。益田洋介委員は「支払いには法的根拠が何もなく，どういうことか。今回は建設省と運輸省の局長間の通達だけで済まされており，不自然だ」と質した。これに対して，佐藤建設省道路局長は「本四架橋の場合は，大量の離職者が発生し，影響が大きいために立法措置がとられた。横断道については，事業者が2社と限定的なため，処理できると考えた」と答えた。要するに，これは衆参両院決算委員会の現状，官僚達の対応を知る格好の事件であった。
　とくに，国会が内閣監視機能を最大限に発揮できるのは，予算──政策──の使い方を審議する衆参両院予算委員会，どのように予算が政策のために使われたかを検査する衆参両院決算委員会の場である。しかし，衆参両院決算委員会は，国会各種常任委員会活動の中でも，その活動がもっとも鈍い常任委員会の代表である。それでも，衆参両院決算委員会は，政府の政策のために予算をどのように使ったかを細々と検査し，政策の無駄な使い方を明るみにだしながら，政府に対して二度とこのようなことのないように勧告してきている。しかし，それが十分に行われてこなかった付けが国会無力化を招いているのかもしれない[1]。

第1章　衆参両院決算委員会の現状

　もともと，国会無力化は英国の議会の伝統を引き継ぐ日本国憲法「国会」に由来するから，「男を女にしたり女を男にしたり」する以外，国政上の総ての権限をもっていると信じられている。しかし，わが国国会52年の歴史をみる限り，日本国憲法の規定する「国権の最高機関」，「唯一の立法機関」であったかどうかは疑わしい。それは衆参両院決算委員会の歴史からも明らかである。因みに，国会史を紐解くと，日本国憲法の原典である総司令部草案（マッカーサー元帥私案）が起草された際，米国人関係者は日本の政治改革が英国型議院内閣制度による方針が確立していたから，英国型議院内閣制度 —— 英国議会 —— に米国型大統領制度 —— 連邦議会 —— をいかにミックスさせるのかに迷い，最終的に日本国会を「国権の最高機関，唯一の立法機関である」と明記する羽目に陥った。

　しかし，日本国憲法を一読するなら，議院内閣制度なる言葉がどこにも書かれていない。その代わり，彼等は英国型議院内閣制度の骨格である主権在民を明確にするために「内閣総理大臣は国会議員でなければならない」と規定し，それによって新生日本に民主主義の確立を期待した節が強い。その規定は「英国が成文憲法を保有しないとはいえ，下院の最大多数党党首が内閣総理大臣に指名され，多数党内閣を組織する憲政の常道を歴史的に確立している」ことを踏まえ，国会が「主権在民」を行使する「国権最高機関」であり，国会の組織した内閣が予算を編成し，それに基づく立法をオーソライズする「唯一の立法機関」であるという意味である。

　そうであるなら，内閣は国会 —— 衆議院 —— の多数党を基礎とするから，多数党公約を政策化することが使命になり，国家運営の基礎である予算編成を確保しなければならない。日本国憲法は予算編成を内閣の任務と書いているとはいえ，内閣官房に予算編成能力がないから，大蔵省が財政，福祉，防衛，教育，農林水産，通信，商工，科学技術等の1年間の国家運営基本計画に参画することになった。例えば，大蔵省主計局は予算編成事務を所轄する立場から他省庁の所管する政策分野にまで嘴を入れるため，他省庁が常に大蔵省主計局に頭が上らない図式が確立した。のみならず，政府 —— 多数党 —— の政策はすべて予算及び立法の形

式による国会審議「法律主義」が確立し，将来の政策を審議する衆参両院予算委員会が花形委員会として脚光を浴びている。

第2章　会計検査院の無力化

　予算を執行するために，政府官僚達は与党の意向にそって立法し，大蔵省の予算統制を受けながら，政府立法 ── 政府上程法律案 ── の形式に纏め挙げる。一度，予算が国会を通過するや，官僚は政府立法成立に全力をあげ，成立するや省益を確保するため，具体的執行の際に政令，省令，通達，指導等に官僚「省益」を潜ませる工夫を行うケースが少なくない。その多くに官僚社会特有の秘密主義が横行している。したがって，関係官僚以外に解りにくいものになっている。このため，国の予算執行を検査する会計検査院といえども，関係省庁官僚達の協力がなければ検査達成が難しい。のみならず，内閣任命の会計検査官以外の事務総局官僚はすべて他省庁官僚と変わらないから，検査の際に腐れ縁が露呈することが多いのはこのためであった。

　予算を執行する法律 ── 政策 ── は，たとえ予算が単年度に過ぎないものの，一度制定されるなら半ば永遠である。官僚達は法律が国会で制定されるや，こっちのものと考え，法律を執行する際に許認可権限を働かせ，関係業界保護という名目で万全の措置を講じる。しかし，それ自体が悪いことではないが，許認可権限を隠れ蓑にし，膨大な予算執行を通じて自ら作った財団，社団両法人，関係企業に流れる仕組みが良くないのである。こんなことを会計検査院であれ，衆参両院決算委員会であれ，立入調査した話を聞いたことがない。仮に，会計検査院が予算執行に纏わる不正を発見するなら，それを所管する省庁が関係業者に強弱の指導する程度である。しかし，省庁関係官僚が余程のことのない限り処罰される例がない。

　そうであるなら，日本の国会は「唯一の立法機関」ではないとしても，自ら組織した内閣の政策を審議，決定する統制機関の責任を果たさなけ

第2章 会計検査院の無力化

れば無意味な存在である。仮に国会がこれを怠るなら，多数党政府が編成した予算，それに基づく立法 ── 政策 ── を審議，単に決定するのみである。この場合，多数党政府の編成する予算，それに基づく立法は多数党の国家運営基本計画そのものである。のみならず，国会常会は150日と憲法に明記され，その期間中に衆議院が予算案先議，参議院が後議する。さらに，予算に盛られている政策を執行する法律審議が衆議院先議，参議院後議である。その後，議員立法による法律案審議を行うと言っても，予算を必要とする場合に大蔵省が介在するから，定められた国会日程上，審議時間が少ない。これが日本の国会の無活力の源泉の一つである。

　この意味から，日本の国会が米国連邦議会のように「国権の最高機関」，「唯一の立法機関」と表現したとしても，額面通りに受け取れない。しかし，国会が「国権の最高機関」，「唯一の立法機関」であると明記されている以上，それに一つでも近付く努力を怠ってはならない。そのために，国権の最高機関にして唯一の立法機関である衆参両院は衆参両院予算委員会と同様に決算委員会を活発化させなければならない。例えば，衆参両院決算委員会は，予算委員会が政府の１年間の税金等の使い道をもっぱら審議する「入り口」であるなら，税金等がどのように使われたかを検査する「出口」なのである。このうち，イデオロギーを異にする「政争」が展開される衆参両院予算委員会に世間一般の関心が集まるとはいえ，衆参両院決算委員会が低調を極めている。それは委員長人事，貧弱なスタッフ，審議方法等の山積する問題に手を付けなかったためである。

　現在，日本国憲法は「国の収入支出の決算は，すべて毎年会計検査院がこれを検査し，内閣は，次の年度に，その検査報告とともに，これを国会に提出しなければならない」（第90条第１項）と定めている。内閣の責任が極めて重いことが伺える条文である。しかし，それを所管する衆参両院決算委員会は，未来の政策審議を行う衆参両院予算委員会に比べ，２，３年前の歳出がどのように使われたかを審査するから，政治家よりも官僚が，とくに大蔵官僚が自らの行政の粗を洗われたくないとして軽視する傾向が極めて強い。それこそ，官僚が国民代表である政治家を差

し置いて情報隠しをしているとしか思えない。従って、歴代政府が立派な行財政改革を唱えても、官僚達が触れられたくない「歳出検査」にメスを入れない限り、中途半端に終わるのは目に見えている。

この際、政治家及び政党が国会の最も重要な機能である「歳出検査」に改めてメスを入れるなら、これ以上の政治改革はないだろう。そのために、衆参両院決算委員会が本来持っている権限を再生しなければならない。しかし、それを怠ってきたからこそ、戦後に目指した日本型「議院内閣制度（政党政治）」の非力が続いたのかもしれない。それでは衆参両院決算委員会はどのような責務を与えられているのだろうか。まず、衆参両院決算委員会は会計検査院の行った国の収入支出の検査報告に関して「決算」、「検査」等を審査する大きな権限を持っている常任委員会であることを思い出さなければならない。しかし、国の収入支出の検査報告に関する審査は、予算のように衆議院先議が制度化されていないから、どちらでも先議が可能である。

そのため、内閣は衆参両院の独立性を尊重、会計検査院検査報告を衆参両院決算委員会に同時に提出するのが慣例化している。衆議院は会計検査院検査報告を審査し、改善事項があるなら、それを明記する案に是認、否認いずれかの議決を行っている。参議院は衆議院と同様な是認、否認いずれかの議決以外に警告決議を付けられる。しかし、政府は衆参両院において2、3年前の会計検査院検査報告が否認されたり、警告決議が付けられたりしても、痛くも痒くもない。例えば、公共事業ならば修復させられるが、教育や社会事業等は困難であるのが好例である。まして、予算が効率的に執行されたかどうかは、即座に効果を表すもの、そうでないものとがあり、必ずしも一律に処理できない。それを政府はもとより、国会もよく知っているためである。

第3章　衆参両院決算委員会の強化

衆参両院決算委員会は法的拘束力なしの「審査」に嫌気をさし、それ

第3章　衆参両院決算委員会の強化

なりの改革を怠ってきたのが真相である。そこで，衆参両院決算委員会は衆参両院別々に設置するのではなく，両院合同委員会一本に絞るべきであるかもしれない。そして，両院合同決算委員会委員長は同委員会が政府予算執行の在り方を審議する立場から，政府監視を第一とする衆参両院の第1野党が順番に就任するのが望ましい。そうすれば，国の予算執行を検査する衆参両院決算委員会が機能的になることは，制度的にも間違い無い。その代わり，衆参両院合同決算委員会事務局スタッフの質量的な拡充が絶対に必要である。それ無くしては，衆参両院決算委員会の改革はほど遠いのである。

現在の政府決算書の作成並びに審査経過
―財政法等の規定―

1　省庁は前年度歳入歳出決算報告書作成
2　例年7月まで，大蔵省は省庁より前年度歳入歳出決算報告書を受領　大蔵省は前年度決算書作成，内閣に提出
3　内閣は前年度決算書大蔵省から受領
4　会計検査院は内閣から遅くとも11月までに前年度決算報告書の送付を受ける
5　会計検査院は前年度決算報告書を検査
6　内閣は会計検査院から遅くとも12月中に前年度決算報告書を受領
7　内閣は翌年1月下旬に前年度決算報告書，決算の検査報告を国会に提出
8　衆参両院決算委員会は前年度決算報告書，決算の検査報告を行い，衆議院は決算審査（指摘事項等）を議決，参議院は決算審査（警告決議等）先例
9　内閣は国会から警告決議等を通知される
10　内閣は国会から指摘，警告された事項に関して改善点を関係省庁に指示，取り纏めさせ，改めて国会に報告する。但し，衆議院の場合，決議議決後の通常国会冒頭に報告

しかし，衆参両院決算委員会が一本化が難しいなら，委員長は独自に相当数の特別スタッフとして弁護士，公認会計士，建築士，大学教授等を臨時に任命し，彼等に予算執行の実態解明に当らせるべきである。そうすれば，衆参両院合同決算委員会は少なくとも前年の予算執行結果を予算項目別に審査する道付けを行い，各項目別に是認，否認の措置が

とれることになり,それらが即座に翌年度予算編成に反映可能になるだろう。のみならず,国会常会の際,衆参両院決算委員会は衆参両院予算委員会が翌年度予算審議中に週何回の開催日を定め,政府から政務次官,その補佐役として事務次官 ── 事務次官等会議の出席者 ── の出席を求め,必要に応じて関係者の証人喚問,参考人出席を制度化することが必要である。そうすれば,役人の機関を作って検査させるのが邪道とわかり,国会が行うべきである方針が貫かれるに違いない。

もともと,国会において審議する決算が報告なのか,議案なのか,はっきりしない。しかし,日本国憲法第83条は「財政処理」する権限が国会の議決を必要としているから,国会に決算議決権があるのは明らかである。のみならず,内閣行政権行使について国会に対して責務を負う旨の憲法規定から,決算は単なる報告では済まされない。したがって,衆参両院決算委員会の質量を高めるため,法的拘束力を決算に付加する議案にすることも一方法である。顧みると,自由民主党長期政権時代,予算執行,予算編成,その結果である決算の国会提出,衆参両院決算委員会審査,衆参両院本会議議決のローテイションは,田中金脈,佐川問題等を除くなら,多数党の現状が続いたことにより,比較的スムーズであった。しかし,自由民主党分裂の結果,宮沢内閣が窮地に追い込まれた。

政府は決算議決が国会において否認され,宮沢総理が「否認を受けましたところの理由,原因等につきまして,政府として十分反省をし,同じ過ちを繰り返さないということが,政治責任を全うする所以である」(第123回国会参議院決算委員会会議録3号4頁)と述べた。この言葉は,政府責任者の変わらない答弁を踏襲したのに過ぎなかった。平成5年,自由民主党の宮沢内閣が倒れ,反自民内閣を掲げる細川内閣が成立した。予算執行とその決算との間に9か月以上の時間差があったから,イデオロギーの異なる政権交替の結果,予算執行内閣と決算内閣が異なる事態が生じた。すなわち,細川内閣は宮沢内閣の編成した予算を執行,その決算結果を国会に提出した。その場合,決算内閣は国の決算が衆参両院において是認する,是認しないとされても,前内閣のことであった。この問題に関しては郵政事務次官を歴任した自由民主党参議院議員守住委

員の発言が注目される⁽²⁾。

　政党は政権を目指して活動する団体であるから，時の政権与党の政策と野党が訴える政策が，各般にわたって一致するはずがない。そのような性格を持つ政党が，自己の政策的立場にたって過去の政府の活動を評価し，是認し，否認を決めるのであれば決算審査は成り立たない。なぜなら，予算に反対なら決算も反対，予算に賛成なら決算も賛成となり，審査する前から結論がでており，質疑して確認し，論点を深める意味がないではないか。

　守住委員は，決算は予算執行の政府からその結果の重点を説明させ，それに合理性が無い場合に限り，改善措置を求め，必要に応じて次年度の予算編成に反映させる警告決議が行われるべきであると主張した。しかし，イデオロギーが異なる政党対立から成り立っている国会を考えるなら，政府の政策の実績を審査する場合，どうしても「政府対国会」よりも「与党対野党」の構造を常に引き摺った。そのため，細川内閣の藤井大蔵大臣は政権交替後の政府の決算責任について「政権がどうかわろうと決算委員会の審査にできるだけ協力するのは当然である」と答弁した。いずれも大蔵官僚を意識した行政の継続性，内閣の国会に対する責任に言及するものであった⁽³⁾。

　したがって，決算は予算に基づく政策執行の結果を対象とするから，予算数字の裏に隠されている政策情報は膨大である。にもかかわらず，それを解明しなければならない国会の役割が軽視されていることは，許されないだろう。なお，参議院は衆議院以上にその独自性発揮のために決算機能の充実に努めてきている。例えば，決算委員会委員数確保（参議院30，衆議院21），委員長ポストを少なくとも野党に渡す，決算の本会議報告と質疑，決算審議重視等である。であるから，決算報告を「議案」にするなら，それらは直ちに解決されるだろう。それでも，決算に関する官僚の意識は最近の東京湾横断道路事件に如実に現れているのであるが。

（1）　国会常会の衆参両院予算委員会開催の際，少なくとも前年度決算を審査する決算委員会を並行開催する。大臣が出席できないなら，政務次官，及び

第7編　国家会計制度

　　事務次官等会議構成メンバーのみが政府委員。審議事項は事項別，内閣に対して検査終了したものを順番に提出させる。合理性にかけるなら，政策継続の場合，本予算審議中の予算委員会と連動させる。国会通年，必要に応じて夏，冬のみを休会。検査項目は議案にし，国会会期の中で定期的 ── 週何回 ── にする。国政調査権を活用するとともに，政党のみならず官僚責任も明らかにする。その場合，官僚処罰は各省庁でやらせず公平委員会 ── 仮称 ── で取り仕切る。以上が衆参両院決算委員会機能で欠けているものである。
　　村川一郎「大蔵省の研究」(中央公論社，『中央公論』，平成7年5月)。
(2)　平成5年10月15日，参議院決算委員会。
(3)　平成10年，自由民主党政権は自由民主党の意向を取り入れ，検査官の大蔵省出身を取り止め，外務省出身有資格者を就任させた。それにより，残り2ポストは国会職員 ── 事務総長 ── ，学界出身者の構成になった。

あとがき

　この『政策決定過程』は，平成10年，8月27日，那須の水害で亡くなった村川一郎の最後の著作にあたる。
　この『政策決定過程』は，「序」で堀江湛先生が触れて下さったように，著者が最も力を入れていた研究テーマの一つである「政策決定過程」の研究をまとめたもので，著書として27冊目になっている。
　私が村川と知り合った時，すでに早稲田大学政経学部の副手であった。研究者としてすでに歩み初めていたが，昭和41年に自由民主党に勤務してからは，政党の実態に根ざした，政治の実証研究をテーマに著作と論文を発表してきた。自由民主党に26年間勤務し，その後，平成4年4月から北陸大学法学部の教授として6年間教鞭をとり，政治学者として多くの仕事を成し遂げながら，那須の別荘で一生を終えた。享年59歳であった。
　あらためて，村川の仕事を振り返った時に，堀江先生も「序」で触れられたように，旺盛な政治研究に邁進した一生であったと，つくづく思う。
　いささかプライベートな思い出を記すことをお許し願いたい。知り合ってから私たちのデートはほとんど，早稲田や神田の古本街だった。村川は主として戦前の政治関係の本を集めていた。ともかく，本の感触が好きな古書好きで，コレクター的な一面を持っていた。それ以外にも，古地図や，浮世絵，コインなど，守備範囲は広く，それぞれの分野で蘊蓄を傾けるものだから，私たちのデートは退屈することなどなく，何にも増して楽しかった。私の方は早稲田で映画学を専攻していたから，よく映画を見ていたが，村川の方も大変な映画好きで（特に西部劇を中心にしたアメリカ映画），新宿にあった日活名画座に2人でよく通ったが，村川は巣鴨の駅前で育ったせいか，1950年代のアメリカ映画などは，田

あとがき

舎に育った私よりも，よほどいいものを見ていたと思う。

　こういうことを書くのは，村川が学問に向かう態度が，けして堅苦しいものではなく，いかに楽しげであったかということを強調したかったからである。よく「学問は趣味みたいなものだね」と言っていた。その上，健康にも恵まれていた。私たちは知り合ってから34年になるが，さまざまな局面があったものの，村川があまり人生に呻吟していた姿を思い浮かべることが出来ない。体調が悪い時も「一晩，眠れば直る」と豪語していたが，あれだけの旺盛な仕事が出来たのも，健康と博覧強記に支えられた純粋に学問好きの性格のたまものであったような気がしてならない。

　村川の仕事は，生前中から評価されてきた。専門分野は，堀江先生のお言葉にも触れてある通りだが，その他に，私の印象に残っている仕事について触れて見たい。早稲田大学の大学院に在籍しているころから「僕はいつでも，本は3冊くらい書けるものを準備している」と，常に重い紙袋をぶらさげていたが，自由民主党に勤務していた時も「あの激職の中で，村川さんはよく，本や論文を書けますね」と言われもしたくらい，旺盛な執筆活動を続けていた。この時期には著作の他に「イギリスにおける地方分権法」（都市問題研究，昭和52年11月号），「日本における政策決定過程の特質」（季刊　行政管理研究，昭和56年12月），「政策の概念」（季刊　行政管理研究，昭和56年6月），「日本国憲法モデル案・総司令部案の起草過程に関する一考察」（法令解説資料総覧　第一法規，昭和58年），「自由民主党の役割」（ジュリスト805号　有斐閣，昭和59年），「政党における国会議員の役割」（ジュリスト総合特集35号　有斐閣，昭和59年），「自民党税制調査会と政府税制調査会」（社団法人・日本経済センター，研究報告No 57　昭和61年）などの論文を発表している。

　私にとって思い出深い著書はプリンストン大学の客員研究員としての仕事の成果である『吉田茂とジョン・フォスター・ダレス』（国書刊行会，平成3年）である。プリンストンでは，村川の講義した「日本政治」の授業にも出席していたので，今回の『政策決定過程』も授業として聞いており，それが今回のような学問としてのまとまったものを見ると，感無量なものがあるが，『吉田茂とジョン・フォスター・ダレス』

あとがき

も，それと同じように懐かしい。

　プリンストンでは，私も村川と一緒になって，吉田茂とジョン・フォスター・ダレスの書簡を探したものだった。あの時も，突然「プリンストンでダレスの研究をやる。ダレス研究は始まったばかりだから」と言っていたが，この本はジョン・フォスター・ダレスの父親とアジアの関係まで遡って，ダレスのアジア理解と吉田茂の関係を見たものだった。この時，プリンストン大学の日本研究所長で，現在，在米大使特別補佐官のケント・カルダー氏から「プリンストンに来た方は，成果を本にしてお見せしますとおっしゃるのですが，なかなか村川先生のように，出版している人は少ないのですよ」と褒められたが，これは中央公論で「講和条約調印の背景──ダレス吉田往復書簡」（平成3年3月号），「吉田茂とジョン・フォスター・ダレス　人間吉田茂」（平成3年8月号）となってマスコミでも取り上げられた。

　平成4年4月から石川県金沢市の北陸大学法学部の教授に就任してからの研究は，それまでにもまして，政党での体験を学問として体系化することに力が注がれた。またこの時期は，冷戦の終結を背景にしつつ，自民党内の権力闘争を縦糸に，選挙制度改革を中心とする政治改革を横糸にした平成5年以降の政党再編の時期でもあった。平成6年，丸善から出版した『日本の官僚』は，日本の官僚制度の持つ権威主義，省庁間格差，身分制度，官民格差，接待行政などの諸問題をわかりやすく取り上げて解説した。村川の長い間の実務経験があり，その実態を知り尽くしていることもあってか，この本は類書にはない迫力があった。

　こうした問題提起は，政治の場に身をおいた豊富な実務経験の裏付けから生じたものであり，マスコミからも注目された。「大蔵省の研究」（中央公論　平成7年5月号），「会計検査院」（フォーサイト　平成7年10月号　新潮社），「公益法人」（フォーサイト　平成8年5月号　新潮社），「国会制度の改革」（フォーサイト　平成8年7月号　新潮社）などの仕事がそうである。

　このように仕事に恵まれ，研究者としてもう一段大きく飛躍する直前の悲報であった。現在，政治の世界で大きな課題になっている政党研究と憲法は，村川のライフ・ワークであっただけに「今，村川さんが生き

あとがき

ていたら，どのような意見をお持ちでしょうか」とは，よく，聞かされる言葉である．実態を知った上での発言をしてきただけに空論ではないところに，村川の真骨頂があった．

エネルギッシュに仕事をしていただけに，多方面で知己，友人が多く，葬儀の後で，さまざまな人々から，その早すぎた死を惜しむ言葉を頂戴したが，その時，初めて御目にかかった信山社の村岡倫衞氏から「村川先生から『政策決定過程』の原稿を預かっています．早く本にしたいと思っています」というお話があった．このことは村川から全く聞いていなかっただけに，大変，嬉しかった．それから葬儀が終わって，すぐに初校校正刷りが届いたが，その時の奥付けを見ると，1998年10月28日発行となっている．村岡氏は，その年の秋にでも刊行を予定していたと思う．「序」で堀江湛先生に書いていただいたように，村川は政党，憲法，政策決定過程などを主に研究テーマにしており，さまざまな出版の計画を立てていた．私としては志半ばで亡くなっただけに，出来るだけ，村川の仕事を形に残してやりたかったから，この申出は，大変有り難かった．この原稿は，従来の研究をまとめ，教鞭をとっていた北陸大学法学部の教科書として準備していたものである．しかも『政策決定過程』は，本人が「はじめに」にも書いているように，この分野のパイオニアとして評価されてきただけに，その研究の集大成として世に問いたいという思いも強かったのではなかったろうか．

しかし，初校の段階で村川は手を入れるつもりであったのだろう．多少の保留を残した部分や，文章の推敲などで，その部分を補筆する必要があった．そのことをどうするかで，刊行が遅れる結果になったが，何とか，形を整えてここまで漕ぎ着けることになった．

そうしたこともあって，読者の皆様には不行届きな点が多く残されたままではあるが，日本の『政策決定過程』を体系化するために努力した筆者の思いを汲み取っていただけたら幸いである．

なお，この本の刊行にあたって，「序」を書いていただいた堀江湛氏，煩瑣な思いをおかけした本田雅俊氏にお詫びと御礼を申し上げたい．また本書の原稿をみていただいた第一法規出版の石丸陽氏，自由民主党の内藤丈二氏，尾崎記念財団の酒井克彦の諸氏に深く感謝を申し上げたい．

あとがき

　それから巻末に収めた資料は，憲政記念館に寄贈した『村川一郎資料』『村川文庫』の目録である。これまでに村川が集めた戦後の政党資料，憲法資料，及びここでも取り上げた論文や，著作を含んでいる。現在は政党研究や憲法調査会がクローズアップされているので，研究者の資料として使われてほしいと願っている。

　ここでも，衆議院法制局の小菅修一氏，第一法規出版の石丸陽氏のお力添えをいただいて『村川一郎資料』『村川文庫』という形で寄贈できたことに深く感謝を申し上げたい。

　最後に，この本の刊行まで最大限の努力を尽くして下さった信山社の村岡俞衛氏にあらためて謝意を申し上げたい。

　今，限りない敬愛と哀切の情をもって，この本を，夫，村川一郎の霊前に捧げたい。万感の思いを込めて……

　　平成12年 8 月

　　　　　　　　　　　　　　　　　　　　　　　　　村 川　英

附　録
衆議院憲政記念館所蔵「村川一郎資料」「村川文庫」目録

Ⅰ　政党結成資料

1．政党の党則　　　　　　　　　　　　1冊（34件）
2．政党結成資料①　　　　　　　　　　1冊（41件）
3．政党結成資料②　　　　　　　　　　1冊（21件）
4．政党資料　　　　　　　　　　　　　1冊（18件）
5．新党政策委員会（保守合同①）　　　1冊（49件）
6．保守合同②　　　　　　　　　　　　1冊（58件）
7．保守合同③　　　　　　　　　　　　1冊（17件）
8．改進党結成関係資料　　　　　　　　1冊（64件）

ファイル1　「政党の党則」

番号	資料名	作成年月日等	資料作成者
1	新生党　第40回総選挙にあたっての基本政策	平成5（1993）．7．1	新生党
2	細川内閣　連立政権樹立に関する合意事項	平成5（1993）．7．23	朝日新聞政治部『政界再編』
3	新生党規約	平成6（1994）．3．14施行	新生党
4	民主党党則（案）	平成9（1997）．3．22	民主党
5	日本自由党党則		日本自由党
6	自由党党則	昭和28（1953）．9．25	自由党
7	国民協同党党則	昭和22（1947）．3．8施行	国民協同党
8	入党申込書書式		国民党
9	国民党党則	昭和21（1946）．9．25	国民党
10	民社党党則	昭和37（1962）．1．26施行	民社党
11	社会民主連合規約	昭和53（1978）．3．26施行	社会民主連合
12	公明党規約	昭和45（1970）．6．27施行	公明党
13	新自由クラブ全国連合会則		新自由クラブ
14	参議院緑風会会則	昭和22（1947）．5．17	参議院緑風会
15	農民協同党党則	昭和24（1949）．12．27	農民協同党
16	自由党党則（6に同じ）	昭和28（1953）．9．25	自由党
17	改進党党則		改進党
18	改進党　支部連合会規約準則		改進党

附録　衆議院憲政記念館所蔵「村川一郎資料」「村川文庫」目録

番号	資料名	作成年月日等	資料作成者
19	改進党　支部規約準則		改進党
20	自由民主党党則	昭和30(1955).1.15決定	自由民主党
21	日本共産党規約	昭和57(1982).7.31施行	日本共産党
22	綱領（国民党・日本協同党・協同民主党・国民協同党）	昭和21(1946).9.25, 20.12.8, 21.5.24, 22.3.8	
23	改進党憲法調査会理事会運営規程		改進党
24	改進党党則（17に同じ）		改進党
25	改進党　支部連合会規約準則（18に同じ）		改進党
26	改進党　支部規約準則（19に同じ）		改進党
27	日本民主党党則		日本民主党
28	新党結成大会スローガン	昭和27(1952).1.28決定	政策常任委員会決定
29	綱領案（一新会）		一新会　宮本委員
30	綱領案（新政クラブ）		新政クラブ
31	綱領案（農民協同党）		農民協同党　川口試案
32	日程変更通知（新党結成準備委員会）	昭和27(1952).1.10	新党結成準備委員会
33	全体会議附議事項	昭和27(1952).1.10	
34	連絡会附議事項		

ファイル2　「政党結成資料①」

番号	資料名	作成年月日等	資料作成者
1	国民党立党趣意書	昭和21(1946).9.25	国民党
2	綱領　宣言　政策　党則	昭和24(1949).12.10立党	農民協同党
3	1951年の運動方針案	昭和26(1951).2.5	農民協同党中央本部
4	第3回臨時全国大会　大会綱領（政調情報№27）	昭和26(1951).12.8	国民民主党本部
5	三木武夫書簡　都道府県支部連合会長宛	昭和26(1951).4.18	国民民主党
6	第13回国会対策要綱案	昭和27(1952).1.19	国民民主党国会対策委員会
7	党大会政策準備委員会開催通知（早川崇宛葉書）	昭和26(1951).11.16	国民民主党
8	総務委員会・両院議員総会開催通知（早川崇宛葉書）	昭和26(1951).10.3	国民民主党
9	政調情報№18	昭和25(1950).12.25発行	国民民主党政務調査会

I 政党結成資料

番号	資料名	作成年月日等	資料作成者
10	改進党結成全国大会	昭和27(1952).2.8	新党結成準備委員会
11	新党への躍進（中間経過報告）	昭和27(1952).1.10	新党結成準備委員会
12	改進党（綱領・宣言，政策大綱，十大緊急政策，党則，支部連合会規則準則，支部規則準則）	昭和27(1952).2.18	改進党本部
13	政党法案要綱（案）		改進党選挙制度特別委員会
14	改進党第4回全国大会	昭和28(1953).2.9	改進党
15	平和と独立を守る自衛軍備論	昭和29(1954).5.	改進党宣伝情報委員会
16	新党結成準備委員会連絡先		新党結成準備委員会事務局
17	主要各国の政党の政策要領	昭和30(1955).7.	日本民主党政務調査会
18	日本民主党政策要綱	昭和30(1955).1.24	日本民主党
19	第21国会における鳩山内閣施政方針演説集	昭和30(1955).1.29	日本民主党
20	自由党憲法調査会案 日本国憲法改正案要綱	昭和29(1954).11.5	日本民主党政務調査会
21	新党結成大会 議案	昭和30(1955).11.15	
22	新党の使命，性格，政綱	昭和30(1955).8.25	新党組織委員会
23	首都に関する緊急十大政策		自由民主党
24	新党結成大会 議案（21に同じ）	昭和30(1955).11.15	
25	進歩党結成大会挨拶原稿	昭和60(1985).1.22	結成準備委員長 田川誠一
26	進歩党結成大会 議案書	昭和62(1987).1.22	進歩党
27	『新党』結成大会案内状	平成6(1994)12.10	新党結成準備会
28	新進党結成大会次第	平成6(1994)12.10	
29	新党準備会ニュース（号外）	平成6(1994)12.10	新進党広報企画委員会
30	新人候補者適性コンテスト概要	平成6(1994)12.10	新進党
31	新進党結成大会(結党宣言，綱領，規約，当面する重点政策)	平成6(1994)12.10	新進党
32	新進党党首公開選挙 投票用紙等		新進党
33	新党準備会要綱（案）	平成6(1994).9.28	
34	新党準備会・統一会派関係日程（案）	平成6(1994).9.28	
35	統一会派に関する合意事項（案）	平成6(1994).9.28	
36	1997年度民主党定期大会 議案書	平成9(1997).3.22	民主党
37	参議院自由民主党・自由国民会議	昭和52(1977).7.28改正	参議院自由民

附録 衆議院憲政記念館所蔵「村川一郎資料」「村川文庫」目録

番号	資料名	作成年月日等	資料作成者
	議員会則 参議院自由民主党・自由国民会議経理規程		主党・自由国民会議
38	社会民主党「基本理念と党則（平成9年4月改正）」	平成9(1997).5.	社会民主党全国連合
39	新党の性格	昭和30(1955).7.22	政策小委員会第2次案
40	新生党ニュース 創刊号（平成5年12月10日）	平成5(1993).12.10	新生党本部
41	新生党規約・結党宣言	平成6(1994).3.14施行	

ファイル3 「政党結成資料②」

1	国民協同党国会年鑑 第一回	昭和22(1947).3.8	国民協同党
2	国民民主党 婦人部報告（九月）		国民民主党婦人部長
3	党務・政策・組織常任委員会 審議状況報告	昭和27(1952).1.19	新党結成準備委員会事務局
4	改進党結成全国大会（於：日比谷講堂）	昭和27(1952).2.8	新党結成準備委員会
5	改進新聞 第2号	昭和27(1952).4.1	改進新聞社
6	改進新聞 第12号	昭和27(1952).9.1	改進新聞社
7	改進新聞 第14号	昭和27(1952).10.11	改進新聞社
8	改進新聞 第16号	昭和27(1952).12.1	改進新聞社
9	改進新聞 第19号	昭和28(1953).2.11	改進新聞社
10	改進新聞 第26号	昭和28(1953).8.15	改進新聞社
11	改進新聞 第27号	昭和28(1953).9.21	改進新聞社
12	我が改進党諸君に訴う	昭和28(1953).1.30	衆議院議員佐伯宗義
13	改進党政策大綱（案）	昭和28(1953).1.30	衆議院議員佐伯宗義
14	自由民主党憲法調査会「憲法改正の問題点」等に関する批判座談会要領	昭和32(1957).6.20	自由民主党憲法調査会
15	アメリカ合衆国における政治資金の規正に関する概要	昭和30(1955).10.	自治庁選挙部
16	日本民主党報 第1号	昭和30(1955).2.10	日本民主党
17	日本民主党報 第7号	昭和30(1955).7.25	日本民主党
18	新党の使命，性格，政綱	昭和30(1955).8.	新党組織委員会
19	新党結成大会議案	昭和30(1955).11.15	
20	日本の新憲法について	昭和29(1954).5.10	改進党憲法調査会

I 政党結成資料

番号	資料名	作成年月日等	資料作成者
21	日本国憲法の草案について（憲法資料第十一号）	昭和39(1964).9.25	自由民主党憲法調査会

ファイル4 「政党資料」

番号	資料名	作成年月日等	資料作成者
1	日本新党基本政策	平成5(1993).2.	日本新党
2	太陽党党則（案）	平成9(1997).4.18	太陽党
3	太陽党パンフレット，入党申込書		太陽党
4	太陽党　平成9年運動方針（案）	平成9(1997).4.18	太陽党
5	日本新党　政策理念と基本課題	平成5(1993).7.	日本新党
6	太陽党党則案	平成9(1997).4.	太陽党
7	改革クラブ役員体制	平成10(1998).1.12	改革クラブ
8	改革クラブ　政治の基本理念	平成10(1998).1.1	改革クラブ
9	改革クラブ　綱領	平成10(1998).1.1	改革クラブ
10	改革クラブ　当面の重点政策	平成10(1998).1.12	改革クラブ
11	社会民主党全国連合　基本理念と党則	平成8(1996).1.19	社会民主党
12	社会民主党党則		社会民主党
13	民政党規約	平成10(1998).1.	民政党
14	民政党結党総会資料	平成10(1998).1.23	民政党
15	民主党　私たちの基本理念・基本政策	平成10(1998).4.27	民主党
16	民主党　私たちの基本理念・基本政策・民主党規約	平成10(1998).4.27	民主党
17	民主党党則（案）	平成9(1997).4.	民主党
18	さきがけ党則	平成8(1996).12.	さきがけ

ファイル5 「新党政策委員会（保守合同①）」

番号	資料名	作成年月日等	資料作成者
1	主要政綱案	昭和30(1955).7.1	自由党　日本民主党
2	新保守党政策大綱項目（案）	昭和30(1955).7.1	日本民主党政務調査会
3	新党の性格	昭和30(1955).7.18	政策小委員
4	第一回新政策会合（発言メモ）	昭和30(1955).7.6	
5	新党政策案	昭和30(1955).7.6	須磨弥吉郎
6	新保守党政策の問題点（案）	昭和30(1955).	・早川
7	世界の新形勢と日本の国策	昭和30(1955).7.8	須磨弥吉郎
8	第二回新政策会合（発言メモ）	昭和30(1955).7.8	

附録 衆議院憲政記念館所蔵「村川一郎資料」「村川文庫」目録

番号	資料名	作成年月日等	資料作成者
9	第三回民自政策委員会(発言メモ)	昭和30(1955).7.10	
10	第四回自民政策委員会(発言メモ)	昭和30(1955).7.13	
11	検討すべき具体政策		
12	新党の政策と使命（メモ）		
13	五原則		
14	新党の使命(案), 新党の性格（原稿）		
15	新党政綱（案）		
16	政綱		
17	新党の使命		
18	新党の性格		
19	新党の性格と使命（第一次試案）		
20	新党の性格（政策小委員会案）	昭和30(1955).7.18	政策小委員会
21	新党の使命（試案）	昭和30(1955).7.18	小委員会
22	第五回民自政策委員会(発言メモ)	昭和30(1955).7.18	
23	新党の使命（案）	昭和30(1955).7.20	
24	第六回民自政策委員会(発言メモ)	昭和30(1955).7.20	
25	第七回民自政策委員会	昭和30(1955).7.22	民主党新政策特別委員会
26	新党の使命（政策小委員会第二次案）	昭和30(1955).7.22	政策小委員会
27	新党の政綱（試案）	昭和30(1955).7.	政策小委員会
28	新党の政綱（政策小委員会第二次案）	昭和30(1955).7.22	政策小委員会
29	新党の性格（政策小委員会第二次案）（26の原稿）	昭和30(1955).7.22	政策小委員会
30	新党の性格（政策小委員会第二次案）	昭和30(1955).7.22	政策小委員会
31	民自政策委の論説委員との懇談メモ	昭和30(1955).7.25	
32	新党の政綱（政策小委員会第二次案）	昭和30(1955).7.25	政策小委員会
33	政策アンケート1 党の性格 その1		萩野, 野依, 植原, 山本, 松原, 広瀬, 池田, 夏堀, 前田, 三浦, 床次, 三好, 須磨
34	政策アンケート2 党の性格 その1		山本勝市, 直崎勝次, 中村三之丞, 山口好一, 須磨弥吉郎, 池田清志, 植原悦二郎, 松原一

I　政党結成資料

番号	資　料　名	作成年月日等	資料作成者
			彦，紅露みつ，萩野豊平，前田房之助，大橋忠一，夏堀源三郎，野依秀市，広瀬
35	須磨氏案（メモ）		須磨弥吉郎
36	第八回民自政策委員会（発言メモ）	昭和30(1955).7.25	千葉，船田，早川，三浦，水田　他
37	新党の政綱（政策小委員会第二次案）	昭和30(1955).7.25	政策小委員会
38	新党の政綱	昭和30(1955).7.28	政策委員会
39	独立体制の完成（原稿）		
40	自主積極外交の展開（原稿）		
41	第九回民自政策委員会（発言メモ）	昭和30(1955).7.27	
42	第十回民自政策委員会	昭和30(1955).7.28	
43	新党の性格	昭和30(1955).7.28	政策委員会
44	新党の政綱	昭和30(1955).7.28	政策委員会
45	新党の性格	昭和30(1955).7.28	政策委員会
46	新党の使命（最終案）	昭和30(1955).7.28	政策委員会
47	新党の政綱（最終案）	昭和30(1955).7.28	政策委員会
48	新党政策委員会声明	昭和30(1955).7.28	政策委員会
49	政党の使命，新党の性格，新党の政綱	昭和30(1955).7.28	新党政策委員会

ファイル6　「保守合同②」

番号	資料名	作成年月日等	資料作成者
1	政策委員会名簿		
2	はしがき（原稿）	昭和30(1955).8.	新党政策委員会（清瀬一郎・水田三喜男）
3	はしがき	昭和30(1955).8.	新党政策委員会（清瀬一郎・水田三喜男）
4	両党首脳にたいする申入（原稿）	昭和30(1955).9.10	
5	両党首脳にたいする申入	昭和30(1955).9.10	
6	地方財政に関する問題点	昭和30(1955).9.20	大蔵省印刷局
7	民自両党政策委員会　三木発言を了承	昭和30(1955).9.26	（新聞記事）
8	昭和30年度地方財政における要財源措置額に関する資料	昭和30(1955).10.10	
9	地方財政に対する当面の措置に関	昭和30(1955).10.8	

附録 衆議院憲政記念館所蔵「村川一郎資料」「村川文庫」目録

番号	資料名	作成年月日等	資料作成者
	し検討すべき問題点		
10	当面の政策の問題点	昭和30(1955).	
11	申入書（メモ）	昭和30(1955).10.24	自由党本部
12	自由党十大政綱		自由党
13	検討すべき具体政策		
14	当面の政策の問題点，重要政策（案）		
15	具体政策（項目）（原稿）	昭和30(1955).11.1	日本民主党
16	重要具体政策項目		
17	重要具体政策項目		16の原稿
18	新党結成準備委員会名簿	昭和30(1955).10.29	新党結成準備会事務局
19	各委員会開催要領	昭和30(1955).10.29	新党結成準備会
20	新党の政策に対する吾々の主張（案）		
21	輸出の進行ほか（資料名不明）		
22	具体政策（項目）	昭和30(1955).11.1	
23	国民道義の確立と教育の改革（資料名不明）		
24	政策大綱		
25	平和外交の推進ほか(資料名不明)（メモ）		
26	食料管理制度改正の基本方針		
27	外交政策の基本方針		
28	文教改革の基本方針		
29	地方行財政刷新の基本方針（未定稿）		
30	労働政策の基本方針		
31	憲法改正の基本方針		
32	社会保障政策の基本方針		
33	原子力及び科学技術政策の基本方針		
34	文教の刷新ほか(資料名不明)（メモ）		
35	緊急重要政策（項目）	昭和30(1955).11.5	
36	緊急重要政策（項目）	昭和30(1955).11.5	35の訂正版
37	一般政策（案）	昭和30(1955).11.6	小委員会
38	緊急重要政策（案）	昭和30(1955).11.6	小委員会
39	「一般政策」に挿入する案	昭和30(1955).11.7	
40	（外交）緊急重要政策（第一案）		

I 政党結成資料

番号	資 料 名	作成年月日等	資料作成者
41	日ソ国交の合理的調整促進ほか（資料名不明）（メモ）		
42	緊急重要政策（第二案）（原稿）		
43	新聞通信出席者	昭和30(1955).11.8	
44	新党党則草案（第8次決定草案）	昭和30(1955).11.8	党規党則委員会　新党結成準備会
45	平和外交の積極的展開ほか（資料名不明）（メモ）	昭和30(1955).11.9	
46	対ソ外交の基本方針		
47	緊急政策	昭和30(1955).11.9	
48	緊急政策	昭和30(1955).11.10	
49	緊急政策	昭和30(1955).11.11	
50	緊急政策	昭和30(1955).11.11	49の訂正版
51	緊急政策	昭和30(1955).11.12	
52	緊急政策	昭和30(1955).11.12	51の訂正版
53	綱領（案）（原稿）		
54	立党宣言		
55	綱領		
56	一般政策（案）		
57	資料名不明（日程表）		
58	自由党の政党（パンフレット）	昭和30(1955).1.	自由党政調事務局

ファイル7　「保守合同③」

1	新党組織委員会報告（第1号）	昭和30(1955).8.2	新党組織委員会
2	新党組織委員会報告（第2号）	昭和30(1955).8.2	新党組織委員会
3	新党組織委員会報告（第3号）	昭和30(1955).8.4	新党組織委員会
4	新党組織委員会報告（第4号）	昭和30(1955).8.8	新党組織委員会
5	新党組織委員会報告（第5号）	昭和30(1955).8.9	新党組織委員会
6	新党組織委員会報告（第6号）	昭和30(1955).8.12	新党組織委員会
7	新党組織委員会報告（第7号）	昭和30(1955).8.24	新党組織委員会
8	新党組織委員会報告（第8号）	昭和30(1955).8.25	新党組織委員会

附録 衆議院憲政記念館所蔵「村川一郎資料」「村川文庫」目録

番号	資　料　名	作成年月日等	資料作成者
9	新党組織委員会報告（第9号）	昭和30(1955).8.30	新党組織委員会
10	新党組織委員会報告（第10号）	昭和30(1955).9.10	新党組織委員会
11	新党組織委員会報告（第12号）	昭和30(1955).9.15	新党組織委員会
12	党規党則小委員会中間報告	昭和30(1955).8.11	新党組織委員会党規党則小委員
13	新党結成経過規程の内容試案	昭和30(1955).9.27	新党組織委員会党規党則小委員
14	新党結成に伴う地方組織対策委員派遣の件	昭和30(1955).10.1	
15	新党結成準備会報告（第2号）	昭和30(1955).10.29	
16	新党結成準備会報告（第3号）	昭和30(1955).11.2	新党結成準備会事務総長
17	事務局各部署決定通知	昭和30(1955).11.28	自由民主党事務総長　武知勇記

ファイル8　「改進党結成資料」

1	政策（政綱）	昭和26(1951).1.13	新党結成準備委員会
2	政策大綱	昭和26(1951).1.13	新党結成準備委員会
3	連絡会付議事項	昭和26(1951).12.	新党結成準備委員会
4	連絡会付議事項	昭和26(1951).12.21	新党結成準備委員会
5	政策常任準備委員委嘱状（宮本吉夫宛）	昭和26(1951).12.22	新党結成準備委員会
6	声明	昭和26(1951).12.22	新党結成準備委員会
7	新党結成準備委員会常任委員氏名表	昭和26(1951).12.22	新党結成準備委員会
8	常任準備委員宛通知	昭和26(1951).12.26	新党結成準備委員会
9	政策委員会変更通知	昭和26(1951).12.28	新党結成準備委員会
10	新党結成準備委員会日程表	昭和26(1951).12.	新党結成準備委員会
11	申合わせ事項	昭和26(1951).12.	

I 政党結成資料

番号	資 料 名	作成年月日等	資料作成者
12	常任準備委員会附議事項		
13	全体会議附議事項	昭和27(1952).1.10	新党結成準備委員会
14	常任委員宛日程変更通知	昭和27(1952).1.10	新党結成準備委員会
15	政策大綱	昭和27(1952).1.14	小委員会内定草案を補修
16	政策大綱		堀木試案
17	綱領案		農民協同党川口試案
18	綱領案		新政クラブ
19	綱領案		一新会 宮本委員
20	各党の綱領		
21	組織綱領案		組織委員会
22	綱領案		日本新生協議会 河野試案
23	前文,要綱		
24	前文,要綱		
25	宣言		新人会提案
26	党友(員)候補		一新会
27	吉田内閣打倒新政治力結集国民大会案内(葉書)	昭和27(1952).1.18付	新党結成準備委員会
28	新党結成大会日程通知(葉書)	昭和27(1952).1.22付	
29	新党結成大会スローガン	昭和27(1952).1.24	政策常任委員会事務局案
30	政策大綱案	昭和27(1952).1.24	政策委員会起案
31	附議事項	昭和27(1952).1.24	
32	政策大綱案	昭和27(1952).1.24	政策委員会起案
33	政策大綱案	昭和27(1952).1.24	政策委員会決定
34	新党結成大会スローガン	昭和27(1952).1.28	政策常任委員会事務局決定
35	新党結成大会開催通知(宮本吉夫宛)	昭和27(1952).1.30	新党結成準備委員会
36	新党結成大会委任状送付願い		
37	全体会議附議事項	昭和27(1952).2.5	
38	新党結成大会日程表		
39	綱領案	昭和27(1952).2.6	
40	十大緊急政策案	昭和27(1952).2.6	新党結成準備委員会総会

附録 衆議院憲政記念館所蔵「村川一郎資料」「村川文庫」目録

番号	資 料 名	作成年月日等	資料作成者
41	全体会議附議事項	昭和27(1952).2.6	
42	新党結成大会構成員之証（宮本吉夫）	昭和27(1952).2.8	
43	改進党パンフレット（綱領・宣言，政策大綱，十大緊急政策，党則，支部連合会規則準則，支部規則準則）	昭和27(1952).2.	改進党
44	附議事項	昭和27(1952).3.12	選挙対策委員会
45	中央常任委員会（議題）	昭和27(1952).4.16	
46	組織活動方針（案）		
47	選挙対策委員		改進党
48	公認決定の基準（案）	昭和27(1952).7.30	
49	不成立予算における税制改正案と今回の税制改正案との主な相違点（極秘）		
50	両院議員名簿	昭和27(1952).10.	改進党本部
51	改進党第3回臨時全国大会プログラム	昭和27(1952).12.5	改進党
52	講演速報（第6巻第7号）	昭和27(1952).7.1	講演速報社
53	改進党第4回全国大会プログラム	昭和28(1953).2.9	改進党
54	昭和28年度予算政府案に対する態度	昭和28(1953).2.28	改進党政策委員会
55	大会提出問題		改進党北海道支部連合会
56	重光改進党総裁演説集	昭和28(1953).3.17	改進党宣伝情報委員会
57	改進党選挙対策資料	昭和28(1953).3.	改進党
58	青年部活動の概要と今後の運動と任務		改進党青年部全国常任委員会書記局
59	十大政策（案）	昭和28(1953).3.17	
60	早川崇衆議院議員立候補挨拶（葉書）	昭和28(1953).3.24付	早川崇
61	躍進全国大会順序案	昭和28(1953).6.10	
62	青年部情報	昭和28(1953).6.5	改進党青年部
63	改進党所属両院議員名簿	昭和28(1953).4.	改進党本部
64	朝鮮戦線の防衛機構―国連軍と韓国軍の実情―	昭和28(1953).5.15	改進党政策委員会

Ⅱ　自由民主党関係資料

1. 国会提出法案関係綴
   ①「修正案，議員立法綴（第63回国会）」　　　　　　　　1冊
   ②「附帯決議並びに決議綴（第63回，第64回国会）」　　1冊
   ③「修正案並びに附帯決議綴（第65回，第67回国会）」　1冊
   ④「議員立法並びに委員会決議綴（第65回，第67回国会）」1冊
   ⑤「修正，附帯決議綴（第68回，第69回国会）」　　　　1冊
   ⑥「修正，附帯決議綴（第70回，第71回国会）」　　　　1冊
   ⑦「修正案，決議案，決議資料綴（第72回国会）」　　　1冊
   ⑧「決議，修正等案文綴（第74回，第75回国会）」　　　1冊
   ⑨「附帯決議，修正案綴（第75回～第77回国会）」　　　1冊
   ⑩「修正案，附帯決議案等綴（第80回国会）」　　　　　1冊
2.「自由民主党政務調査会配付資料」　　　　　　　　　　　1冊
3.「自由民主党総裁選挙資料Ⅰ（村川メモ）」　　　　　　　1冊
4.「資料　自由民主党倫理憲章制定記録」　　　　　　　　　1冊
5.「党改革（党近代化）に関する提案資料集」
　　　　　　　　昭和52年1月　　自由民主党　　　　　　1冊
6.「自由民主党史Ⅱ（未定稿）」　昭和61年10月31日
　　　　　　　　　　　　　　　自由民主党党史編纂室　　1冊
7.「明治大正期における主要政党の規約及び綱領集」　　　　1冊
8.「自由民主党の歩みとその使命」
　　　　　　　　昭和45年11月　　自由民主党　　　　　　1冊
9.「自由民主党政務調査会・民主共和党政策委員会
　　政略懇談会記録」
　　昭和54年5月8日（於・自民党本部）自由民主党政務調査会　1冊
10.「憲法調査会関係綴」　　　　　　　　　　　　　　　　1冊
11.「党と政府の覚書関係綴」　　　　　　　　　　　　　　1冊
12.「発送文書稟議済綴（昭和36年7月～38年12月）」政調会　1冊

　　　　　　　　　　　　　　　　　　　　　　以上21点

III 村川文庫リスト

1．参考資料（憲法関係ほか）

No.	資料名	著者	発行所	冊数
1	君主に関する各国憲法の立法例		憲法調査会事務局	1
2	アメリカ合衆国憲法（各国憲法集1）		衆議院法制局 他	1
3	アルゼンティン共和国憲法（各国憲法集2）		衆議院法制局 他	1
4	イギリス憲法（各国憲法集3）		衆議院法制局 他	1
5	イタリア共和国憲法（各国憲法集4）		衆議院法制局 他	1
6	インド憲法（各国憲法集5）		衆議院法制局 他	1
7	オランダ王国憲法（各国憲法集6）		衆議院法制局 他	1
8	オーストラリア連邦憲法（各国憲法集7）		衆議院法制局 他	1
9	カナダ憲法（各国憲法集8）		衆議院法制局 他	1
10	ギリシャ憲法（各国憲法集9）		衆議院法制局 他	1
11	スイス連邦憲法（各国憲法集10）		衆議院法制局 他	1
12	スウェーデン王国憲法（各国憲法集11）		衆議院法制局 他	1
13	スペイン憲法（各国憲法集12）		衆議院法制局 他	1
14	ソヴィエト社会主義共和国連邦憲法（各国憲法集13）		衆議院法制局 他	1
15	タイ王国憲法（各国憲法集14）		衆議院法制局 他	1
16	大韓民国憲法（各国憲法集15）		衆議院法制局 他	1
17	中華人民共和国憲法（各国憲法集16）		衆議院法制局 他	1
18	中華民国憲法（各国憲法集17）		衆議院法制局 他	1
19	チェッコスロヴァキア共和国憲法（各国憲法集18）		衆議院法制局 他	1
20	朝鮮民主主義人民共和国憲法（各国憲法集19）		衆議院法制局 他	1
21	デンマーク王国憲法（各国憲法集20）		衆議院法制局 他	1
22	ドイツ民主主義共和国憲法（各国憲法集21）		衆議院法制局 他	1
23	ドイツ連邦共和国憲法（各国憲法集22）		衆議院法制局 他	1
24	トルコ共和国憲法（各国憲法集23）		衆議院法制局 他	1
25	ビルマ連邦憲法（各国憲法集24）		衆議院法制局 他	1
26	ノルウェイ王国憲法（各国憲法集25）		衆議院法制局 他	1
27	フィリピン憲法（各国憲法集26）		衆議院法制局 他	1
28	ブラジル連邦憲法（各国憲法集27）		衆議院法制局 他	1
29	フランス共和国憲法（各国憲法集28）		衆議院法制局 他	1
30	ベルギー王国憲法（各国憲法集29）		衆議院法制局 他	1
31	ポルトガル共和国憲法（各国憲法集30）		衆議院法制局 他	1
32	メキシコ合衆国憲法（各国憲法集31）		衆議院法制局 他	1
33	ユーゴースラヴィア連邦人民共和国憲法（各国憲法集32）		衆議院法制局 他	1
34	ユーゴースラヴィア連邦人民共和国憲法追補（各国憲法集32追補）		衆議院法制局 他	1
35	リビア連合王国憲法（各国憲法集33）		衆議院法制局 他	1

III 村川文庫リスト

No.	資料名	著者	発行所	冊数
36	ルーマニヤ人民共和国憲法（各国憲法集34）		衆議院法制局 他	1
37	タイ王国憲法（各国憲法集追加）		衆議院法制局 他	1
38	日本國憲法		衆議院法制局 他	1
39	日本國憲法		憲法調査会事務局	1
40	今日における君主制の特色（憲資・天第1号）		憲法調査会事務局	1
41	ヨーロッパの現君主制（憲資・天第4号）		憲法調査会事務局	1
42	イギリス議会民主制の一要素としての国王について（憲資・天第5号）		憲法調査会事務局	1
43	君主国における君主の地位と権能（憲資・天第7号）		憲法調査会事務局	1
44	国家国民の象徴としての天皇（憲資・天第8号）		憲法調査会事務局	1
45	日本の新憲法（憲資・総第1号）		憲法調査会事務局	1
46	日本の新憲法と極東委員会（憲資・総第2号）		憲法調査会事務局	1
47	日本国憲法成立経過の大要（憲資・総第3号）		憲法調査会事務局	1
48	帝国憲法改正諸案及び関係文書（一）（憲資・総第9号）		憲法調査会事務局	1
49	帝国憲法改正諸案及び関係文書（二）（憲資・総第10号）		憲法調査会事務局	1
50	帝国憲法改正諸案及び関係文書（三）（憲資・総第11号）		憲法調査会事務局	1
51	私の記憶に存する憲法改正の際の修正点（憲資・総第12号）		憲法調査会事務局	1
52	ドイツ連邦共和国基本法制定の経過（憲資・総第16号）		憲法調査会事務局	1
53	高木八尺名誉教授談話録（憲資・総第25号）		憲法調査会事務局	1
54	帝国憲法改正諸案及び関係文書（五）増補版（憲資・総第30号）		憲法調査会事務局	1
55	占領初期における憲法改正問題に関する世論の動向（憲資・総第34号）		憲法調査会事務局	1
56	日本の憲法改正にたいする国内的・国際的影響（抄）（憲資・第35号）		憲法調査会事務局	1
57	日本の憲法改正に対して1945年に近衛公がなした寄与に関する覚書（憲資・総第36号）		憲法調査会事務局	1
58	日本国憲法改正諸案（憲資・総第39号）		憲法調査会事務局	1
59	極東委員会（抄）（憲資・総第40号）		憲法調査会事務局	1
60	日本国憲法＝冷たい戦争の子（憲資・総第41号）		憲法調査会事務局	1
61	制憲工作の国際的背景（憲資・総第43号）		憲法調査会事務局	1
62	日本の世論（憲資・総第44号）		憲法調査会事務局	1
63	アメリカ合衆国憲法修正諸条項の成立過程について（憲資・総第45号）		憲法調査会事務局	1
64	新しい国々における自由と民主主義（憲資・総第47号）		憲法調査会事務局	1
65	西ドイツ政党法草案及び関係文書（憲資・総第50号）		憲法調査会事務局	1
66	国際的影響下の制憲事業（憲資・総第51号）		憲法調査会事務局	1
67	イタリヤ憲法のあゆみ（憲資・総第52号）		憲法調査会事務局	1
68	帝国憲法改正諸案及び関係文書（六）増補版（憲資・総第53号）		憲法調査会事務局	1
69	ドイツ連邦共和国基本法（憲資		憲法調査会事務局	1

附録 衆議院憲政記念館所蔵「村川一郎資料」「村川文庫」目録

No.	資料名	著者	発行所	冊数	No.	資料名	著者	発行所	冊数
	・総第54号）					・内第3号）			
70	アメリカ合衆国外交関係文書・1945年ベルリン（ポツダム）会談(抄)（憲資・総第55号）		憲法調査会事務局	1	84	憲法裁判に関する各国憲法の立法例（憲資・司第1号）		憲法調査会事務局	1
					85	日本における憲法事件の判決（憲資・司第3号）		憲法調査会事務局	1
71	憲法改正論および改正反対論における基本的対立点（憲資・総第57号）		憲法調査会事務局	1	86	ソビエトにおける司法上の人権保障（憲資・司第5号）		憲法調査会事務局	1
72	日本国憲法の問題点に関する海外識者の意見書（追補）（憲資・総第60号）		憲法調査会事務局	1	87	民主的法治国家において裁判になじまない高権行為（憲資・司第7号）		憲法調査会事務局	1
73	軍事に関する各国憲法の立法例（憲資・戦第1号）		憲法調査会事務局	1	88	憲法調査会総会議事録 第1回～131回(116欠)		憲法調査会	130
74	軍事に関する各国憲法規定の比較一覧表（憲資・戦第3号）		憲法調査会事務局	1	89	憲法調査会公聴会記録 第1回～43回		憲法調査会	32
75	日米安全保障関係文書集（憲資・戦第4号）		憲法調査会事務局	1	90	憲法制定の経過に関する小委員会議事録 第1回～49回 (44, 45, 48欠)		憲法調査会	46
76	ドイツの再軍備（憲資・戦第5号）		憲法調査会事務局	1	91	憲法調査会年報昭和31・32年度～38・39年度		憲法調査会事務局	6
77	予算の修正権等に関する各国憲法の立法例（憲資・国第6号）		憲法調査会事務局	1	92	憲法調査会報告書付属文書 第1号～12号 (8欠)		憲法調査会	11
78	常置委員会制度に関する各国憲法の立法例（憲資・国第7号）		憲法調査会事務局	1	93	憲法調査会連合部会会議議事録 第1回～第2・3回		憲法調査会	2
79	法律案等をめぐる衆議院・参議院・内閣の関係（資料集）（憲資・国第10号）		憲法調査会事務局	1	94	憲法調査会第1委員会小委員会会議議事録 第1回～30回		憲法調査会	12
80	選挙の公正を確保する制度に関する各国憲法の立法例（憲資・国第11号）		憲法調査会事務局	1	95	憲法調査会第1部会会議議事録 第1回～25回		憲法調査会	21
81	内閣不信任制度に関する各国憲法の立法例（憲資・内第1号）		憲法調査会事務局	1	96	憲法調査会第2部会会議議事録 第2回～23回		憲法調査会	14
82	内閣総理大臣及びその他の大臣の任免に関する各国憲法の規定（憲資・内第2号）		憲法調査会事務局	1	97	憲法調査会第3部会会議議事録 第5回～30回		憲法調査会	22
					98	憲法調査会第2委員会会議議事録 第1回～42 (40, 41欠)		憲法調査会	40
83	緊急命令制度に関する各国憲法の立法例（憲資		憲法調査会事務局	1	99	憲法調査会第3委員会会議議事録 第1回～39回		憲法調査会	35

III 村川文庫リスト

No.	資料名	著者	発行所	冊数
100	憲法調査会第3委員会小委員会第3回会議議事録		憲法調査会	1
101	憲法調査会特別部会会議議事録 第1回~第9回		憲法調査会	9
102	憲法調査会地区別公聴会記録 第6回~第9回		憲法調査会	4
103	憲法調査会公聴会の経過および結果の概要		憲法調査会	1
104	憲法調査会中央公聴会記録		憲法調査会	1
105	憲法調査会報告書		憲法調査会	1
106	浅井清氏に聞く		憲法調査会	1
107	主要国の政党規約集		国立国会図書館調査立法考査局	1
108	英国および北欧諸国における法律扶助制度		憲法調査会事務局	1
109	日本の「第三憲法」のための諸「試案」		憲法調査会事務局	1
110	憲法運用の実際についての委員会報告書索引		憲法調査会事務局	1
111	憲法改正の諸論点		自由党憲法調査会	1
112	憲法草案作成の経緯		自由民主党憲法調査会	1
113	アメリカ合衆国憲法の特質について		自由民主党憲法調査会	1
114	地方自治改正および最高法規		自由民主党憲法調査会	1
115	憲法関係資料		自由民主党憲法調査会	1
116	総司令部案(マッカーサー草案)作成過程等に関する海外調査		自由民主党憲法調査会	1
117	内閣の「憲法調査会報告」についての研究(中間報告)		憲法調査会小委員会	1
118	新日本国憲法草案		自主憲法期成同盟	1
119	特別資料憲法調査会憲法調査会総括小委員会特別参考資料			1
120	参考資料(日本国憲法前文関係)			1
121	資料憲法関係資料			1
122	地方領土問題に関する国会論議		国立国会図書館	1
123	現代日本の政治(政治・行政コース基礎演習教材)		立命館大学法学部	1
124	全国社会福祉協議会便覧 平成2年10月		全国社会福祉協議会	1
125	国政統計ハンドブック 平成3年版		国立国会図書館調査立法考査局	1
126	昭和43・44年 行政改革の現状と課題		行政監理委員会	1
127	内閣及び総理府関係法規集 平成3年		内閣総理大臣官房総務課	1
128	カールトン・クラブ—その過去と現在—		自由民主党中央政治大学院	1
129	英国政党関係		自由民主党組織調査会	1
130	国民運動本部の歩み			1
131	昭和53年 自由民主党年報		自由民主党	1
132	昭和64年・平成元年 自由民主党年報		自由民主党	1
133	平成2年 自由民主党年報		自由民主党	1
134	政策解説集 昭和61年度		自由民主党	1
135	政策解説集 昭和62年度		自由民主党	1
136	自由民主党新政策解説(平成元年)		自由民主党	1
137	自由民主党政務調査会名簿(昭和60.3.1)			1
138	〃 (昭和61.9.1)			1
139	〃 (平成元.10.25)			1
140	〃 (平成3.3.8)			1
141	日本型議院内閣制下における政治と行政の相互関連に関する研究(平成7.3)			1
142	戦後日本における政党の組織と政策の成立と変容に関する研究(平成8.3) 村川一郎			1
143	主要国の選挙制度の概要		国立国会図書館	1
144	昭和52年度予算の特質と大要		自由民主党	1
145	昭和54年度予算の性格と重点政策		自由民主党	1

附録 衆議院憲政記念館所蔵「村川一郎資料」「村川文庫」目録

No.	資料名	発行所	冊数
146	80年代を乗り切る(第91回国会政府演説・党代表質問)	自由民主党	1
147	世界の日本—政策解説—(1963.10)	自由民主党	1
148	日共の進出と今後の問題点 共産党政権構想の戦術・戦略	自由民主党	1
149	英国の政治家(昭和55.5.6) アーネスト・バーガー著 村川一郎訳	自由民主党倫理憲章起草委員会	
150	自民党役職名		1
151	21世紀を準備する新しい型の政党へ —自民党組織活動のビジョン—	基本問題懇談会 代表 東海大学教授 吉村正	1
152	国際新秩序への模索 稲村公望	新日本法規出版	1
153	平和と進歩のために団結せよ イギリス保守党政策要綱 (昭和30年)	日本民主党政務調査会	1
154	昭和42年行政改革の現状と課題 (昭和43.3)	行政監理委員会	1
155	英法一部 講義集(一) 中央大学助教授 小堀憲助述	中大協組印刷部	
156	自由民主党本部事務局規程		1
157	党倫理憲章起草委員会		1
158	主要国における政治倫理関係法令	自由民主党党倫理起草委員会	1
159	Princeton Club of Japan Directory 1993		1
160	Dulles Letters	Princeton University	1
161	The Crown Jewels of Iran	BANK MARKAZI IRAN	1
162	THE CONSTITUTION OF THE LIBERAL DEMOCRATIC	The Liberal Democratic Party	1
163	GUIDING JAPAN TOWARDS THE TWENTY-FIRST CENTURY	The Liberal Democratic Party	1
164	Princeton University/Woodrow Wilson School-Graduate Alumni/ae Directory September 1987-		1
165	DIPLOMATIC LIST 1991.5	外務省	1
166	Center of International Studies — Thirty-sixth Annu-al report 1986~1987—		1
167	THE CONSTITUTION OF JAPAN	SECRETARIAT OF THE COMMISSION ON THE CONSTITUTION	1
168	CONSTITUTION DU JAPON		1
169	DIE VERFASSUNG JAPANS		1
170	The Constitution of Japan	Secretariat of the Commission on the Constitution	1

2. 図 書

No.	図書名	著者	発行所	冊数
1	日本国「政府」の研究	村川一郎	ぎょうせい	1
2	ダレスと吉田茂	村川一郎	国書刊行会	1
3	自民党の政策決定システム	村川一郎	教育社	1
4	日本の官僚	村川一郎	丸善	1
5	アメリカの都市警察制度について他	村川一郎	自由民主党	1
6	政党学—その理論と実際についての研究—	村川一郎	第一法規出版	1
7	イギリス労働党	村川一郎	教育社	1
8	日本保守党小史	村川一郎	教育社	1
9	日本政策決定過程	村川一郎	中央文物供應社	1
10	政治学序論 上	村川一郎	第一法規出版	1
11	合衆国大統領とその権限	村川一郎	教育社	1

III 村川文庫リスト

No.	図書名	著者	発行所	冊数
12	「税」の舞台裏	村川一郎	教育社	1
13	政治おもしろ帖	村川一郎　松本或彦	リバティ書房	1
14	日本の政党	村川一郎　石上泰州	丸善	1
15	時事問題解説No.216「地方六団体」の組織と活動	塩沢基男　村川一郎	教育社	1
16	日本国憲法制定秘史	村川一郎　初谷良彦	第一法規出版	1
17	現代の政治過程	福岡政行　村川一郎ほか	学陽書房	1
18	岡義武著作集 1-6		岩波書店	6
19	「政治漫画」の政治分析	茨木正浩	芦書房	1
20	吉田鳩山の時代	田々宮英太郎	図書出版社	1
21	政界道中記	有馬頼寧	日本出版協同株式会社	1
22	政党年鑑 1947	議員政治研究舎	ニュース社	1
23	憲法と立法過程	新 正幸	創文社	1
24	日本憲法史	筒井若水　佐藤幸治	東京大学出版会	1
25	近代国際政治史 下 Ⅰ Ⅱ	神川彦松	実業之日本社	2
26	日本政党史論 1-7	升味準之輔	東京大学出版会	7
27	立憲民政党史 上・下	斬波貞吉他	原書房	2
28	日本国憲法の誕生を検証する	西 修	学陽書房	1
29	近代日本政治史必携	遠山茂樹　安達淑子	岩波書店	1
30	人間 吉田茂	財団法人吉田茂記念事業団	中央公論社	2
31	ペリーはなぜ日本に来たか	曽村保信	新潮社	1
32	人間吉田茂 昭和の大宰相の生涯	塩澤実信	光人社	1
33	政界ライバル物語	岸本弘一	行研	1
34	マンガ日本の歴史 1〜43, 45〜48, 1〜7（現代編）	石ノ森章太郎	中央公論社	54
35	各国憲法制度の比較研究	西 修	成文堂	1
36	日本憲法史	大石眞	有斐閣	1
37	日本外交政策の史的考察	鹿嶋守之助	厳松堂書店	1
38	近代日本政治構造の研究	石田雄	未来社	1
39	憲法見直し作業覚書―前文関係―	上村千一郎	第一法規出版	1
40	統治システムと国会	堀江湛	信山社	1
41	民意・政党・選挙	飯塚繁太郎ほか	新評論	1
42	FBI 米連邦捜査局の組織と活動	アメリカ政治研究会	教育社	1
43	青年海外協力隊	青年海外協力隊OB会	教育社	1
44	官僚	教育社編	教育社	1
45	現代政党の理論	白鳥令　砂田一郎	東海大学出版会	1
46	政治改革	白鳥令	リバティ書房	1
47	再建（復刻）1〜12巻, 別巻	日本自由党中央機関紙「再建」編集局	アテネ書房	13
48	憲法見直し作業の視点	林 修三	第一法規出版	1

著 者 紹 介

村川 一郎　（むらかわ いちろう）
1939年　東京都生まれ。
1966年　早稲田大学大学院政治学研究科修了。
　　　　プリンストン大学客員研究員，早稲田大学現代政治
　　　　経済研究所特別研究員を経て，北陸大学法学部教授。
1998年　この年の夏に那須を襲った水害で逝去。
主な著書　『日本国「政府」の研究』『日本の官僚』など。

政策決定過程

初版第1刷　2000年8月20日発行

著　者
村川一郎

発行者
袖 山 貴 ＝ 村岡俞衛

発行所
信山社出版株式会社

〒113-0033　東京都文京区本郷6-2-9-102
TEL 03-3818-1019　FAX 03-3818-0344

印刷・製本　松澤印刷
© 2000，村川英
ISBN4-7972-5220-0 C3031

信山社

松尾浩也＝塩野　宏 編
立法の平易化　Ａ５判　本体 3,000円

明治学院大学立法研究会 編
子どもの権利　四六版　本体 4,500円
市民活動支援法　四六判　本体 3,800円
共同研究の知恵　四六判　本体 1,500円
現場報告・日本の政治　四六判　本体 2,900円
日本をめぐる国際租税環境　四六版　本体 7,000円
環境アセスメント法　四六版　本体 4,300円

水谷英夫＝小島妙子 編
夫婦法の世界　四六判　本体 2,524円
R. ドゥオーキン著　ライフズ・ドミニオン　Ａ５版　本体 6,400円

山村恒年＝関根孝道 編
自然の権利　Ａ５判　本体 2,816円

山村恒年 著
行政過程と行政訴訟　Ａ５判　本体 7,379円
環境保護の法と政策　Ａ５判　本体 7,379円
判例解説行政法　Ａ５判　本体 8,400円

山村恒年 編
環境ＮＧＯ　Ａ５判　本体 2,900円
市民のための行政訴訟制度改革　Ａ５判　本体 2,400円

関根孝道 著
D. ロルフ　米国 種の保存法 概説　Ａ５判　本体 5,000円

磯崎博司 著
国際環境法　Ａ５判　本体 2,900円

三木義一 著
受益者負担制度の法的研究　Ａ５判　本体 5,800円
［日本不動産学会著作賞受賞／藤田賞受賞］

伊藤博義 著
雇用形態の多様化と労働法　Ａ５判　本体 11,000円